BOSCO
la tendresse

Boscoville : un débat de société

Collection

LA COLLABORATION ENTRE ÉDUCATEURS ET PARENTS

Ouvrages parus

BRISER L'ISOLEMENT
entre jeune en difficulté, éducateurs et parents
par Gilles Gendreau et collaborateurs (1993)

PARTAGER SES COMPÉTENCES
Tome 1. Un projet à découvrir
Tome 2. Des pistes à explorer
par Gilles Gendreau et collaborateurs (1995)

BOSCO... LA TENDRESSE
Boscoville: un débat de société
par Gilles Gendreau et collaborateurs (1998)

Collection

D'UN RISQUE À L'AUTRE

Ouvrages parus

CRIS DE DÉTRESSE, CHUCHOTEMENTS D'ESPOIR
par Jean Chapleau (1995)

Ouvrages prévus

SAUTE D'ABORD!
par Jean Ducharme (automne 1998)

ÉDUCATEUR: CHOISIR SES RISQUES SANS ILLUSIONS
par Gilles Gendreau (printemps 1999)

BOSCO
la tendresse

Boscoville : un débat de société

GILLES GENDREAU
ET COLLABORATEURS

SCIENCES ET CULTURE
MONTRÉAL

Nous reconnaissons l'aide financière du gouvernement du Canada par l'entremise du Programme d'Aide au Développement de l'Industrie de l'Édition pour nos activités d'édition.

Conception de la couverture: Zapp

Dépôt légal: 1er trimestre 1998
Bibliothèque nationale du Québec
Bibliothèque nationale du Canada

ISBN 2-89092-229-4

Éditions Sciences et Culture
5090, de Bellechasse
Montréal (Québec) Canada H1T 2A2
(514) 253-0403 Fax: (514) 256-5078

Internet: http://www.sciences-culture.qc.ca
E-mail: admin@sciences-culture.qc.ca

Imprimé au Canada

Est-il possible de rejoindre cet élan,
qui va du souvenir, que l'on se garderait de profaner,
au projet, que l'on évoquerait
comme l'horizon perpétuellement déplacé?

Fernand Dumont
Récit d'une émigration

Aux personnes qui ont fondé Boscoville et qui l'ont développé;

aux anciens et aux psychoéducateurs qui ont façonné son âme;

aux parents à qui il a permis de découvrir et de partager
leurs compétences pour mieux accompagner leur jeune;

aux universitaires, aux chercheurs qui l'ont investi
pour approfondir le savoir autant sur le plan de la formation
et du perfectionnement du personnel
que sur celui de la réadaptation proprement dite;

à la population du Québec qui y a cru et qui l'a soutenu;

aux médias qui l'ont sorti de l'ombre et l'ont fait apprécier;

aux différents ministres et hauts fonctionnaires du Québec
qui ont fourni à cette ressource les moyens financiers
dont elle avait besoin pour rendre un service de qualité
aux jeunes en difficulté.

Remerciements

Les personnes et les entreprises suivantes ont gracieusement contribué à la publication de ce livre: l'auteur et ses collaborateurs, en renonçant à leurs droits d'auteurs; Zapp, experts conseils en communication graphique; Litho Montérégie; et Éditions Sciences et Culture. Je tiens à les remercier, et je tiens également à remercier les autres donateurs qui ont désiré que leur nom ne soit pas mentionné.

À l'occasion de cette nouvelle publication, je voudrais redire ma reconnaissance et mon admiration pour l'extraordinaire travail de ma collaboratrice, Denise Richard, qui a assumé, encore une fois, avec beaucoup de compétence et d'engagement personnel, la responsabilité de la correction littéraire et de la mise en forme de mes textes.

Je remercie une autre fois Claire Lalande-Gendreau pour son regard critique, ses remarques judicieuses et ses suggestions pertinentes.

Je remercie Annik Gendreau pour la transcription de plusieurs textes des collaborateurs, Hélène Gilbert pour la mise en forme de plusieurs de ces textes et pour la révision finale, Francine Béchard pour ses mille et un supports techniques offerts comme autant de gestes d'amitié, et André Poirier pour le choix des photos.

Auteur principal et coordonnateur de la publication:

Gendreau, Gilles, psychoéducateur,
membre de l'équipe des fondateurs de Boscoville,
professeur émérite, Université de Montréal

Auteur du texte du chapitre 10:

Le Blanc, Marc, Ph.D. Criminologie
professeur titulaire, École de psychoéducation,
Université de Montréal
Groupe de recherche sur les adolescents en difficulté,
Université de Montréal

Ont gracieusement accepté que leurs textes soient publiés dans ce livre:

- Les **journalistes** dont les noms suivent:

  Bourgault, Pierre, *Journal de Montréal*

  Cauchon, Paul, *Le Devoir*

  Gruda, Agnès, *La Presse*

  Nuovo, Franco, *Journal de Montréal*

  Petrowski, Nathalie, *La Presse*

- Les **professionnels** dont les noms suivent:

  Achille, Pierre A., psychologue,
  professeur, Université de Montréal

  Bilodeau, Claude, psychoéducateur,
  Association des Centres jeunesse du Québec

  Boucher, Laurier, travailleur social

  Brunelle, André, psychoéducateur,
  Les Centres jeunesse de Montréal

  Déom, Jean-Paul, psychoéducateur

  Guérard, Yvon, criminologue
  Les Centres jeunesse de Montréal

  Lalande-Gendreau, Claire, travailleuse sociale à la retraite

  Leduc, Hélène, psychoéducatrice

Lemay, Michel, éducateur et psychiatre

Trahan, Marcel, juge à la retraite

Tremblay, Richard, psychoéducateur et psychologue
Groupe de recherche sur l'inadaptation psychosociale chez l'enfant (GRIP)
Université de Montréal

Turcot, Patrick, J., psychoéducateur
Boscoville

– Des **anciens citoyens** de Boscoville :

Bousquet, Pierre (1982 - 1984)

Champoux, Daniel (1977 - 1979)

Gagnon, Fernand (1954 - 1957)

Lemieux, Stéphane (1985 - 1986)

McQuade, Sébastien (1985 - 1986)

Pealy, Jean (les années 60)

Prud'homme, Gilles (1985 - 1986)

Ratel, Yannick (1992 - 1994)

Vaudreuil, Réjean (les années 60)

– Des **parents** de jeunes de Boscoville :

Madame et Monsieur Fraser (1993 - 1994)

Madame Marie Nadeau (1997)

Madame et Monsieur Perreault (1996)

– Les **groupements** suivants ont également apporté leur collaboration :

L'Association des psychoéducatrices et psychoéducateurs du Québec (APEQ)

Les Centres jeunesse de Montréal (CJM)

La Centrale de l'enseignement du Québec (CEQ)

Le Regroupement des unités de formation universitaire en psychoéducation (RUFUP)

Avant-propos

GILLES GENDREAU

Un retour en arrière plongeant en pleine actualité

Au printemps 1996, j'avais commencé à écrire une sorte de rétrospective de ma carrière de psychoéducateur pour en dégager ce que je considère comme des croyances professionnelles[1] encore valables par rapport aux illusions que j'aurais pu entretenir et propager en toute sincérité. Mes proches diront que, par déformation professionnelle d'éducateur, je cherche encore à être utile à d'autres: «Ce n'est pas à son âge qu'on peut le changer!»; «On peut voir qu'il n'a pas encore perdu toutes ses illusions!», penseront les cyniques.

Il m'apparaissait, en effet, que ces textes pourraient être utiles et en aider d'autres à découvrir les forces et les vulnérabilités de l'action sociopsychoéducative auprès des jeunes en difficulté. C'est un champ d'action encore tellement peu connu, ou mal connu! Je

1. Cet essai quelque peu biographique devrait paraître à la fin de 1998 ou au début de 1999 aux éditions Sciences et Culture, dans la collection *D'un risque à l'autre*.

suis conscient d'exprimer à la fois une croyance, "il est utile d'écrire", et une illusion, "mes écrits peuvent aider les autres". À chaque livre, je me dis: «On ne sait jamais... tout d'un coup...» C'est le seul billet de loto que je prends; je sais que «ça ne change pas le monde, mais...»

Ce retour en arrière me ramenait inévitablement à l'histoire de Boscoville. Il me fournissait l'occasion non seulement de retourner à de vieux textes découlant de mon expérience, mais surtout de regarder avec d'autres lunettes et à distance ce que j'y avais vécu avec tellement d'intensité que toute ma carrière en avait été influencée. C'est, en effet, à partir de cette expérience que j'ai osé accepter d'enseigner à l'université, d'aider d'autres milieux à se spécialiser et même de publier quelques livres.

Par ce retour en arrière, je constatais que, même si je ne voyais plus l'action éducative spécialisée uniquement à travers le prisme de l'internat spécialisé, je continuais de croire en son utilité. Avoir cessé de tout ramener à l'internat ne signifiait aucunement que je le considérais comme une mesure obsolète. Cette attitude en a amené plusieurs à perdre de vue que mon expérience de base s'était élargie et que je m'étais ouvert, entre autres, à l'approche "milieu naturel". Dans l'une ou l'autre de mes prises de position en faveur de l'intervention soit en internat spécialisé, soit en milieu naturel, j'étais toujours guidé par le même point de repère: les besoins du jeune et de sa famille, ainsi que les habiletés des ressources dites naturelles à y répondre et celles des professionnels à les accompagner. Une rétrospective centrée sur ces deux aspects ne me semblait pas prêter flanc à trop d'illusions de ma part. Mais sait-on jamais à quel moment on s'illusionne sur le sens de ses prises de position? Ne discute-t-on pas encore du sens à donner au fameux défi de Pascal?

J'avais donc élaboré le plan d'un livre sur ma carrière; j'en avais même écrit plusieurs chapitres lorsqu'au printemps de 1997 éclata LA nouvelle: la direction des Centres jeunesse de Montréal[2]

---

2. Désignés parfois dans le texte par le sigle CJM.

veut mettre l'accent sur la prévention et la réadaptation dans le milieu naturel des jeunes en difficulté en s'engageant dans ce qu'on appellera le "virage milieu". D'un même souffle, elle fait part de son intention de proposer la fermeture de Boscoville au conseil d'administration des Centres jeunesse de Montréal.

Ce qui, aux yeux de la direction, n'était qu'une fermeture d'institution parmi d'autres déjà effectuées au cours des années précédentes, souleva un mouvement de stupéfaction et de protestation chez les anciens citoyens de l'institution-cité, chez certains professionnels et, en général, dans la population. Les "décideurs" qui ne s'attendaient pas à un tel rebondissement en furent étonnés. Les journalistes et les médias, lesquels avaient suivi l'évolution du projet Boscoville depuis le tout début, exprimèrent qui leur surprise, qui leur indignation, tous leur interrogation. Du coup, la politique du "virage milieu" prit un tout autre "visage": on en oublia quelque peu les vertus anticipées, au grand dam de la direction des Centres jeunesse de Montréal, pour se centrer sur les conséquences de la disparition éventuelle de Boscoville.

Cela signifiait, bien sûr, la disparition de l'un des berceaux de la psychoéducation et du lieu de ma naissance professionnelle en tant que psychoéducateur. Les sentiments que cela m'inspirait n'avaient que bien peu d'importance car il y avait bien plus grave, à mes yeux certes, mais surtout aux yeux d'une bonne partie de la population. Encore une fois, au Québec, on s'attaquait à un symbole d'excellence: d'une façon générale, on a toujours reconnu non seulement que ce centre avait bonne réputation, mais aussi qu'il la méritait. Par ailleurs, sous prétexte qu'il n'avait pas été parfait comme on l'aurait souhaité, certains fonctionnaires et certains professionnels prétendaient que cette réputation était surfaite et que l'on pouvait facilement se passer de Boscoville dans le réseau des Services sociaux au Québec.

Dans le contexte du retour en arrière résultant de ma démarche d'écriture, j'avais l'impression d'entendre de nouveau les "mânes décideurs" des années 50, à qui Albert Roger, la Jeune Chambre de Commerce et la population en général avaient arraché de peine et de misère l'autorisation de construire les pavillons de Boscoville. Les mânes aussi de tous ceux qui avaient résisté avec obstination aux efforts de l'équipe des pionniers qui, une fois la construction terminée, y assura de peine et de misère l'implantation et le développement du système de rééducation. Étonné? Oui et non! Déçu et inquiet? Beaucoup! On verra pourquoi dans les prochains chapitres.

Dans mes jeunes années comme professionnel, je serais sans doute monté aux barricades. Cette fois, je ne fus pas tenté de le faire. Cependant, je ne pus rester "froid" ou "neutre" très longtemps. J'ai appris avec les années que la meilleure façon d'aborder certaines questions qui me semblent fondamentales est de rester calme. J'ai découvert également que, dans tout débat, il est important de rester "ouvert" et que, sur toutes les scènes du monde, il y a toujours un côté cour et un côté jardin. Cette acceptation de la diversité m'amenait de plus en plus à un approfondissement de la complémentarité.

Dans le cas présent, ma façon d'être "complémentaire" serait de participer pleinement en tant qu'observateur-acteur ayant été très impliqué dans le passé, et d'analyser le contexte à partir des richesses et des limites de ce type de participation. Bien sûr, je ferais un effort pour honorer mon statut d'universitaire, donc pour être respectueux des règles de l'objectivité, mais sans me faire illusion sur mon habileté à l'être totalement. En acceptant que, par nos façons de faire valoir ou de défendre des idées de base, il pourrait parfois nous arriver, à moi et à d'autres, de blesser des personnes qui exercent en toute honnêteté leur rôle de décideurs. Lesquels agiraient sans doute de même à mon égard. À mon avis, un vieil éducateur est à la fois moins coriace pour se défendre et plus relatif dans ses prises de position. Comme ce serait sans doute mon "dernier" combat professionnel, je m'en servirais comme d'une occasion privilégiée de mettre à jour mes croyances professionnelles en les distinguant bien de mes illusions. J'acceptais le défi d'une telle attitude: engagé et objectif! Quel beau paradoxe! Qui ressemblait à l'injonction paradoxale du thérapeute à son client: «Soyez donc spontané!»

C'est dans cette attitude quelque peu paradoxale que j'entrepris la narration de ma participation à un débat de société à propos des jeunes en difficulté, débat qui a pour thème principal «Boscoville et le virage milieu». À travers mes combats intérieurs et la lecture que je fais du contexte actuel de la réadaptation et des événements déclenchés par les orientations de la direction des Centres jeunesse de Montréal, le lecteur pourra saisir, du moins je l'espère, la complexité de la problématique. Et pour éviter de tomber dans le piège d'une publication trop reliée à ma personne ou encore du plaidoyer *pro domo*, j'ai joint à mes propres écrits quelques articles de journalistes parus dans le vif de la crise (avril, mai, juin 1997). J'ai aussi demandé à certains professionnels l'autorisation d'ajouter à mon analyse des textes qu'ils avaient eux-mêmes écrits durant cette période particulièrement prolifique.

J'ai voulu réaliser un document éclairant et vivant. Certaines parties seront plus théoriques et plus complexes. Il n'est jamais facile de leur trouver une place sur la même scène que le vécu et la pratique. Et pourtant, encore une fois, on doit accepter deux perspectives: celle du côté cour, celle du côté jardin. Il m'est apparu que la juxtaposition de textes théoriques et d'autres plus expérientiels, les miens, ceux d'autres professionnels et ceux des journalistes, lesquels reflètent peut-être davantage les préoccupations de la population, donnerait une image de ce qu'a été Boscoville et de ce qu'il[3] pourrait être à l'avenir: un milieu où l'on cherche une sorte de convergence entre le savoir, le savoir-faire et le savoir-être.

Non seulement Boscoville n'a pas boudé le savoir mais il a toujours voulu en favoriser l'approfondissement; en appuyant ses pratiques sur des théories en mouvement, il avait pour objectif de les empêcher en quelque sorte de se figer. Convergence entre les interventions pour aider les jeunes à découvrir le goût de vivre et leur fournir certains moyens de se réadapter, pour prévenir les rechutes ou pour les aider à se relever le cas échéant. Convergence entre les éducateurs et les parents pour les supporter dans l'accom-

---

3. Boscoville étant une abréviation de "Centre de réadaptation Boscoville", nous considérons qu'il s'agit d'un nom masculin.

pagnement éducatif de leur jeune. Convergence entre les professionnels dans la poursuite d'objectifs devenus communs; dans une pratique qui choisit l'espérance sans perdre le sens des réalités de l'action éducative spécialisée et de sa complexité; qui privilégie d'abord les jeunes et leurs familles; qui s'appuie sur leurs habiletés pour en faire des compétences en évitant de se centrer sur les vulnérabilités. Une pratique principalement attentive aux personnes sans négliger ce qui est nécessaire au fonctionnement harmonieux des systèmes. Une pratique considérant toujours les systèmes au service des personnes, et non l'inverse.

Boscoville, un débat de société

N'est-ce pas là une formule quelque peu prétentieuse? Où se situe le débat de société? Très peu de personnes au Québec oseront contester les beaux principes énoncés au paragraphe précédent. Bien sûr, il y a des gens d'extrême-droite en matière de contrôle social, mais il semble qu'ils vivent davantage à l'Ouest du Canada où l'on veut faire "bénéficier" les jeunes de 14-18 ans des "avantages" des prisons et pénitenciers pour adultes plutôt que de les placer dans des centres de réadaptation. Nos voisins du sud, les "États-Uniens", ont pris eux aussi un virage carcéral pour leurs jeunes en difficulté qui enfreignent les lois. Enfin, il y a l'Ontario qui se met "à l'heure des *boots camps*" d'où, après trois mois entre les hautes clôtures, les plus disciplinés auront droit de sortir pour travailler au nettoyage des parcs, des routes ou des berges[4]. Tiens! tiens! Ça évoque des images que l'on croyait à tout jamais disparues!

Et voilà que certains décideurs, faisant sans doute écho à ce retour en arrière qu'ils présentent toutefois à partir des statistiques des années 1995-1997, affirment que Boscoville n'est plus un lieu assez sécuritaire pour recevoir les jeunes en difficulté qu'il a pourtant toujours reçus. Et du même souffle, d'autres affirment que le Boscoville d'aujourd'hui n'a plus les mêmes vertus que celui d'hier. En est-on si certain? Et si oui, sait-on vraiment pourquoi? Au-delà

4. Vincent Marissal, *La Presse* (juillet 1997).

des formules explosives et des jugements de valeur à l'emporte-pièce, n'y aurait-il pas là les mêmes tendances sociales que l'on retrouve au Canada anglais et aux États-Unis? Le contraire serait très étonnant.

Le Québec veut-il être "différent" sur ce plan aussi? Si oui, aura-t-il le courage d'en prendre les moyens? Au Québec, le débat ne se joue pas encore beaucoup sur ce terrain comme c'est le cas dans le reste du Canada même si, dans les arguments plus spécifiques de quelques intervenants dans le débat, il est facile de trouver des traces de cette idéologie prônant le retour à des perspectives plus carcérales. Ici, le débat opposerait plutôt prévention et réadaptation, priorité à la petite enfance et à l'enfance plutôt qu'à l'adolescence (14-18 ans).

En simplifiant à l'extrême certaines recherches sérieuses, «tout se jouerait avant l'âge de trente-six mois» (Tremblay, R. E.)[5] incluant la période de vie intra-utérine. Cela dit, le débat devient vite un plaidoyer en faveur de la priorité ou de l'exclusivité à accorder à la petite enfance, autant dans la répartition des budgets que dans les efforts professionnels à déployer. Certains vont même plus loin: ils ne donnent guère de chance à l'espérance dans le cas d'adolescents ayant de graves difficultés. D'autres étoffent leur prise de position sur l'utilité de Boscoville en s'appuyant sur les données scientifiquement recueillies par Le Blanc (1983) et prouvant, par exemple, que Boscoville n'a pas obtenu les résultats que ses animateurs avaient souhaités. Ils se gardent bien de mentionner que ce même chercheur a également démontré que les résultats obtenus à Boscoville sont parmi les meilleurs au monde (Le Blanc, 1997).

Boscoville nous fournit à tous une excellente occasion de poser la grande question: «Est-il encore possible de faire quelque chose pour une majorité d'adolescents en difficulté, ou s'il faut lancer la serviette?» Et cette sous-question: «Le Québec veut-il vraiment faire l'expérience d'un Boscoville des années 2000?» Or,

---

5. Voir chapitre 4.

avant même d'engager le débat, on affirme qu'on ne peut se le payer. N'est-ce pas parler de moyens avant d'avoir déterminé les objectifs à poursuivre?

Or, l'objectif est-il vraiment de répondre aux besoins des jeunes en difficulté? Est-ce pour répondre aux besoins des jeunes qu'on oppose "milieu naturel" et "milieu spécialisé"? Est-ce pour répondre aux besoins des jeunes qu'on diminue les places dites d'hébergement pour intensifier l'action en milieu naturel? Est-ce pour répondre aux besoins des jeunes qu'on veut qualifier de "milieu spécialisé" tout milieu d'hébergement autre que le milieu naturel? Force nous est de reconnaître que, si les mots ont un sens, le terme "hébergement" n'a rien de très dynamique. Comment peut-il devenir LE mot-clé pour désigner adéquatement un mode de réadaptation? Toutes les familles, toutes les familles d'accueil, toutes les prisons et tous les centres hospitaliers ne sont-ils pas des lieux d'hébergement? Mais passons!

L'important, c'est de privilégier l'intervention en milieu naturel. N'y a-t-il pas là un danger de perdre de vue les besoins spécifiques des jeunes aux différents moments de leur croissance? Certes, le jeune a besoin de relations humaines, de respect, d'empathie, autant à l'adolescence que durant la petite enfance et l'enfance, mais ses comportements dans le milieu naturel, leurs effets sur les autres et sur eux-mêmes sont très différents d'un âge à l'autre. Or, il arrive que certains adolescents ne peuvent pas évoluer sainement dans leur milieu dit "naturel". Beaucoup d'experts le reconnaissent. Le problème, semble-t-il, c'est qu'ils ne s'entendent pas sur leur nombre. Certains diront que trop de jeunes de 12-18 ans sont placés en hébergement; d'autres, par contre, soutiendront qu'un très faible pourcentage de la clientèle actuelle des centres de réadaptation pour adolescents pourrait s'en sortir sans cette mesure. De plus, il y aurait lieu d'évaluer de façon plus rigoureuse les jeunes qui n'en bénéficient pas et qui devraient en bénéficier.

Alors pourquoi fermer Boscoville? Apparemment pour une simple raison mathématique à première vue inattaquable. D'abord, il est plus facile de fermer une petite institution que d'en fermer une grande, capable de recevoir tous les jeunes de la petite qui fermera. L'inverse est tout à fait impensable. Ensuite, on économise davantage en fermant tout un campus. Mais que fait-on des résultats de recherches qui prouvent que les petites institutions de la taille de Boscoville sont encore les plus performantes?

Deux questions se posent dans le débat: «Travaillons-nous dans le contexte d'une économie à court terme ou faisons-nous là aussi de la prévention?» «Ne sommes-nous pas en train de préparer nos jeunes de 14-18 ans à devenir les futurs clients des prisons et pénitenciers?» Pourquoi ne pas écouter les anciens citoyens, dont M. Michel Forget, qui crient à pleins poumons que, sans un séjour prolongé à Boscoville, leur vie n'aurait sans doute pas été la même? Tous ces anciens auraient-ils tort? Et tous les experts qui les qualifient de "nostalgiques" auraient-ils raison? Bien sûr, dans un cas comme dans l'autre, nul ne peut prétendre affirmer une "certitude". Pas plus d'ailleurs que les parents des jeunes qui sont venus eux aussi témoigner...

Le risque dans ce débat de société que provoque la fermeture de Boscoville, c'est qu'il se fasse uniquement entre "experts" qui se disent leur vision de la réalité psychosociale des jeunes et de leurs parents, mais qui n'ont ni le temps ni la sagesse de s'écouter mutuellement tellement ils sont occupés, souvent avec les meilleures intentions du monde, à prouver qu'ils ont raison, à défendre leurs paradigmes ou leur vision concrète de l'accompagnement des jeunes en difficulté et de leurs parents. Immoler Boscoville sur l'autel du virage milieu, du progrès des autres centres de réadaptation, des économies à réaliser, n'est-ce pas risquer d'accomplir un sacrifice non seulement inutile mais nuisible par rapport aux objectifs poursuivis?

En tant qu'auteur-coordonnateur de ce livre, je ne peux répondre à cette question. Je défendrai l'utilité de Boscoville tout en soutenant le bien-fondé de l'approche milieu dans l'éventail des mesures à prendre. Je soutiendrai que la prévention est non seulement une priorité mais la fin ultime de toute réadaptation réussie. D'autres ne trouveront plus d'autre rôle à Boscoville que celui d'AVOIR ÉTÉ. D'avoir été un phare, comme ceux du Saint-Laurent longtemps entretenus par des hommes remplacés aujourd'hui par des appareils sophistiqués qui remplissent en fait la même fonction. Mais si les phares sont toujours nécessaires sur le fleuve agité et dangereux de la réadaptation, leur fonctionnement ne pourra jamais être automatisé.

Introduction

GILLES GENDREAU

De toute évidence, l'hypothèse de la fermeture de Boscoville aura été à l'origine de ce livre. J'ai déjà écrit dans l'avant-propos que mon projet initial était plus large: je me proposais un essai sur l'action psychoéducative qui s'inspirerait de ma démarche professionnelle. De toute évidence également, j'allais devoir me focaliser sur le débat de société que l'annonce de la fin de cette institution spécialisée allait illustrer et rendre nécessaire, à toutes fins utiles, pour tous ceux, citoyens et professionnels, qu'interpellent les jeunes ayant des problèmes d'adaptation.

En écrivant un volume sur Boscoville, je ne devais pas uniquement mettre en valeur ou défendre cette réalisation, aussi valable soit-elle, en toute objectivité historique. Boscoville n'a jamais existé pour lui-même. Il a d'abord été créé pour empêcher des jeunes de 16-18 ans d'aller en prison et leur offrir un service de qualité; c'est d'ailleurs pour cela qu'il est devenu un centre de formation pour les étudiants en psychoéducation et un lieu d'approfondissement des méthodes innovatrices de la psychoéducation. Ensuite, pour développer le savoir et le savoir-faire en relation avec la clientèle; c'est ainsi qu'il est devenu un lieu de recherche et d'évaluation.

À Boscoville, toutes les activités ont toujours eu comme toile de fond les objectifs de l'action éducative spécialisée auprès des adolescents en difficulté. C'était, c'est encore, et ce sera toujours une expérience accaparante, exigeant un engagement personnel de la part des professionnels qui acceptent de l'animer. Des professionnels s'y sont d'ailleurs engagés avec ardeur et ténacité. De très nombreux jeunes en difficulté y ont découvert une source d'espoir pour la réussite de leur vie: il a fallu qu'ils y mettent du leur. Des parents y ont trouvé une oasis au plus creux de leur désert; ils y ont mieux compris leur rôle et leur responsabilité; ils y ont appris à ne pas confondre responsabilité et culpabilité paralysante et destructrice. Rien de tout cela ne fut facile pour eux.

Ce livre aurait voulu donner la plus grande place aux anciens[6] et aux parents car Boscoville, d'abord et avant tout, c'est EUX. Leurs témoignages ne sont-ils pas primordiaux? Les quelques textes qu'ils ont livrés dans ce débat expriment leur vérité intérieure avec une éloquence tout empreinte de simplicité. Simplicité de gens qui ont vécu leur relation avec Boscoville de façon très positive et dynamique, et qui se sont approprié leurs responsabilités. Les mots qu'ils utilisent reflètent une expérience qu'ils considèrent unique et dont ils parlent avec émotion et bon sens. Hélas! leurs textes ne sont qu'une toute petite partie des prises de position qu'a suscitées ce débat de société. De très nombreux anciens, en effet, ont apporté des témoignages percutants mais en empruntant d'autres modes que celui de l'écriture. Nous en retrouverons des échos un peu partout dans ce livre.

---

6. Il n'est pas sans danger pour des jeunes qui sont encore en processus de réadaptation d'exprimer publiquement leur opinion sur le milieu où ils vivent. Les éducateurs de Boscoville ont démontré leur sens de l'éthique professionnelle en refusant d'impliquer la clientèle actuelle dans ce débat de société.

Nous ne dirons jamais assez combien tous les témoignages livrés lors de conversations privées, lors de la rencontre des retrouvailles (chapitre 5), lors de tribunes téléphoniques et d'émissions d'information, ont été spontanés, chaleureux et riches de sens! Ces anciens, ces parents s'étaient approprié Boscoville, sans l'ombre d'un doute possible. Oui, ils avaient la conviction de "se mêler de leurs affaires" en intervenant. Car l'appropriation appelle une attitude de responsabilisation, de prise de pouvoir. Ils ont pris le seul pouvoir dont ils disposaient: celui de dire ce que Boscoville leur avait permis de vivre et, quelques fois, celui de crier leur indignation en pensant aux conséquences de sa disparition pour les futures générations de jeunes et de parents. Que pouvaient-ils faire d'autre, écrasés qu'ils sont devant de grandes structures dépersonnalisées qui décident, et où les quelques professionnels qu'ils connaissent se sentent eux aussi tout à fait impuissants? Que des décideurs les aient écoutés avec respect, c'est déjà tout un progrès! Rares sont les personnes en autorité, en effet, qui sont convaincues de la compétence des **usagers**, surtout quand il s'agit de traiter d'un sujet aussi important que la fermeture d'une institution faisant partie d'un grand ensemble comme les Centres jeunesse de Montréal. Un ensemble, pourrait-on arguer, dont les **bénéficiaires**[7] ont une connaissance toute subjective qui leur vient de leur seule expérience personnelle de jeune ou de parent.

Hélas! ceux qui croient encore à Boscoville n'avaient pas eu le temps d'établir des statistiques officielles à partir des réactions des anciens et de leurs parents. Or, on sait que les décideurs et les scientifiques accordent peu de poids aux témoignages qui ne s'appuient pas sur une analyse statistique rigoureuse, surtout s'ils risquent d'affaiblir la portée de leurs hypothèses. Et même si les paradigmes à la mode du jour insistent sur l'importance du partenariat avec les parents, on constate, par exemple, que ce partenariat n'est possible au plan structural qu'avec une faible minorité de parents. Pourtant, quelle fierté éprouve le directeur général d'un

7. C'est par ces termes (et parfois même par celui de "clients") que l'on désigne les jeunes et les parents utilisateurs des services de réadaptation. L'auteur a beaucoup de difficulté à apprivoiser ces termes.

centre jeunesse dont le comité des usagers est actif et a des représentants efficients au conseil d'administration! Alors pourquoi classer dans la catégorie des "nostalgies" les témoignages engagés d'anciens citoyens de Boscoville et de parents de jeunes actuellement à Boscoville? Parce qu'ils n'ont pas été colligés à partir d'un questionnaire anonyme à choix multiples? Mais les réponses-témoignages personnalisées de ces partenaires n'apportent-elles pas une dimension qualitative tout aussi significative que la dimension quantitative? Dans les circonstances, il me semble que OUI.

On sait qu'il est très difficile pour de nombreux parents d'exprimer en mots une expérience vécue, et encore plus de l'écrire. Le choix des mots et leur agencement exigent un apprentissage, et donc une énergie dont ils ont besoin pour le combat quotidien... J'ai pu constater qu'il est aussi difficile, pour les décideurs et pour l'ensemble des professionnels, de transformer les mots "partenaires" et "partenariat" en réalisations concrètes que, pour les anciens de la petite cité ou les parents des jeunes du Boscoville actuel, de trouver le vocabulaire et le ton qui sauraient rejoindre les préoccupations socio-économiques des décideurs. *Quand on n'a que l'amour...*, pourraient-ils fredonner eux aussi.

Or, à n'en pas douter, c'est en pensant à tous les jeunes en difficulté et aux parents qu'ils ont connus et accompagnés que de nombreux professionnels ont participé, spontanément ou dans le cadre de leurs fonctions, au débat de société alimenté par l'hypothèse de la fermeture de Boscoville. Ceux qui connaissent davantage l'institution pour y avoir vécu à un moment ou l'autre de leur formation ou de leur carrière, comme stagiaires, professionnels ou chercheurs, l'ont fait de façon plus "émotive" tout en cherchant à faire valoir, avec le plus d'objectivité possible, la nécessité d'un tel milieu spécialisé pour les jeunes en difficulté de 14-18 ans. Ceux qui n'avaient aucune référence affective et qui cherchaient à comprendre, rationnellement du moins, des réactions qu'ils qualifiaient de nostalgiques, paraissaient plus froids et surtout centrés sur les aspects structuraux et économiques. Malgré les apparences, plusieurs d'entre eux étaient de bonne foi et voulaient eux aussi servir la cause des personnes en difficulté. Ils se croyaient plus rationnels et d'avant-garde que les autres, et ils l'ont affirmé haut et fort.

En tant que coordonnateur de cette publication, j'ai donc tenté de regrouper ce qui s'est écrit sur Boscoville entre avril et juin 1997: articles de professionnels publiés dans différents journaux; lettres, dont certaines plus personnelles, résultat d'un échange épistolaire entre moi-même et un cadre supérieur des Centres jeunesse de Montréal; avis susceptibles d'alimenter le débat et présentés lors des audiences publiques organisées par les Centres jeunesse de Montréal.

En tant qu'auteur principal, je me suis permis de présenter différents événements de ce débat condensé en quelque huit semaines. Ces événements, je les analyse à partir de la lecture que j'en fais en tant que témoin-acteur de l'histoire de l'action éducative spécialisée et de Boscoville au cours des cinquante dernières années. Le vieil éducateur que je suis a cette chance extraordinaire de pouvoir regarder encore du dehors — c'est mon point de vue de retraité — et un peu du dedans — grâce à mes activités, même réduites, en recherche-action. De plus, en tant que responsable d'une collection[8], j'ai le privilège de coopérer avec un certain nombre de professionnels qui ont accepté de décrire leurs expériences actuelles et de participer ainsi à la transmission des pratiques en psychoéducation.

Comme les anciens de Boscoville, comme les parents, je m'exprimerai donc en JE. Nous savons tous que les propos exprimés sous cette forme sont classés dans la catégorie des "opinions" et qu'ils ne reçoivent pas le label scientifique. Même s'ils relèvent de l'expérience, ils ne peuvent pas toujours être "validés" par des données statistiques. C'est là leur grande faiblesse, me semble-t-il. Mais, si on ne peut faire abstraction des statistiques dans un débat de société, on ne peut non plus leur faire dire plus qu'elles ne contiennent. Une société ne choisit pas ses valeurs à partir de statistiques sans risque d'aberration. «Il y a de plus en plus de jeunes

8. *D'un risque à l'autre*, aux Éditions Sciences et Culture.

dans les prisons des États-Unis, alors envoyons les nôtres aux pénitenciers!» «Ils le font, alors faisons-le nous aussi!» On ne peut nier que nos choix de valeur soient influencés par ceux des autres sociétés, mais chaque société digne de ce nom ne doit-elle pas chercher à répondre aux besoins spécifiques de SES jeunes, en tenant compte de ce qui fait son caractère distinct?

Il m'a semblé qu'un témoignage en JE, que des prises de position découlant de mon expérience pourraient être d'une certaine utilité dans le débat. D'autant plus que plusieurs de mes observations et opinions de professionnel rejoignent celles des parents et des anciens de Boscoville. En les exprimant, j'espérais donner à ces dernières plus de crédibilité encore. On ne pourrait me reprocher de n'avoir qu'une connaissance subjective et limitée de la situation... Or, contrairement à ce que j'avais osé imaginer, je me suis vite rendu compte que ce sont les témoignages des anciens et des parents qui ajoutèrent de la crédibilité à mes opinions professionnelles. Sans concertation préalable, nous faisions spontanément appel à nos compétences respectives pour éviter la destruction de ce qui avait ranimé l'ESPOIR d'un grand nombre de jeunes, de parents et de professionnels.

De plus, je ne fus pas le seul professionnel à réagir à la fermeture de Boscoville. Des professionnels d'autres disciplines — intervenants, professeurs d'université, chercheurs — exprimèrent des positions qui rejoignaient mes préoccupations. J'apprendrai, quelques mois plus tard, que la décision de fermer Boscoville avait été aussi douloureuse à prendre pour certains décideurs que ce l'avait été pour moi de me porter de nouveau à sa défense.

J'aurais aimé que, dans ce livre, il n'y ait ni bons ni méchants. Mais je pense qu'il sera très difficile, pour les uns et les autres, d'éviter une telle catégorisation tout au cours du débat. Un débat que je présenterai en huit événements. Les uns ne concernent que le narrateur, mais ils peuvent aider à comprendre le contexte. Les autres permettront d'entrer dans le vif du débat de société; ils seront alimentés à la fois par des professionnels du réseau et par des journalistes. Chaque événement me fournira l'occasion de transmettre au lecteur les réactions d'un vieil éducateur engagé dans le débat.

Le premier événement fait état de ma réaction spontanée à une rumeur concernant l'annonce de la fermeture de Boscoville et de ma participation d'urgence à une émission d'information à RDI[9]. Serai-je un acteur de ce sociodrame qui n'aura guère d'importance selon la direction des Centres jeunesse de Montréal mais qui, selon moi, ne manquera pas de provoquer des remous importants (j'étais loin cependant d'anticiper l'ampleur du raz-de-marée qui allait suivre)? Ce fut la première question qui me vint à l'esprit. Je me rendrai compte, quelques jours plus tard, que la rumeur avait provoqué une réaction analogue chez plusieurs personnes.

Le deuxième événement traduit mon état d'esprit et ma stupéfaction à la lecture d'un document produit par les Centres jeunesse de Montréal sur le ***virage milieu***, lequel mettait en exergue des citations[10] fort malhabiles qui furent d'ailleurs rapidement retirées. Dans ce "papier", on s'inspirait d'une idéologie de terres brûlées pour contrer les résistances possibles aux nouvelles politiques et on faisait officiellement état d'une hypothèse (!) à soumettre au conseil d'administration: la fermeture de Boscoville. En fait, au lieu de parler «d'hypothèse à soumettre», peut-être eût-il mieux valu parler de «décision à faire entériner»? Ce texte fouetta le vieux pommier que je suis devenu. Du coup, le texte de Félix Leclerc prit pour moi un sens nouveau et très personnel: «Ce n'est pas parce qu'on est un vieux pommier que l'on produit de vieilles pommes.»

Le troisième événement est centré sur la conférence de presse organisée par le Syndicat du personnel clinique de Boscoville (CEQ). Cette conférence de presse jouera un rôle déterminant dans le déroulement du débat de société auquel donna lieu l'hypothèse de

---

9. RDI: Réseau de l'information.
10. Parlant de la résistance naturelle au changement: «Pourtant, il existe un moyen de sortir de cette impasse: détruire le système de façon créatrice, sans parachute aucun, il s'agit de poser un geste d'anarchie éthique.» Et cette autre, tout aussi significative: «Il faut désorganiser le passé pour mieux organiser l'avenir.»

thèse de fermeture de l'institution. Grâce surtout à un ancien, j'y redécouvris le côté très humain de Boscoville et ce qui avait fait sa force: la tendresse. Quel paradoxe! Le public comprendrait bien lui, mais les décideurs...? Quel défi!

Le quatrième événement nous transporte à une rencontre du comité *ad hoc* mis sur pied pour faire le point sur l'état de la question et décider de la position à prendre devant l'annonce des Centres jeunesse de Montréal. J'y présente mes observations, mais aussi mes réflexions. L'hypothèse de la fermeture de Boscoville fit se regrouper des personnes qui n'avaient pas travaillé ensemble depuis bien des années et dont certaines avaient même vécu de graves conflits interpersonnels à propos de Boscoville. Pourtant, toutes ces personnes mettaient aujourd'hui leurs compétences en commun pour affirmer la nécessité d'un Boscoville des années 2000.

Le cinquième événement croque sur le vif l'extraordinaire journée des retrouvailles des anciens de Boscoville dont les témoignages émouvants firent surgir beaucoup d'espoir chez tous les participants. Hélas! il s'agissait uniquement de fervents amis de Boscoville! Les décideurs, eux, prendraient acte, en observateurs extérieurs, d'une catharsis inévitable et fort compréhensible dans les circonstances de la part de personnes attachées à ce symbole qu'est Boscoville. Tout cela, bien sûr, leur apparaissait purement émotif et non rationnel! Mais ce retour en arrière, au lieu d'être uniquement nostalgique, comme le piano mécanique du chansonnier Claude Léveillé, allait provoquer une prise de conscience qui «allait donner des ailes» à tous ceux qui croyaient que la fermeture anticipée de Boscoville devait donner lieu à un débat de société.

La direction des Centres jeunesse de Montréal eut la sagesse de le comprendre puisque, à la surprise quasi générale, elle annonça que des audiences publiques auraient lieu pour «bonifier les hypothèses sur le virage milieu». Hélas! il fallait faire vite. Encore une fois les responsables ne s'attendaient pas à ce qu'un mouvement spontané pour sauver Boscoville provoque une réaction aussi massive de la part des intervenants de toutes catégories.

Au cours de ces audiences, un grand nombre d'interventions portèrent sur Boscoville, même si beaucoup d'autres avaient pour cible l'ensemble du "virage milieu". Une fois de plus, Boscoville se révélait utile pour l'ensemble du milieu, allant même jusqu'à favoriser un approfondissement de l'approche milieu. Mais accepterait-on de le voir ainsi?

Le sixième événement est constitué essentiellement de la rencontre officielle de représentants du comité *ad hoc* de Boscoville avec le ministre de la Santé et des Services sociaux et certains dirigeants de la Régie régionale de Montréal Centre. De telles rencontres sont toujours des événements importants pour les acteurs d'un débat comme celui que suscitait alors l'avenir des jeunes en difficulté. J'ai tenté d'en dégager l'atmosphère globale telle que j'ai pu la percevoir. J'y ai découvert des éléments révélateurs du contexte dans lequel se déroula le débat. Tout en me centrant sur ce qui se passait dans cet ici-et-maintenant bien particulier, je me rappelais des expériences analogues de mon passé professionnel et cela m'aidait à être plus réaliste dans ma façon d'être et d'envisager la portée d'une telle démarche. J'avais acquis la conviction que ni le ministre, ni les fonctionnaires quelque peu attentifs, ni les acteurs qui, comme nous, avaient une cause à faire valoir, ne perdaient leur temps. Même si de telles rencontres produisent rarement des fruits dans l'immédiat.

Le septième événement nous plonge au cœur des audiences publiques et de certaines réflexions qu'elles ont suscitées chez les participants reliés de près ou de loin à Boscoville. Évidemment, je ne reprendrai pas l'ensemble des avis[11] qui ont été donnés ou des textes qui ont été publiés durant cette période intensive du débat. On pourra reprocher à ce chapitre de trop insister sur la fermeture de Boscoville, de trop mettre en valeur son rôle éventuel dans l'avenir et d'en oublier la pertinence de l'approche milieu. Il est

---

11. Les Centres jeunesse de Montréal ont publié une excellente synthèse de l'ensemble des avis présentés à ces audiences sur ***La proposition de transformation liée à l'approche «milieu»***. Cette synthèse a été préparée par Denis Goulet, rédacteur indépendant (mai 1997).

dommage que les Centres jeunesse de Montréal aient mis en quelque sorte en opposition la nécessité de la fermeture de Boscoville et l'intensification d'une approche qui devrait être davantage un élargissement et un approfondissement des mesures de réadaptation qu'un simple "virage". Pourquoi avoir tenté de "démontrer" les faiblesses et les limites de l'apport actuel de Boscoville aux jeunes en difficulté et à leurs parents, pour faire valoir la nécessité de l'élargissement et de l'approfondissement de l'action éducative spécialisée? Ce faisant, ils ont attiré l'attention d'un grand nombre d'intervenants sur les faiblesses et les limites mêmes de l'approche milieu pour les 14-18 ans ayant de graves difficultés. Mais le débat pourrait quand même avoir été fructueux pour les décideurs sincères et attentifs, et il faut reconnaître que ceux qui ne le sont pas sont l'exception à la règle... comme il faut espérer que les décideurs technocrates soient aussi l'exception.

Le huitième chapitre fait état des suites immédiates de tout ce branle-bas de combat chez des individus, chez des cadres des Centres jeunesse de Montréal, au conseil d'administration, dans la presse et même à l'Assemblée nationale. Enfin, un télégramme du ministre, suffisamment vague pour décourager toute interprétation positive ou, au contraire, pour faire naître beaucoup d'espoir, laisse au moins entrevoir que le débat n'est pas fini.

La conclusion du livre soulèvera une série de questions dont plusieurs resteront sans doute sans réponses. Comme celle du journaliste à Michel Forget lors de la conférence de presse: **«Monsieur Forget, si vous n'aviez pas été à Boscoville, que pensez-vous que vous seriez devenu?»**

Cet ancien ne peut évidemment pas savoir ce qu'il serait devenu. Il sait une chose cependant, c'est que Boscoville l'a aidé à devenir ce qu'il est aujourd'hui et que, au plus profond de son être, il ne comprend pas qu'on puisse seulement penser à fermer une institution qui a été si utile dans le passé, pour lui et pour des centaines d'autres jeunes. Certains spécialistes, émus par son témoignage et celui de ses semblables, avaient quand même l'impression que leur discours collait peu à la réalité des jeunes d'aujourd'hui.

Michel et les autres insistèrent: «Les jeunes d'aujourd'hui, rendus à l'âge que l'on avait, et avec des problèmes analogues aux nôtres, auront toujours besoin d'un centre comme Boscoville. Quelle tristesse qu'ils n'aient pas cette chance que nous avons eue!» Et les spécialistes de leur faire écho: «Mais ils auront pour eux le virage milieu, et ce sera bien mieux encore!»

Michel et ses semblables croient à ce qu'ils ont vécu; les spécialistes à ce qu'ils feront vivre aux jeunes. Mais pourquoi diable faudrait-il opposer ce qui a été et ce qui sera? Le vingtième siècle n'a pas inventé la roue; il a permis qu'elle roule encore plus rapidement. Et heureusement, il y a encore des roues...

• 1 •

Quelques éléments de la petite histoire de Boscoville

GILLES GENDREAU

> (...) La référence au passé s'étant égarée, nous ne savons plus affronter le futur (...).
>
> Nos sociétés seraient-elles devenues impuissantes devant l'avenir parce qu'elles ont perdu la mémoire?
>
> Fernand Dumont, *L'avenir de la mémoire*, p. 15[12]

Boscoville a toujours évolué dans un contexte plutôt complexe. Même quand il n'était qu'un camp d'été, sa survie financière fut souvent assurée *in extremis* et ses fondateurs[13] ont souvent eu des sueurs froides. Mais vouloir créer une institution permanente pour des jeunes de 16-18 ans, lesquels étaient généralement envoyés en prison, c'était s'engager dans un autre long combat. Enfin, les influences politiques aidant, le gouvernement provincial acheta un immense terrain à Rivière-des-Prairies, petit village au

---

12. Cité aussi dans l'avis de l'Association des psychoéducateurs du Québec aux audiences, 14 mai 1997.
13. Le Père Albert Roger, mais aussi Raoul Gadbois et des membres de la jeune Chambre de Commerce de Montréal.

nord-est de Montréal; on y construisit Boscoville en 1952-1954 puis, quelques années plus tard, deux autres institutions[14]. Le terrain était suffisamment grand pour qu'aucune de ces institutions ne soit gênée par les deux autres.

Le 31 mai 1947, le premier ministre du Québec, Maurice Duplessis, profita d'un banquet de la Chambre de Commerce des jeunes pour annoncer la construction de Boscoville de façon on ne peut plus pompeuse mais combien révélatrice de l'enracinement de l'institution dans le terreau québécois: «Toute la *nation canadienne-française*[15] doit être heureuse de voir une œuvre comme Boscoville travailler à la protection et à la réhabilitation de la jeunesse que les circonstances ont jetée dans un péril moral et social.» (Rumilly, 1978). À cette époque glorieuse du patronage politique, on imagine facilement tout le magouillage auquel se livrèrent alors les amis du gouvernement au pouvoir pour retirer quelques avantages financiers des travaux qui allaient suivre. À partir de ce moment, les animateurs de Boscoville n'eurent plus grand-chose à dire dans cette affaire, sauf insister sur l'importance d'un système pavillonnaire avec petites unités, concept original à l'époque. Les jeunes seraient répartis en petits groupes et vivraient dans une institution à taille humaine au lieu de se retrouver dans une immense institution avec des centaines d'autres. Boscoville commençait déjà à déranger...

Le projet de pavillons fit son petit bonhomme de chemin, mais leur construction prit beaucoup de temps. De plus, les matériaux employés, les innovations techniques de l'architecte, la qualité de l'ameublement fabriqué de façon artisanale, et sans doute d'autres inconnues plus ou moins reliées au "patronage" politique, tout cela coûta très cher. La rumeur voulait que le ministre de la Jeunesse, responsable du projet, fût quelque peu mal à l'aise avec l'expression "éléphant blanc" utilisée parfois par ses adversaires politiques pour désigner le complexe architectural de Boscoville.

---

14. Le Centre Berthelet, devenu depuis Cité-des-Prairies, et l'Institut Philippe-Pinel.
15. C'est ainsi que l'on désignait alors les Québécois.

C'était d'ailleurs la raison de son absence lors de l'inauguration, chuchotait-on en coulisse. Sans doute estomaqué par le grand nombre (!) d'éducateurs rencontrés, le sous-ministre qui représentait le ministre fit cette remarque déconcertante: «On *s'enfarge* (on s'accroche) dans les éducateurs ici.» Imaginez! On prévoyait deux éducateurs par unité de seize jeunes pour assumer toutes les présences et l'ensemble du programme[16]! De plus, ce seraient des éducateurs laïques! Oui, des laïcs qu'il faudrait payer au gros prix (!!) alors que les religieux, pensait-on, auraient pu se contenter de maigres salaires, en vertu du principe voulant qu'ils mettent tout en commun... Pendant de nombreuses années, c'est donc sur cette toile de fond qu'il nous fallut discuter de la rétribution salariale du personnel, lequel dut se contenter longtemps du strict minimum. Malgré cela, les fonctionnaires continuaient d'affirmer que Boscoville coûtait cher, trop cher. Oui, ce projet était vraiment dérangeant!

Au début des années 60, un groupe de fonctionnaires et un représentant des religieux des Frères de la Charité[17] vinrent présenter à la direction de Boscoville un plan de réorientation. On souhaitait que l'institution délaisse sa vocation de rééducation pour devenir un centre d'observation de l'ensemble des jeunes délinquants de la province. Heureusement, la folie de la centralisation n'avait pas obscurci l'intelligence de tous les décideurs. Le conseil d'administration refusa cette orientation faisant valoir que, selon lui, Boscoville contribuerait davantage à l'évolution de la pratique de l'intervention auprès des jeunes en continuant de s'occuper de la démarche complète de rééducation. L'histoire prouva le bien-fondé de cette décision. Boscoville eut, en effet, une influence déterminante sur la philosophie et la pratique de la rééducation, au Québec d'abord, puis dans plusieurs autres pays. Déjà, à cette époque, il était un lieu de formation reconnu pour les

16. Aujourd'hui, deux éducateurs sont en présence en même temps, et il y en a habituellement sept ou huit par unité en plus des enseignants qui animent les activités scolaires.
17. Communauté qui, à l'époque, était responsable du Mont Saint-Antoine, institution qui se débattait elle aussi pour sa survie.

psychoéducateurs, et des chercheurs commençaient à s'intéresser au système d'action psychoéducative mis en place pour les jeunes, mais vécu également par les éducateurs (vécu partagé). Malgré cela, ou à cause de cela — nous ne saurions le dire — Boscoville continuait à déranger...

D'où l'émergence d'une certaine ambivalence au Ministère. Bien sûr, le Québec était fier de pouvoir "montrer" Boscoville à un nombre grandissant de spécialistes étrangers. Mais, ce qui rendait Boscoville unique, c'était essentiellement la qualité de ses professionnels. Or, il était dérangeant pour les petits fonctionnaires, et même pour les hauts fonctionnaires, d'avoir à leur verser des salaires au moins comparables à ceux que recevaient d'autres professionnels dont la formation était équivalente dans les domaines psychosocial et éducatif. Cette lutte en vue d'une juste rémunération exigea beaucoup d'énergie. C'est seulement quand la direction et le conseil d'administration eurent songé sérieusement à offrir au Solliciteur général du gouvernement fédéral l'expertise de l'équipe professionnelle de Boscoville pour mettre au point un programme de qualité pour les 18-25 ans que le gouvernement du Québec ouvrit les yeux sur la qualité de cette équipe... et comprit qu'il lui fallait également ouvrir ses goussets. Boscoville continuait de déranger, mais on reconnaissait enfin son utilité, sinon sa nécessité.

Dès 1990, un grand mouvement de réorganisation structurale se dessina annonçant que le balancier des paradigmes de gestion était définitivement passé de l'époque du *small is beautiful* à celle où *le plus gros devient la solution*. En 1992, entre autres raisons par souci d'économie d'échelle et de planification systémique, assurait-on, on créa les Centres jeunesse de Montréal, mégastructure issue de la disparition d'une douzaine de petites structures corporatives dont chacune assumait la gestion d'activités de réadaptation pour jeunes en difficulté. À court terme à tout le moins, et d'un point de vue technocratique et financier, les autorités gouvernementales voyaient certains avantages à cette mégastructure qui entraînerait une centralisation du pouvoir ayant pour conséquence immédiate la disparition de l'autonomie de chaque institution. À plus long terme cependant, elle risquait de mettre une telle distance entre les décideurs et les réalités du quotidien de l'action éducative spécialisée que l'âme et l'esprit des institutions pourraient s'en trouver menacés. Une centration sur les avantages d'une mégastructure fit "oublier" les conséquences négatives, et parfois néfastes, qu'elle pourrait entraîner.

Lorsque fut créée, en 1992, la superstructure dont nous avons parlé plus avant, Boscoville dérangeait encore. Le rayonnement de l'institution avait dépassé nettement son cadre physique: l'expertise de l'équipe était sollicitée non seulement à l'étranger, mais dans les écoles où les problèmes des jeunes engendraient des situations très difficiles, ce qui faisait mentir le proverbe: «Nul n'est prophète dans son propre pays». On créa même un centre de jour pour les jeunes des environs. La direction d'alors était attentive aux besoins et désireuse de faire profiter la population de l'expérience de Boscoville. Ce furent les premiers pas de l'approche milieu.

Hélas! une aventure qui avait voulu remplacer le gouvernail de Boscoville par les voiles des navires-écoles avait également mené progressivement, depuis 1984, à un déficit qui allait déclencher une tempête "institutionnelle" et devenir plus tard le premier prétexte invoqué par la nouvelle direction des Centres jeunesse de Montréal pour "mettre Boscoville à sa place". Bien sûr, le projet de Cap Espoir (c'est de cela qu'il s'agit) poursuivait des objectifs fort louables de prévention et de réadaptation et donna lieu à des expériences qui furent pleines de sens pour certains jeunes et éducateurs. Il aurait même pu devenir un moyen original de prévention s'il n'avait pas pris tant de place dans l'ensemble du programme, s'il n'avait pas exigé tant d'énergie de la part de la direction. Ce *moyen* à évaluer avec prudence devint rapidement un *objectif* surpassant en importance la première raison d'être de Boscoville. Associé à Boscoville, Cap Espoir lui apporta beaucoup de visibilité médiatique mais, de l'avis de plusieurs gestionnaires du réseau, il s'agissait là d'une activité parallèle et trop risquée par rapport aux objectifs déjà poursuivis par l'institution. Ajoutons que les relations entre la direction de Boscoville et celle des autres institutions du réseau étaient de moins en moins conviviales: la crédibilité du directeur de Boscoville parmi ses pairs était à tout le moins "très à la baisse". Boscoville ne dérangeait plus, mais commençait à inquiéter grandement.

Les membres du conseil d'administration de Boscoville éprouvaient un profond malaise devant l'échec financier du projet Cap Espoir. Est-ce l'une des raisons qui incita la mégastructure des Centres jeunesse de Montréal à mettre enfin au pas l'institution en la fondant dans le grand creuset de cette "mangeuse d'autonomie" qu'elle risquait de devenir? De toute façon, déséquilibrés par le fiasco financier de Cap Espoir, les membres du conseil d'administration ne purent résister longtemps à la vague de centralisation qui, on le verra plus loin, eut de lourdes conséquences pour Boscoville.

Cette fois, Boscoville allait être complètement bouleversé et perdrait cette autonomie administrative qui avait toujours permis aux directeurs d'exercer leur créativité et de bâtir des programmes de rééducation qui, heureusement, n'avaient pas tous été lancés sur des mers agitées. Pour une erreur de pilotage, non seulement ramena-t-on les bateaux de Cap Espoir sur les rives pour éviter qu'ils ne dérivent à nouveau, mais on fit perdre son originalité à l'ensemble du projet Boscoville. Enfin, il ne dérangerait plus! Dans cette grande structure que sont les centres jeunesse, on mettrait sûrement de côté le développement d'une institution trop originale de l'avis de plusieurs. On aurait bien d'autres chats à fouetter, la standardisation de l'action sociopsychoéducative étant devenue, pour toutes sortes de bons motifs apparemment (par exemple, pour éviter la répétition d'expériences comme celle de Cap Espoir), l'orientation "passe-partout" des dirigeants.

Il n'est jamais facile de trouver la juste mesure dans la planification et la gestion de projets. On en a la preuve une fois de plus avec l'expérience tentée par l'équipe qui dirigea Boscoville de 1984 à 1990. Il faut cependant reconnaître, fort heureusement d'ailleurs, que tous les projets de cette direction ne furent pas des bateaux qui échouèrent faute de carburant. Il en est cependant qui connurent le même sort que le projet Cap Espoir, entre autres les projets de Centre de jour prévoyant une collaboration intensive de Boscoville avec des milieux d'éducation en difficulté, projets pourtant très réalistes et fonctionnels et en continuité avec la tradition de Boscoville. En mettant de l'avant ces projets, Boscoville continuait de déranger en étendant son rayonnement au-delà des cadres de son mandat classique: la rééducation en internat.

Les expériences auxquelles donnèrent lieu ces projets furent jugées très valables par ceux qui ont pu en bénéficier. Malgré cela, tous ces projets avortèrent. Tous étaient originaux, il est vrai; un seul était trop marginal. Et pourtant ils devinrent tous la cible d'une bureaucratie qui commençait à se faire la main pour les grandes œuvres: c'était bon... mais ce n'était pas dans les bonnes structures. Qu'un internat offre son personnel à d'autres structures, ça débalance tout le monde, ça ne va pas dans les bonnes cases, "que ce soit bien fait n'est pas un argument valable", etc. Organiser des voyages en mer comme moyen de rééducation était certes une aventure quelque peu farfelue pour un organisme montréalais dont la clientèle n'avait aucune tradition maritime, mais la création d'un Centre de jour ne l'était pas, l'animation de jeunes en difficulté dans des écoles de Montréal d'où provenait la clientèle de Boscoville ne l'était pas non plus. Mais les distinctions sont rarement la spécialité des grosses structures anonymes et technocratiques.

On le constatera une fois de plus, malheureusement, dans le contexte du projet ***virage milieu*** des Centres jeunesse de Montréal. En 1997, le Québec est engagé à bride abattue dans une lutte au déficit budgétaire. S'il est facile de constater que, dans tous les groupements humains, les affaires sociales sont les dernières à profiter des retombées de la relative opulence des années antérieures, on peut également observer que les sociétés, dans ce domaine, appliquent à la lettre les Saintes Écritures[18]: le secteur des affaires sociales est généralement l'un des premiers touchés en période de vaches maigres. Dans un élan de rationalisation en apparence logi-

18. «Ainsi, les derniers seront les premiers, et les premiers seront les derniers.» (Mt 20,16)

que, on commence habituellement par transformer les structures. Dans le projet Cap Espoir, la direction de Boscoville avait dépassé la mesure en larguant trop les voiles et en "se montant de trop gros bateaux"; dans le projet *virage milieu*, on présentera comme l'une des conditions de la mise en train de l'approche milieu, la récupération des fonds ($) que permettrait le coulage de ce petit navire qu'est Boscoville. Et pourtant, il aurait pu continuer de voguer allègrement sur les mers agitées de la réadaptation des jeunes en difficulté!

À ce stade-ci de ma réflexion, j'en arrive à formuler une double question qui me poursuit, en fait, depuis déjà quelque temps: combien d'argent les gestionnaires auraient-ils sauvé et combien de jeunes le Québec aurait-il perdus si nous n'avions pas créé cette institution dynamique qu'est Boscoville? Nous y reviendrons au chapitre 5.

• 2 •

Une participation sous le signe d'une certaine ambivalence

Premier événement: Je décide d'adopter un profil bas

GILLES GENDREAU

Au matin du 25 mars 1997, je reçois un appel téléphonique d'un ancien éducateur de Boscoville maintenant à la retraite. Il avait été de la première équipe de 1954, et il fut l'un des seuls membres de l'équipe initiale à faire toute sa carrière professionnelle à Boscoville. «Gilles, on vient d'annoncer la fermeture de Boscoville», m'annonce-t-il d'une voix empreinte d'émotion. Le Gouvernement du Québec étant alors en pleine négociation avec les syndicats en vue d'atteindre son objectif du DÉFICIT ZÉRO, je tente de rassurer mon ami: «Tu ne penses pas qu'il s'agit d'un ballon lancé par les syndicats pour ajouter de la pression sur le gouvernement?»

Dans ma naïveté — encore une fois! — je croyais sincèrement que rien ne pouvait remettre en question la prise de position exprimée par le nouveau directeur des Centres jeunesse de Montréal, quelques mois auparavant, devant un groupe de personnes qui, manifestant une certaine inquiétude, s'étaient réunies pour amorcer une démarche de réflexion sur l'avenir de Boscoville. «Il n'est pas question de fermer Boscoville», avait-il alors proclamé, selon ce que me rapporta un participant[19]. Plus astucieux que moi, mon ex-collègue voulut rectifier ma perception, un peu trop positive à ses yeux. «Peut-être, mais quand des anciens ont offert leur collaboration pour parler aux jeunes actuels de leur expérience de vie, pour les aider dans leur transition de départ, le directeur a refusé leur aide de façon quelque peu étrange. Comme s'il considérait leur proposition, pourtant bien honnête et découlant de leur sens des responsabilités, avec une certaine suspicion et très peu d'enthousiasme.» «Curieux, me dis-je, il me semble que cette collaboration ne saurait être que bénéfique. Pourquoi une telle méfiance?»

Je ne pouvais m'empêcher de me poser des questions. On parlait du "virage milieu" mais, d'un même souffle, on refusait l'aide d'anciens de Boscoville, honnêtes et responsables, qui pourraient faire bénéficier les jeunes actuels de leur expérience et de leur savoir-être. Comment s'appuyer sur les forces d'un milieu, d'un environnement, si on ne prend même pas la peine d'étudier sérieusement ce que ses citoyens peuvent apporter de valable? Voilà un concept qui devra faire l'objet d'expérimentations soutenues et animées par des personnes d'expérience si on veut qu'il puisse s'enraciner dans le terreau de la vraie vie.

Je compris vite qu'il ne s'agissait pas d'une rumeur car, le téléphone à peine raccroché, on sollicitait ma présence à une émission

19. Étant retenu chez moi par la maladie, je n'avais pu assister à cette rencontre. À quelqu'un qui quelques mois plus tard lui rappela cette prise de position, le directeur avouait, en toute bonne foi semble-t-il, qu'il ne se souvenait pas d'avoir fait une telle déclaration. Les amis de Boscoville, désireux d'être rassurés, avaient peut-être simplement interprété ses paroles... en toute bonne foi eux aussi.

d'information qui aurait lieu le soir même au Réseau de l'information (RDI). Ayant toujours eu comme politique de collaborer avec les médias, j'acceptai l'invitation: puisqu'on me le demandait, je devais tenter d'éclairer le débat. Débat qui, dans les semaines suivantes, prendrait une ampleur totalement inattendue pour moi et pour bien d'autres.

D'emblée, je décidai d'adopter un profil bas (*low profile*) lors de cette participation d'urgence, et de ne pas m'engager tête baissée dans la défense de Boscoville. J'avais encore en mémoire le triste souvenir de ce qui s'était passé en 1987-1989 quand j'avais proposé une démarche qui, à partir d'une recherche-action, aurait pu donner lieu à une plus grande implication de Boscoville dans le quartier Rivière-des-Prairies et dans Montréal-Nord. Ce projet n'avait pas eu les résultats souhaités; pourtant, il aurait pu accroître le leadership de l'institution dans l'action éducative spécialisée... La direction d'alors était sans doute encore trop centrée sur le projet Cap Espoir (voir chapitre précédent).

Depuis ce temps, j'étais loin de ce qui se passait à Boscoville et j'avais l'impression que l'institution n'assumait plus ce leadership qui avait fait sa force. J'avais la conviction que son âme était encore vivante mais que, depuis 1992 surtout, les nouvelles structures et les départs de personnes compétentes parmi le personnel, l'avaient quelque peu amochée. En bref, je ne me sentais pas complètement à l'aise sur le plan pratique: je n'avais pas le "pouls" du milieu institutionnel ni celui de la direction des Centres jeunesse de Montréal. De plus, j'ai beaucoup d'empathie pour les directions empêtrées dans la gestion de la décroissance et qui ne veulent pas perdre de vue les valeurs de base de l'action sociopsychoéducative spécialisée. Par ailleurs, j'étais heureux d'avoir l'occasion d'exprimer quelques principes de base, par exemple qu'il fallait éviter de répéter les erreurs de certains pays qui, après avoir fermé trop d'internats, ont dû envoyer de nombreux jeunes délinquants en prison avec les adultes.

Mon premier pas dans ce nouveau grand jeu professionnel et social, je le fis lors de l'émission de télévision dont je viens de faire mention et à laquelle le directeur des Centres jeunesse de Montréal était également invité. Quelques heures auparavant, au cours d'une conférence de presse, ce dernier avait formulé ses hypothèses quant à la planification du "virage milieu". Théoriquement, je n'ai pas d'objections majeures à une "approche milieu". Depuis une quinzaine d'années, en effet, j'écris qu'il faut ***faire autrement***, c'est-à-dire intensifier la collaboration entre éducateurs et parents des jeunes en difficulté et qualifier les interventions des professionnels dans les milieux naturels. Il m'était donc facile de situer plus systématiquement l'action éducative au cœur de ce qui pourrait ressembler à une ***politique milieu.*** Cependant, ***faire autrement*** n'a jamais signifié, ni dans mon esprit ni dans mon discours, que le rôle des internats animés par des professionnels compétents était devenu moins indispensable. C'est pourquoi j'ai toujours été si attentif aux propos des psychoéducateurs expérimentés qui pressentaient le danger d'une sortie de piste si on se lançait tête baissée et les yeux fermés dans un virage dont les conséquences pour les jeunes et leurs parents pouvaient être parfois plus négatives qu'elles ne le semblaient à première vue.

Conscient de ces points de vue complémentaires, je tentai d'être à l'écoute des propos du directeur des Centres jeunesse de Montréal exposant le rationnel des orientations envisagées. Ma longue expérience m'a appris que tout est rarement tout blanc ou tout noir. Comme je n'avais pas toutes les informations ni sans doute le langage technocratique à la mode, je continuai à rechercher un profil plutôt bas. Je sais par expérience qu'il est plus facile de jouer les gérants d'estrade que d'assumer des responsabilités sur le terrain.

J'exprimai mon accord avec la plupart des orientations exposées par le directeur au cours de l'émission, mais je n'eus pas le temps d'insister sur le fait que certains des moyens proposés n'étaient pas suffisamment clairs, qu'ils étaient même contradictoires. Par exemple, que voudrait dire, dans la pratique, autant pour les éducateurs professionnels que pour les adolescents et adolescentes très difficiles de 12 à 18 ans, une «intervention intensive et diversifiée dans le milieu familial et communautaire»? Quel perfectionnement offrirait-on aux éducateurs qui auraient à animer ces interventions? S'agirait-il d'une réplique de l'action des travailleurs sociaux? De celle des psychologues? Par ailleurs, l'une des raisons invoquées pour justifier la fermeture de Boscoville était le surplus de places disponibles par suite du rapatriement des jeunes de la Montérégie actuellement placés à Montréal. Or, l'argument de la régionalisation ne pourrait-il pas valoir également pour les jeunes de Montréal placés au Centre Cartier, situé lui aussi dans une autre région? Pourquoi ne pas rapatrier ces jeunes à Cité-des-Prairies[20] au lieu d'y envoyer des jeunes de Boscoville?

Dans l'ensemble, je n'étais pas très heureux de ma prestation: j'avais en quelque sorte oublié l'avenir de Boscoville en soutenant le principe même du virage milieu. Aussi ne fus-je pas surpris de recevoir des commentaires "élogieux" de professionnels engagés d'une façon ou d'une autre dans ces perspectives de l'ouverture au milieu, à l'environnement psychosocial. On était étonné de ma pondération et de ma sagesse (!). On ajoutait que j'avais été respectueux du directeur qui, "fatigué" et peu à l'aise dans ce genre de situation, aurait pu être malmené «si mes interventions avaient été plus agressives, comme on aurait pu s'y attendre puisqu'il s'agissait de la fermeture éventuelle de Boscoville». Je ne fus pas davantage surpris de constater que quelques éducateurs de Boscoville et bon nombre d'anciens aient eu l'impression que je n'avais pas «mon enthousiasme coutumier pour défendre la cause de Boscoville», «que j'avais plutôt l'air dégagé d'un universitaire». J'en fus réduit à me répéter la célèbre phrase de Molière: «Non, mais qu'est-ce que je faisais dans cette galère?» À mon âge, serais-je devenu trop nuancé pour mener de tels combats? Étais-je en train de jouer à l'âne de Buridan[21]? Avais-je encore assez d'énergie pour promouvoir à la fois le virage milieu et le développement de Boscoville?

---

20. Les Centres Cartier et Cité-des-Prairies sont deux centres à caractère plus sécuritaire que Boscoville.
21. «Qui mourut sans se décider pour un seau d'eau ou une botte de foin» (Petit Robert).

Deuxième événement: Je réagis à une "terrible simplification"

GILLES GENDREAU

J'en étais là dans mes réflexions quand, quelques jours plus tard, on me remit le texte contenant les «HYPOTHÈSES DE TRAVAIL DES CJM DE L'AN 2000» soumis par la direction au conseil d'administration. Pendant l'émission, j'avais spontanément tenu pour acquis que la direction des Centres jeunesse de Montréal avait l'intention de poursuivre le développement des connaissances et des pratiques de la sociopsychoéducation par de nouveaux moyens. En prenant connaissance de ce texte, j'y découvrais, à ma grande déception, une idéologie plutôt renversante. Par exemple, que, pour vaincre les résistances, il s'agissait tout simplement de «détruire le système de façon créatrice, sans parachute aucun», il s'agissait de «poser un geste d'anarchie éthique»[22]. Et cette autre réflexion d'un haut fonctionnaire au MSSS[23]: «... il faut désorganiser le passé pour mieux organiser l'avenir».

«Geste d'anarchie éthique» que de fermer Boscoville? Meilleure façon de «désorganiser le passé pour mieux organiser l'avenir» que de fermer une institution-symbole porteuse de nombreuses traditions, qui a tout ce qu'il faut pour faire face aux nouveaux défis et devenir à nouveau un foyer d'excellence pour la prévention des difficultés chez les jeunes, pour leur réadaptation et pour l'approfondissement de l'intervention? Et le plus paradoxal, c'est que, quelques pages plus loin, le document insiste sur la nécessité de la **continuité** et de l'**accélération** comme devant être des caractéristiques de base des nouvelles orientations. Oui! l'**accélération** à pleine puissance pour «**désorganiser le passé**» et, une fois réussie la désorganisation, la **continuité**...

22. Citation de David K Hurts (?) page 3.
23. Ministère de la Santé et des Services sociaux.

«Et c'est pour cela que votre fille est muette», aurait écrit Molière. Non! Cette idéologie était inacceptable et je sentais monter en moi une nouvelle énergie.

J'en conviens, ça prend un certain courage pour détruire le passé. Peut-être pas autant, cependant, que pour l'avoir construit à partir de bien peu de choses!

J'ai toujours tenté de comparer les contextes de mon actualité professionnelle des dernières années à ce que j'avais vécu dans mon passé d'éducateur combattant. Savoir se servir de ses expériences passées, disait Redl, est une fonction du MOI qu'il est important de développer. Or, mes expériences passées me révèlent que moi aussi, dans mon jeune temps professionnel et même après, j'ai travaillé fort à déstabiliser le passé des vieilles institutions. Déstabiliser oui, mais en respectant les personnes et en étant attentif à ce qu'elles pouvaient m'apporter d'expériences humaines. Je me souviens d'avoir déploré la faiblesse des fondements théoriques sur lesquels certains responsables s'appuyaient pour défendre leurs méthodes: leurs arguments en faveur des grands groupes étaient d'une pauvreté à faire pleurer. On disait, par exemple, que le jeune se fondait dans la masse et qu'il ne se sentait pas toujours traité comme un jeune à problèmes, ce qui avait l'avantage de le lui faire oublier (!).

Devenu à mon tour le symbole d'une tradition dans l'action sociopsychoéducative, je pouvais donc m'attendre à ce qu'on cherche à me déstabiliser. Or, les "nouveaux" paradigmes, comme ceux sur lesquels s'appuie ce qu'on appelle le "virage milieu" **élargissent et approfondissent** les principes et les pratiques qui avaient servi à renouveler la face de la rééducation au Québec et qui constituaient un sous-ensemble de base de mon enseignement universitaire. Je devais faire entendre, voir et surtout comprendre que cette approche milieu s'inscrivait dans la suite logique des acquis des cinquante dernières années. Il ne s'agissait pas de défendre un passé qui n'avait aucunement besoin de l'être, mais de s'en servir comme d'un tremplin. Je compris, dès cette première émission de télévision, qu'il y avait là tout un défi! D'autant plus que je n'ai plus aucun pouvoir, sinon celui d'avoir été un professionnel dynamique... mais hier. Dynamisme qui n'a plus de tremplins institutionnels, sauf ceux de mon passé.

Il faut être conscient que ce qu'on appelle le "pouvoir gris" se limite à peu près au "pouvoir d'achat". Et malgré le slogan publicitaire d'une compagnie d'assurance qui vante la "Liberté 55", les gens en fonction sont tous mal à l'aise de vous voir vous engager à soixante et onze ans: «Ce n'est plus de votre âge», m'a-t-on laissé entendre avec sympathie, faisant peut-être écho à ma propre réflexion. Malgré tout, ma participation à cette émission constitua pour moi un élément déclencheur: je serais du combat avec mes faibles moyens, même si je risquais d'être comparé à la mouche dans LE COCHE ET LA MOUCHE de La Fontaine.

Revenons à l'émission. L'animateur me demanda à la fin «ce que cela me faisait de voir fermer Boscoville». Je lui répondis spontanément que nous avions construit sur du solide et que je ne comprenais pas que l'on ne se serve pas de ces acquis pour aller plus loin, pour aller plus avant dans l'action sociopsychoéducative. À l'externe ou à l'interne, la psychoéducation demeurerait toujours un type d'intervention reposant davantage sur un vécu éducatif partagé que sur des échanges verbaux entre un jeune et un adulte, qu'il soit éducateur naturel (parent) ou professionnel.

Aujourd'hui, après étude du premier document des Centres jeunesse de Montréal colligeant les hypothèses relatives au virage milieu, et après mûre réflexion, j'ajouterais: «Je n'aurais jamais cru qu'on parlerait d'ÉTHIQUE en prônant la destruction d'une institution qui doit son existence, d'une part, à la collaboration de citoyens de tout horizon, d'autre part, aux professionnels et surtout aux jeunes qui lui ont donné son âme et aux parents qui ont su apprécier ce qui s'y faisait. Boscoville n'aurait jamais été non plus ce qu'il a été sans les médias qui l'ont fait découvrir au public.»

Boscoville appartient à la communauté et la communauté s'y reconnaît! Voilà qui pourrait expliquer des réactions aussi intenses à l'hypothèse de sa fermeture! Il faudrait s'en réjouir, car il est rare que ce type d'institution ait la cote du public et des médias. Pourquoi qualifier ces réactions de «seulement émotives»? Boscoville est plus qu'un lot de concepts, même si on reconnaît la valeur de ces derniers; plus qu'un symbole, aussi éloquent soit-il. Boscoville est une réalité dynamique, et il a fallu plusieurs années d'efforts soutenus de la part de tous pour lui donner une âme. On dit qu'il y a maintenant plusieurs "Boscoville" à travers la province et que l'on doit beaucoup à cette institution. Et, du même souffle, on y trouve un motif de le faire disparaître en tant que "centre actif de réadaptation". Est-ce qu'on ne pourrait pas, par exemple, comparer le rôle joué par Boscoville en rééducation à celui qu'a joué, et continue de jouer, l'Institut de cardiologie de Montréal? Il existe de nombreux hôpitaux où l'on prodigue d'excellents traitements en cardiologie; pourtant, à ma connaissance, personne n'a jamais songé à fermer l'Institut qui est, en quelque sorte, un "stimulateur" pour tous les autres.

Je ne parviens pas à comprendre pourquoi Boscoville ne pourrait pas contribuer efficacement à la formulation d'objectifs spécifiques aux jeunes de 14-18 ans dans le cadre d'un élargissement de l'approche milieu et à la recherche des moyens appropriés pour les atteindre en s'appuyant sur son expertise en général, mais surtout sur ses traditions de présence attentive et empathique aux jeunes et, depuis quelques années surtout, à leurs parents.

Je n'aurais jamais cru non plus que la "dimension humaine" de Boscoville pourrait devenir un motif de fermeture: «Comme on ne peut entrer les jeunes du Mont Saint-Antoine dans les locaux de Boscoville et qu'on peut faire le contraire, fermons Boscoville!» Est-ce là un «**geste d'anarchie éthique**», un «**faire autrement**»? Ou est-ce une «**accélération**» pour «**désorganiser le passé**»?

Et j'aurais sans doute ajouté: «Pauvre Boscoville! Pauvre Mont Saint-Antoine!» Deux centres que l'on a toujours comparés comme le nouveau et l'ancien! L'ancien a fait des progrès énormes et j'ai beaucoup de respect pour celles et ceux qui l'ont fait ainsi évoluer. Cité-des-Prairies et Boscoville sont des voisins. L'histoire dira un jour, je l'espère, l'influence de Boscoville sur la transformation du Centre Berthelet en une Cité-des-Prairies tellement plus dynamique. Ces trois centres travaillent de plus en plus en complémentarité et ils font tous partie des Centres jeunesse de Montréal, ce qui peut faciliter les choses. Mais de là à faire de la "**centrophagie**"! De là à ce que la Cité-des-Prairies et le Mont Saint-Antoine dévorent Boscoville!... Faut-il y voir un autre «**geste d'anarchie éthique**»? Un autre moyen de faire disparaître les plus petits au profit des plus gros? Agir ainsi, n'est-ce pas **faire comme** les multinationales plutôt que de **faire autrement**? Et serait-ce parce que les fondateurs de Boscoville ont voulu faire autrement que des jeunes d'aujourd'hui et leurs parents doivent être privés de ses services?

Mais pourquoi poser de telles questions? Le langage technocratique n'a-t-il pas réponse à tout, sauf peut-être à LA QUÊTE DU SENS[24]?

Bosco, une oasis dans leur misère

FRANCO NUOVO[25]

On va fermer Boscoville; par pur calcul mathématique et par esprit pratico-pratique. Parce qu'il est plus facile pour les *Centres jeunesse de Montréal* de déménager 80 personnes que d'en relocaliser 300. Parce qu'il faut récupérer quatre millions et réduire les places de 10 pour cent.

24. Pauchant, Thierry C. et collaborateurs (1996). *La Quête du sens*. Québec/Amérique.
25. *Journal de Montréal*, 28 mars 1997.

Boscoville n'est pas n'importe quel centre d'accueil pour jeunes. En agissant de la sorte, on biffe une histoire, une expertise, et on saborde le berceau de la psychoéducation sans se poser de questions, sans se préoccuper de la perte réelle et des répercussions.

Boscoville, c'est un passé et un présent. C'est une philosophie, une approche, une façon de tendre la main aux jeunes en difficulté, une manière de leur tenir la tête hors de l'eau, le temps qu'ils reprennent pied, qu'ils retrouvent un équilibre perdu. Tuer Boscoville, c'est les lâcher.

«Allez donc, des centres, y en a plein», dites-vous.

Eh! Bien non, justement, il n'y en a pas tant. Et puis comme Boscoville, il n'y en a pas du tout.

On est loin de la maison de réforme, un terme qui n'existe même plus et qui fait peur. Bosco, c'est un milieu de garde aéré, une ville ouverte avec des quartiers, un centre sportif, une école, des espaces et de grandes fenêtres par lesquelles les adolescents en mal de vivre apprennent à respirer par le nez, à socialiser. Certains ont souffert d'abus physiques ou sexuels, de manque d'encadrement; d'aucuns sont perdus parce qu'ils sont voyous ou immigrants; d'autres sont contrevenants. Ailleurs, on les appelle des clients; à Bosco, on dit *nos jeunes*. Ça fait 43 ans qu'on dit *nos jeunes*, depuis que le Père Roger a compris que, pour les aider, il fallait plus qu'un camp d'été. (...)

Pour des sous ou des millions, par souci obtus de rationalisation, on oublie. Notre société oublie. Ça tue.

On oublie de sauver et de sauvegarder ce qu'on a su, en des temps meilleurs, ériger. On oublie et on brade le passé. On oublie qu'on a tissé des liens et établi des ponts. On oublie le travail, les actions, les efforts déployés pour humaniser. On oublie que tout n'est pas pareil, qu'il en est des institutions comme des hommes et que certains, allez savoir pourquoi, ont pour la vie plus de talent qu'autrui. On oublie tout. Ça tue.

(...)

Remarquez, en bout de ligne, les comptables vont peut-être récupérer quelques dollars. Mais les jeunes, eux, ne retrouveront rien. En fermant Boscoville, on leur retire une aide, une structure testée, une institution éprouvée. On leur tire le tabouret sous les pieds. On les prive d'une oasis dans leur misère. Ils ne peuvent que perdre.

Ils sont des centaines, des milliers à nager en apnée et à chercher leur air par bouffées. Les centres d'accueil ne suffisent plus. La demande est grande. Les rues sont pleines de paumés. Et on ferme.

Et pas n'importe quel centre. On ferme celui qui a pavé la voie, celui qui a débroussaillé, celui qui a servi d'exemple. On ferme LE centre.

Au nom de la rationalisation et des sacro-saintes compressions, on s'apprête à sacrifier une âme en croyant sauver un corps.

C'est con.

• 3 •

Je redécouvre l'âme de Boscoville

Troisième événement: Une conférence de presse un peu spéciale

GILLES GENDREAU

Déjà quelque peu bouleversé par la lecture du texte idéologique des Centres jeunesse de Montréal dont il a été question au chapitre précédent, je fus tout à fait ébranlé par les réactions engagées d'éducateurs de Boscoville, actuels et anciens, et de très nombreux anciens participant à des tribunes téléphoniques; par tous les appels aussi au cours desquels on me disait que «cette fermeture anticipée n'avait aucun bon sens», etc. De tous ces appels, il se dégageait un dynamisme, une prise de responsabilité sociale, un engagement qui m'aidèrent à redécouvrir le sens même de Boscoville et de son histoire pour les jeunes en difficulté du Québec et de plusieurs autres pays, pour les professionnels de l'action éducative spécialisée et même pour l'avancement des connaissances en sociopsychoéducation. Et pourquoi pas pour moi-même en tant que personne?

Non, je ne pouvais plus me contenter d'un profil d'universitaire ou de retraité et me tenir à l'écart en regardant évoluer la tempête. Je n'aurais pas été fidèle à mes racines. Si «on est responsable pour toujours de ce qu'on a apprivoisé», comme le dit si bien le Petit Prince, n'est-on pas également responsable de l'évolution des idées que l'on a contribué à répandre et des réalisations que l'on a aidé à faire naître et à développer?

C'est ainsi que j'en suis venu à accepter de participer à la conférence de presse organisée par le Syndicat du personnel clinique de Boscoville, affilié à la Centrale de l'enseignement du Québec (CEQ). Le syndicat n'était pas mobilisé pour défendre des emplois: il n'y avait aucune menace de ce côté[26]. Mais il était la seule structure interne de Boscoville à discuter de la pertinence des hypothèses mises de l'avant par la direction des Centres jeunesse de Montréal et des moyens proposés pour les mettre en application, puisque tous les représentants de la direction détenant une responsabilité officielle dans l'institution s'étaient ralliés sans condition à la prise de position de la direction générale. Les professionnels syndiqués étaient donc les seuls à pouvoir animer tant bien que mal l'institution et à s'engager dans un combat dynamique pour sa survie en s'appuyant sur des valeurs qui avaient fait sa force. Ils croyaient encore fermement, malgré l'indifférence de leurs directeurs, à l'utilité de Boscoville et à ses possibilités d'évolution au service des jeunes en difficulté et de leurs parents et ce, tout en respectant l'esprit des hypothèses émises par la direction en vue du virage milieu.

Or, cette conférence de presse déclencha un mouvement extraordinaire. Les quelques professionnels qui y prirent la parole présentèrent, chacun avec son accent particulier, l'argumentation sur laquelle ils s'appuyaient pour affirmer que Boscoville avait encore sa raison d'être. Les journalistes furent attentifs et posèrent quelques questions pour mieux comprendre le sens de leurs propos. Mais le clou de la rencontre fut l'intervention d'un ancien, le

26. On leur assurait un poste analogue au Mont Saint-Antoine ou à Cité-des-Prairies.

comédien et homme d'affaires Michel Forget, qui donna un témoignage retentissant. Il était revenu à son siège après avoir exprimé au micro quelques mots bien sentis, lorsqu'un journaliste lui posa une question en apparence banale: «Monsieur Forget, si vous n'aviez pas été à Boscoville, que seriez-vous devenu?» Quelque peu surpris, Michel ne répondit pas immédiatement. Puis, très ému, il dit d'une voix mal assurée: «Je ne sais pas, je ne peux pas vous le dire avec certitude. Mais je pense à deux de mes amis qui n'ont pas eu la chance d'y venir: l'un est au pénitencier pour la Xème fois, l'autre a été descendu dans un règlement de compte.» Et, prenant une grande respiration, il ajouta: «Boscoville, c'est... la tendresse.» Il s'excusa ensuite de ne pouvoir retenir quelques larmes.

La conférence de presse venait d'être marquée par le climat exceptionnel de l'expérience humaine de Boscoville. La période de questions des journalistes à l'ensemble des participants étant terminée, je pouvais comprendre, moi le vieil éducateur qui avais accompagné Michel lors de son séjour à l'institution dans les années 1960, ce qu'avait réveillé chez lui cette question et les émotions qu'elle avait provoquées. «Est-ce assez niaiseux, Gilles, mais j'ai revu toute ma vie et j'ai été incapable de me retenir.» «Michel, ta sensibilité a toujours été ta grande richesse, ne t'en défends pas.» Et cet homme, presque quinquagénaire, de me regarder de la même façon qu'il le faisait autrefois lors de nos entrevues! Après tant d'années, deux êtres humains se retrouvaient avec la même intensité et étaient de nouveau prêts à coopérer. À Boscoville, nous avions mené un même combat: celui d'apprendre à vaincre nos vulnérabilités en développant nos habiletés, lui comme jeune, moi comme éducateur. Aujourd'hui, nous mettions nos compétences respectives au service d'une même cause: faire comprendre pourquoi Boscoville devait continuer d'évoluer au service des jeunes en difficulté. Nous avions dépassé le stade de l'aidant et de l'aidé pour atteindre à une mutualité, à une communion d'esprit au service des jeunes en difficulté des années à venir.

Cette conférence de presse eut un impact retentissant. Toute la population du Québec s'interrogea: de simples citoyens aussi bien que des directeurs d'école, des professionnels compétents, des chercheurs renommés, des journalistes chevronnés, de très nombreux anciens de l'institution devenus d'honnêtes citoyens... et tous apportèrent leur témoignage. Mais de tous ces témoignages, les plus percutants vinrent des anciens. Nous y reviendrons.

Personne ne saurait dire avec certitude ce qu'aurait été sa vie si Boscoville n'avait pas existé. Combien de jeunes, de parents, de professionnels rattachés de quelque façon à Boscoville seraient en mesure de répondre à cette question? Mais dans ce que Michel et moi sommes devenus, dans ce que les autres sont devenus, dans ce que nous avons tous réalisé, Boscoville y est certes pour quelque chose...

Je crois que les journalistes présents l'ont compris. Je crois que la participation à la conférence de presse fut pour moi une occasion d'approfondir ma prise de conscience de ce que je dois, en tant qu'être humain et en tant que professionnel, à Boscoville et à toutes les personnes qui l'ont vécu avec moi: les jeunes, leurs parents et les professionnels.

Et si les technocrates assimilent une telle prise de conscience à une réaction émotive et irrationnelle, je les plains! Je plains ces femmes et ces hommes qui, devenus gestionnaires, ont cessé de croire que toute conduite humaine digne de ce nom et ce, dans n'importe quel domaine, est à la fois affective et cognitive, émotive et rationnelle. Je plains surtout les professionnels, les jeunes en difficulté et leurs parents qui, dans des structures pensées et animées par une rationalité sans âme, devront trouver un SENS à leurs actions professionnelles, à leurs difficultés et à leur recherche d'espérance.

Serais-je devenu, comme le Petit Prince de Saint-Exupéry, un vieux nostalgique de ma planète? De ma planète Boscoville!

À la défense de Boscoville

La résistance s'organise devant la menace de fermeture du Centre Jeunesse

Boscoville, centre de réadaptation qui accueille en internat 84 garçons de 14 à 18 ans, est menacé de fermeture. La résistance s'organise.

PAUL CAUCHON[27]

«*La grande qualité de Boscoville, c'est la tendresse...*» En prononçant cette phrase, le comédien Michel Forget en a les larmes aux yeux. Pensionnaire de Boscoville à la fin des années 50 alors qu'il était en voie de délinquance, il n'arrivait pas à comprendre pourquoi le célèbre centre de réadaptation situé au Nord-Est de Montréal devrait fermer ses portes.

«*Je pose la question aux décideurs et au ministre Jean Rochon : Qu'est-ce que les jeunes vous ont fait pour que vous les bousilliez comme ça?*», lance-t-il.

La fermeture de Boscoville a été proposée le 25 mars dernier par le comité de direction des Centres jeunesse de Montréal. Le conseil d'administration des Centres jeunesse doit rendre une décision finale le 22 avril.

Mais déjà plusieurs personnes montent aux barricades pour défendre le centre. Michel Forget, bien sûr, tout comme le cinéaste André Melançon, qui y a travaillé cinq ans dans les années 60 comme stagiaire et éducateur, mais aussi la CEQ[28], et Gilles Gendreau, professeur à l'Université de Montréal et l'un des artisans de la psychopédagogie au Québec.

«*Il ne s'agit pas d'une lutte pour conserver nos emplois*, explique Patrick J. Turcot, président du Syndicat du personnel clinique

27. *Le Devoir*, jeudi 10 avril 1997.
28. Centrale de l'enseignement du Québec.

de Boscoville (CEQ). *Nous avons la sécurité d'emploi, nous serions relocalisés ailleurs.*»

Les jeunes sont référés à Boscoville par le tribunal de la jeunesse soit parce qu'ils représentent un danger pour la société, soit parce qu'ils vivent dans un milieu où leur développement est compromis. Ils y reçoivent des services d'hébergement, d'enseignement, de rééducation.

Gilles Gendreau rappelle que la compétence de Boscoville est reconnue dans le monde entier, et qu'il s'agit d'un milieu de vie à échelle humaine, situé dans la verdure, où les jeunes apprennent à se reprendre en main, à faire preuve de responsabilité.

Selon Patrick J. Turcot, les Centres jeunesse doivent réduire leur budget de 4 millions à Montréal et, en fermant Boscoville, on économiserait 700 000 $. Mais la décision est également fondée sur le désir de prendre le virage milieu.

Réorganisation des Centres jeunesse

En 1992, la loi 120 créait dans chaque région les Centres jeunesse, et les Centres jeunesse de Montréal ont regroupé sous un même conseil d'administration une dizaine de centres pour jeunes, dont Boscoville.

Ce conseil d'administration est formé de représentants de la population, des usagers, du monde scolaire, de la justice, etc.

Les Centres jeunesse de Montréal veulent maintenant intervenir plus efficacement auprès des jeunes en difficulté dans leur famille et, en bout de ligne, ils prévoient, dans la réorganisation en cours, avoir moins besoin de placer les jeunes en milieu institutionnel.

La clientèle de Boscoville serait donc relocalisée ailleurs, par exemple au Mont Saint-Antoine.

À la Régie régionale de la santé de Montréal-Centre, des représentants des Centres jeunesse présentaient leur plan.

«Nous accordons notre accord à ce plan dans la mesure où les Centres jeunesse évoluent pour réduire et éviter le placement d'enfants, explique Réjean Pinard, porte-parole à la Régie régionale. *Nous réfléchissons depuis des années à nos pratiques sociales dans le domaine jeunesse. Il vaut mieux supporter le jeune dans son milieu au lieu de le sortir de son milieu.»*

Mais tout en se montrant d'accord avec cet objectif général, les artisans de Boscoville plaident pour la spécificité de Boscoville, alors que de nombreux jeunes ont besoin, de toute façon, d'être sortis de leur milieu.

La présidente de la CEQ, Lorraine Pagé, fait également valoir qu'on veut envoyer des jeunes de Boscoville, où ils reçoivent sur place tous les services, dans des foyers où ils fréquenteront l'école régulière, là où les services d'aide et de soutien diminuent dramatiquement à cause des compressions budgétaires.

Bosco la tendresse

PIERRE BOURGAULT[29]

Personne ne se vante d'être passé par la prison de Bordeaux. Mais nombreux sont ceux qui, longtemps après avoir quitté Bosco, s'en souviennent encore avec émotion et les larmes leur viennent aux yeux quand ils en parlent.

Puis-je me permettre d'ajouter ma petite voix à toutes celles qui s'élèvent aujourd'hui à la défense de Bosco.

Bosco est menacé, Bosco se meurt, victime de l'effronterie et de l'incompétence de quelques technocrates sans-cœur qui n'ont d'autre souci que celui d'asseoir leur petit pouvoir personnel sur les décombres des institutions qu'ils déracinent à la hache.

Bosco, malgré les stupides réorientations qu'on lui a fait subir il y a trois ans, reste le modèle indiscutable de tout ce qui se fait de mieux en matière d'éducation des adolescents en difficulté.

29. *Le Journal de Montréal*, samedi 12 avril 1997.

C'est vrai qu'on fait aujourd'hui du bon travail dans d'autres centres de jeunesse. Mais c'est parce qu'on y a importé l'esprit de Bosco, les méthodes de Bosco, les approches de Bosco.

À vrai dire, tout vient de Bosco. C'est ce que certains petits esprits ne pardonnent pas. Ils croient avoir inventé la roue alors qu'ils ont souvent peine à la faire tourner.

Si Bosco doit demeurer, c'est d'abord et avant tout parce qu'il est une inspiration; mais c'est aussi parce qu'il est un lieu unique de création d'humanité.

Bosco c'est un lieu, c'est une culture, c'est un état d'âme.

Il est faux de prétendre qu'on peut transplanter tout cela ailleurs sans que tout l'édifice, patiemment construit, ne s'effondre.

Il est également faux de prétendre que les adolescents qui le fréquentent aujourd'hui ou que ceux qui pourraient le fréquenter dans l'avenir retrouveront ailleurs la même tendresse, comme le dit Michel Forget, ou la même ambiance respectueuse qui en ont fait la réputation.

Bosco, c'est aussi l'histoire, celle qu'on fait et qui change les choses. Celle qui a permis et qui peut permettre encore une approche humaine à des problèmes tristement humains.

Bosco, c'est le refus du mépris, de la vengeance et de la punition. Bosco, c'est le respect. Ce n'est pas rien dans une société qui ne respecte plus grand-chose. Et allez hop! Débarrassons-nous de cet encombrant témoignage, de ce délinquant qui fait craquer le moule. Tant qu'à y être, pourquoi pas privatiser Bosco? C'est dans l'air du temps, non? Et pourquoi pas le commanditer? Le Centre Bosco-Molson, ça ferait bien, non?

Quelle est donc cette rage de détruire ce qui nous anime? Qui sont donc ces petits gestionnaires qui ne gèrent que leurs petites misères et qu'on devrait accuser de méfait public?

Pourquoi faut-il que nous recommencions toujours à zéro?

Chez nous, si ça marche, c'est suspect.

Bosco, ça marche. N'est-ce pas une raison suffisante pour le sauver? Il y a mille raisons pour sauver Bosco, aucune pour le détruire. De quoi je me mêle? Je me mêle de nos affaires, celles de nos enfants, de celles dont tout le monde devrait se mêler.

Bordeaux punit. Bosco sauve. Pourtant, personne ne songe à fermer Bordeaux. Étrange, non?

«Le coroner Luc Maloin propose au gouvernement québécois de modifier le Code de la sécurité routière pour y inclure l'interdiction d'être assis à l'avant pour les enfants de moins de 12 ans.»

Pourquoi? Parce qu'un enfant, UN, a perdu la vie dans le déploiement d'un sac gonflable.

C'est triste, c'est vrai. Mais notre obsession de la sécurité absolue est devenue telle qu'on peut proposer sans rire de forcer les enfants à s'asseoir sur la banquette arrière de l'automobile.

Et quand un enfant mourra parce qu'il se sera frappé la tête sur le siège avant on fera quoi? On mettra les enfants dans le coffre?

Mon Dieu, protégez-nous de nos protecteurs!

C'est pour ton bien, mon enfant

NATHALIE PETROWSKI[30]

Dans le débat entourant la fermeture de Boscoville, ceux qui veulent à tout prix que ça ferme invoquent toujours le même argument. Ce n'est pas un argument nouveau. Des générations de parents agresseurs y ont eu recours pour faire la vie dure à leurs enfants. Alice Miller, la psychanalyste américaine en a fait le titre ironique d'un bouquin. C'est pour ton bien, mon enfant.

Voilà ce qu'ils disent tous. Depuis Jean Rochon, le ministre qui ferme plus vite que son ombre, jusqu'à ses serviles exécutants à la direction des Centres jeunesse ou à la Régie régionale de la santé et des services sociaux de Montréal, tous sont unanimes.

30. *La Presse*, lundi 21 avril 1997.

Boscoville ferme pour le plus grand bien de ses jeunes pensionnaires.

Dans leur esprit, Boscoville est un dinosaure croupissant qui n'a pas su s'adapter aux nouvelles réalités sociales ni à leur nouvelle clientèle. Ils éprouvent certes un relent d'affection pour cette ruine sympathique qu'est à leurs yeux Boscoville, mais si grand est leur désir d'avancer vers des lendemains sans déficits qu'ils ne se laissent pas longtemps aller à leurs épanchements.

Boscoville doit fermer. C'est pour le bien des enfants.

Encore vendredi dernier, Réjean Pinard, le responsable du dossier de Boscoville à la Régie de la santé et des services sociaux de Montréal, se disait tout à fait confortable — le mot est de lui — avec la fermeture de Bosco.

C'est pour le bien des jeunes, m'a-t-il répété. Dans les circonstances actuelles et avec le genre de clientèle que nous desservons, le cadre de Boscoville est plus nuisible qu'autre chose. Nous, ce qui nous intéresse, c'est le bien-être des jeunes et la qualité des services qu'on leur dispense. À cet égard, Boscoville ne tient plus la route.

Voulant vérifier à quel point Boscoville nuisait à l'épanouissement des jeunes déviants d'aujourd'hui réputés pour être plus lourds que ceux d'hier, je suis allée y faire un tour.

J'aurais voulu prévenir la direction de ma visite mais comme il n'y a plus de direction, plus d'autorité, plus de pouvoir à Boscoville, je suis arrivée comme une seule femme ou si vous voulez comme un cheveu sur la soupe.

Me voyant errer sur l'immense domaine, un psychoéducateur m'a invitée à prendre un café dans son unité.

C'est ainsi que j'ai atterri aux Limites, une unité qui porte bien son nom. Les jeunes qui y vivent en internat sont aux limites de la «ville» et de bien d'autres choses aussi.

La porte du bâtiment était ouverte à tout vent, comme toutes les portes à Boscoville. À l'intérieur, les Limites étaient désertes et d'une placidité toute bucolique.

La lumière entrait par grandes giclées à travers les baies vitrées où cascadait la rivière verte des plantes. Tout était en ordre. Dans un coin, la télé et son demi-cercle de divans bleus sans taches ni brûlures de cigarettes malgré l'abondance de cendriers. Et dans l'autre, une table de billard, vestige d'un été où les ados des Limites ont offert leurs services au terrain de golf avoisinant. En l'espace de deux jours cet été-là, les ados ont ramassé assez de garnotte pour se payer la table de pool de leurs rêves.

Le psychoéducateur m'a offert un café et le temps que j'allume une cigarette, la récréation était terminée. Les ados, qui venaient tout juste de sortir des classes, se sont mis à débouler. Bientôt nous étions encerclés par une meute d'ados affamés qui se pliaient à ce passage obligé à la «maison» avec une étonnante bonne humeur.

Ils étaient une bonne douzaine âgés entre 14 et 17 ans. Des petits blonds, des grands maigres, des châtains secs vêtus de l'uniforme obligatoire des ados d'aujourd'hui: pantalons «lousses» trois tailles trop grandes assortis de pulls ou de chandails, format king-size.

Aucun ne m'a regardée de travers. Aucun ne s'est formalisé de ma présence. Ces jeunes-là étaient si à l'aise dans leur «maison» qu'ils ne se sentaient pas menacés par mon intrusion.

Ils n'étaient pas plus énervés ou agressifs que n'importe quel ado qui rentre de l'école à midi. Grappés autour du psychoéducateur comme des abeilles autour d'une fleur, ils riaient et déconnaient comme des jeunes tout à fait normaux. Mieux: ils avaient l'air détendus et parfaitement heureux.

Ça c'était la semaine dernière. Maintenant avançons dans le temps. Dès la fermeture de Boscoville, la clientèle sera relocalisée. Une partie ira au Mont Saint-Antoine, l'autre à Cité-des-Prairies. Pour les gars des Limites, c'est déjà tout tracé d'avance. Ce sera Cité-des-Prairies. Pour leur plus grand bien évidemment.

Or, Cité-des-Prairies n'est pas précisément une colonie de vacances. C'est un établissement dit sécuritaire. Toutes les portes y sont verrouillées en permanence. On n'entre pas dans son unité comme dans un moulin. Il faut connaître le code et surtout avoir une bonne raison. Des caméras font la sentinelle partout; quant aux psychoéducateurs, ils sont tous munis d'un beeper qu'ils peuvent activer à la moindre crise. (...)

Sur papier, la fermeture de Boscoville est sans doute une bonne idée. Ces fossoyeurs s'entendent du reste pour clamer que la fermeture est virtuelle puisque l'expertise des psychoéducateurs se perpétuera ailleurs et que la clientèle sera relocalisée. Tout ce qui disparaîtra ce sont les bâtiments, répètent-ils.

Sur papier, c'est peut-être une bonne idée. Mais dans la réalité, des jeunes qui commençaient à retrouver un fragile équilibre dans le cadre convivial, chaleureux et ouvert de Bosco, vont être du jour au lendemain balancés en prison.

Pour leur plus grand bien? Non. Pour le plus grand bien des gestionnaires qui ont pris la décision. Et qui dans leur entêtement barbare et leur humanité déficitaire, se foutent éperdument du mal qu'ils font aux enfants.

Quatrième événement: Un comité dans la tradition de Boscoville

GILLES GENDREAU

Quelques jours après la conférence de presse, la centrale syndicale (CEQ) qui regroupe les professionnels de Boscoville convoque une réunion à laquelle sont invités quelques ex-citoyens de Boscoville, ex-éducateurs et ex-directeurs à l'institution, une professionnelle qui participa dès les premiers temps à la création de la psychoéducation, un psychiatre très engagé dans l'action éducative spécialisée et un criminologue chercheur, ainsi que des représentants officiels de la CEQ, dont la présidente. Il serait fascinant de raconter en détail toutes les tensions qu'ont pu vivre ces personnes dans le passé à cause de leur implication à Boscoville! Pensons seulement aux crises inévitables entre jeunes et éducateurs dans un processus de rééducation, entre membres d'une même équipe de professionnels dans l'élaboration et la mise en marche d'une action, entre collaborateurs convaincus aux idées originales, entre *leaders* pas toujours disposés à des compromis... Pour illustrer mon propos, je ne ferai référence qu'à la recherche évaluative.

Au cours des années 80, le chercheur criminologue présent à la rencontre avait dirigé une étude très sérieuse sur l'efficacité de Boscoville. Or, il est notoire que la très grande majorité des professionnels en sociopsychoéducation est très sensible à l'évaluation de son travail. Les professionnels de la psychoéducation, très nombreux à la rencontre, avaient eu beaucoup de difficulté à l'époque à rester "froids" devant les résultats et les analyses du chercheur principal et de son équipe. Leurs réactions d'alors à la fois émotives et rationnelles, donc tout humaines, trahissaient un malaise évident. À tort ou à raison, certains avaient vu dans cette étude un facteur de démobilisation générale des éducateurs de l'institution. Il faut dire que les conclusions, qu'ils intuitionnaient déjà en toute bonne foi en s'appuyant sur les premières recherches évaluatives, étaient nettement plus négatives que ce qu'ils avaient pu en appréhender. On imagine donc facilement ce qu'une telle recherche put susciter de controverses et on ne s'étonne guère qu'il se soit formé spontanément des groupes POUR et des groupes CONTRE.

D'un côté, des intuitifs sincères et compétents qui comprenaient mal que les résultats de la recherche ne correspondent pas à la qualité de leur travail[31]. De l'autre côté, des chercheurs étonnés de soulever un tel émoi et constatant que, loin de favoriser un approfondissement de l'action sociopsychoéducative, les résultats

31. En 1983, quand j'acceptai d'écrire la préface du livre décrivant la démarche d'évaluation de Boscoville, j'avais constaté que l'auteur éprouvait un grand respect pour le travail des éducateurs qu'il avait rigoureusement analysé. Cela n'avait pas empêché, à l'époque, des réactions fort négatives chez les "fervents" de Boscoville qui craignaient (encore le jeu de l'intuition?) que la majorité des technocrates ne fût très heureuse de s'appuyer sur une analyse quantitative scientifique (peut-être plus réaliste!) des effets de la rééducation chez certains jeunes pour dévaloriser l'ensemble du travail qui se faisait à Boscoville. Ces technocrates allaient trahir les intentions de l'auteur mais, hélas, confirmer les appréhensions du préfacier en se centrant davantage sur les échecs que sur les succès.

de leur recherche engendraient une sorte de désespérance et de sentiment d'inutilité. Des barrières de plus en plus hautes s'étaient donc élevées entre les messagers de l'action et ceux de la recherche-évaluation. La rencontre d'aujourd'hui serait-elle à l'image de ces tensions?

L'une des personnes les plus sensibles aux résultats de la recherche et les plus touchées par l'analyse du chercheur principal fut l'une de mes collègues des tout débuts de Boscoville et de la psychoéducation. Cette personne ayant toujours été "entière" — c'est sa grande qualité —, elle a toujours considéré comme une attaque personnelle la critique de certains de ses paradigmes de base — c'est sa vulnérabilité et elle en a beaucoup souffert et bien d'autres avec elle. Le chercheur en question est apparemment beaucoup plus froid: sa grande qualité est sa rigueur méthodologique, mais il semble avoir de la difficulté à accorder autant d'importance à ce qui ne se mesure pas qu'à ce qui se mesure. Aux yeux de cliniciens, c'est une vulnérabilité qu'il partage avec plusieurs de ses collègues chercheurs.

Jamais, à ma connaissance, depuis la parution des résultats de cette recherche, ces deux personnes ne s'étaient retrouvées autour d'une même table, et on ne se serait guère attendu à ce qu'elles se portent toutes les deux à la défense d'une même cause. Que ma collègue soit aux premières lignes, avec son indéfectible enthousiasme, pour faire valoir le rôle "irremplaçable" de Boscoville n'avait rien d'étonnant: elle ne pouvait pas ne plus y croire! Mais qu'à côté d'elle, à sa droite, soit assis celui qui, aux yeux de plusieurs et indéniablement à ses yeux à elle, avait jeté sur Boscoville une ombre qui est peut-être à l'origine de l'éclipse actuelle, voilà qui relevait apparemment du paradoxe!

Quel qu'ait été le passé des personnes présentes autour de la table, anciens, psychoéducateurs, cliniciens, chercheurs, gestionnaires ou syndicalistes, tous les arguments allaient dans le même sens: il fallait se battre pour sauvegarder et intensifier le rôle de Boscoville dans l'action sociopsychoéducative.

J'avais fait circuler parmi les participants un message reçu le matin même par télécopieur d'un membre de la direction des Centres jeunesse de Montréal. Ayant appris, je ne sais trop comment, qu'une rencontre se préparait, il m'avait fait parvenir, en toute urgence, copie d'une proposition en bonne et due forme en vue de la création par les Centres jeunesse de Montréal d'une ***chaire sur la violence*** qui porterait le nom de Boscoville. «Cela, me disait-il, garantirait la poursuite de la tradition d'excellence de l'institution.» Cherchant à savoir ce que contiendrait cette coquille, je compris vite qu'elle serait vide. Boscoville ne serait rien d'autre qu'un souvenir, mais un souvenir rayonnant (sur le plan théorique seulement!), à l'image de ce que le directeur des Centres jeunesse de Montréal avait exprimé lors de l'émission du RDI: «Boscoville a incarné une conception de la réadaptation qui a beaucoup apporté, mais qui est désormais dépassée.»

J'avais l'impression que l'on voulait injecter une dose de morphine à un moribond pour diminuer ses souffrances. Je me gardai bien de commenter ce projet et de parler de mes perceptions du matin. Or, le premier commentaire qui suivit la lecture du document vint d'un participant qui, en principe, aurait pu être intéressé par une telle chaire: «Il n'y a rien là d'intéressant. Il n'y aura plus ni jeunes ni éducateurs... ce ne sera donc plus Boscoville.» À n'en pas douter, tous les participants étaient sur la même longueur d'ondes: Boscoville, ce n'était pas seulement un nom, aussi symbolique fût-il, mais une réalité encore dynamique qu'il fallait continuer de développer... et non placer dans un écrin, fût-il en or, au musée de la recherche. L'éventuelle création d'une "chaire sur la violence" découlait sans doute d'une démarche honnête de la part de ceux qui y avaient songé, mais ce projet me confirmait que la direction des Centres jeunesse de Montréal comprenait mal la réalité de Boscoville et ce qui lui avait permis de jouer son rôle dans la société.

Il fut donc décidé, à l'unanimité, d'envoyer au ministre de la Santé et des Services sociaux du Québec un message très clair. Aussitôt la réunion terminée, une demande formelle de moratoire en ce qui concerne les décisions des Centres jeunesse de Montréal lui fut donc acheminée. Le soir même, une heure après que le ministre eût reçu notre demande, plusieurs médias en faisaient état. Et, à peine de retour à la maison, en plein souper, j'étais interviewé, à titre de porte-parole officiel du groupe, par une journaliste d'une agence de presse. Je vivais dans un climat d'effervescence hors de l'ordinaire pour le retraité que je suis devenu... et j'en étais tout essoufflé.

Dans la soirée, je réussis à m'arrêter pour faire une sorte de retour sur la journée. Mon attention se porta sur les personnes présentes. Pour dix des douze personnalités regroupées, la présence à cette rencontre constituait une suite logique et "naturelle" des années vécues à Boscoville comme jeunes en difficulté ou comme professionnels. Pour les deux autres, l'auteur de la recherche évaluative la plus complète qui ait été faite jusqu'à maintenant sur Boscoville et la présidente de la CEQ, qui allaient aussi s'engager pleinement dans ce dossier non seulement comme chercheur ou syndicaliste mais également comme citoyens responsables, elle pouvait peut-être étonner. Pourtant, comme observateur-participant de l'histoire de l'action psychoéducative au Québec au cours des cinquante dernières années, je n'en fus pas surpris: Boscoville continuait à exercer le rôle qu'il avait toujours exercé au Québec. Et, bien qu'il ait suscité de nombreux débats depuis sa fondation, il a toujours été soutenu par des personnes et des organismes de toutes catégories, rassemblés par un but commun: faire évoluer une institution dont ils s'appropriaient les objectifs et les enrichissaient.

Bien sûr, il était tout à fait normal que les anciens et les professionnels qui, d'une façon ou d'une autre, avaient influencé, animé ou dirigé Boscoville croient encore à son utilité et à sa permanence; pour eux, Boscoville n'était pas construit sur du sable mais sur du roc, sur du solide. Ils continuaient donc l'œuvre commencée avec la même ardeur et la même conviction: en fait, ils n'avaient jamais cessé de faire valoir l'utilité et le caractère irremplaçable de ce qui avait été et de ce qui était encore son rôle. Des sceptiques, il y en avait toujours eu; il y en aura toujours. Heureusement d'ailleurs! Ils avaient été des adversaires parfois assimilés, hélas, à des ennemis! Or, les adversaires permettent à la joute d'avoir lieu, à la cause de se bonifier. N'est-ce pas dans l'adversité que se révèlent force et compétence? Les guerres, au contraire, dressent les hommes en ennemis et n'engendrent que violence.

Qu'un chercheur, perçu longtemps comme un "ennemi" par un grand nombre de cliniciens à la suite d'une évaluation dont les résultats avaient été quelque peu décevants par rapport aux attentes, alors qu'il n'était qu'un "adversaire" de l'aveuglement possible des éducateurs quant à certains résultats de leur travail; que des syndicalistes mêlés à l'histoire de Boscoville depuis quelques années seulement, c'est-à-dire depuis que leur présence est devenue nécessaire; que ces personnes s'impliquent avec autant d'ardeur dans le débat lui donna une dimension inattendue! On ne pouvait plus parler seulement d'un combat pour défendre le passé; il fallait aussi y voir une recherche de synthèse entre le passé, le présent et le futur, entre une "continuité" qui n'est pas une sclérose et un "changement" qui n'équivaut pas à une disparition.

En écrivant ces lignes, je laisse monter en moi une belle image. Boscoville m'apparaît comme un lac. Un lac, alimenté d'une part par une tradition humaniste, respectueuse de certaines valeurs fondamentales qu'on n'a jamais fini d'approfondir et dont on peut toujours discuter les modalités d'expression; et, d'autre part, par une accommodation aux nouvelles découvertes et à de nouvelles modalités d'action. Un lac où se côtoient des êtres qui peuvent s'enrichir mutuellement de leurs différences sans mettre en péril leur spécificité. L'éducateur s'efforce de comprendre un jeune en difficulté, mais sans s'identifier à lui; un jeune peut s'identifier à un éducateur (ou à plusieurs), mais seulement pour en venir à se découvrir lui-même. En rééducation, il n'y a aucun clonage valable: chacun doit découvrir sa propre identité et ses propres moyens d'adaptation. En d'autres termes, chacun doit construire son propre coffre à outils, et ce dernier ne peut être utile que s'il est vraiment personnalisé.

L'éducateur tient à coopérer avec les parents du jeune: il tente de leur faire découvrir leurs compétences irremplaçables et les encourage à développer leurs habiletés d'éducateurs naturels, mais il ne les remplace pas sous prétexte qu'il est un professionnel. L'éducateur doit s'inspirer de la psychologie, des sciences sociales, etc., mais il doit toujours agir en tant qu'ÉDUCATEUR; son action doit être différente de celle du psychologue, du travailleur social ou du sociologue.

C'est seulement au cours des dernières années que les professionnels de Boscoville sentirent le besoin d'une force syndicale non seulement pour faire valoir leurs droits, mais surtout pour rappeler à la direction, aux prises avec un contexte difficile de "sauve-qui-peut", les objectifs d'un accompagnement éducatif de qualité et les méthodes éprouvées pour les atteindre. Dès la mise sur pied du syndicat, les responsables syndicaux s'approprièrent les valeurs traditionnelles du milieu d'intervention: recherche de compétence, respect des personnes, souci de rendre un service de qualité... Leur action porta beaucoup plus sur la défense de ces valeurs que sur une recherche d'avantages individuels et corporatistes. Il était donc logique que ce soit le syndicat qui prenne le leadership de la défense de ces valeurs. Nous le verrons plus loin.

D'autres groupes allaient également se mobiliser. La plupart des chercheurs et des universitaires qui avaient participé aux efforts du milieu pour approfondir l'action psychoéducative et l'Association des psychoéducateurs qui y reconnaissait une part de ses racines les plus solides, allaient aussi exprimer leur désaccord à l'hypothèse assimilant "fermeture de Boscoville" et "virage milieu".

Le comité reflétait cette grande tradition fondamentale de la philosophie de l'institution: la responsabilisation de chacun, quels que soient sa fonction, son statut et ses façons de travailler, est le moteur qui fait avancer Boscoville et chacune des personnes qui contribue à cet avancement. La journée des retrouvailles allait le démontrer une fois de plus (voir chapitre 5).

• 4 •

Réactions à l'annonce de la fermeture de Boscoville

L'hypothèse de la fermeture de Boscoville suscite des réactions diverses dans le public, chez les professionnels et les anciens de Boscoville.

Introduction

GILLES GENDREAU

L'annonce de la fermeture éventuelle de Boscoville suscita de très nombreuses réactions.

Les journaux ont publié de nombreux reportages et commentaires à ce sujet. Nous en avons déjà vu quelques exemples; d'autres viendront plus loin.

La grande majorité des stations radiophoniques d'expression française ont inscrit à l'horaire de nombreuses émissions portant sur cette fermeture éventuelle de Boscoville et un grand nombre de personnes profitèrent des tribunes téléphoniques pour faire connaître leur opinion sur cette question. Certains animateurs semblaient aussi indignés que les auditeurs; eux non plus n'en revenaient pas d'une telle hypothèse.

Le Réseau de l'information (RDI) consacra deux émissions d'une heure chacune à ce sujet, dans le cadre de *Maisonneuve à l'écoute*. L'émission *Le Point*, à Radio-Canada, y consacra une émission complète et, un peu plus tard, la majeure partie d'une autre émission.

On le voit, le débat intéressa vivement l'ensemble des médias francophones. Il n'est pas arrivé souvent, dans l'histoire de la réadaptation, qu'une institution fasse l'objet d'une telle attention. Sauf si elle était le théâtre de drames (suicides de jeunes, par exemple), de désorganisations majeures ou d'actes de délinquance grave. Sauf également si l'on sortait de l'ombre des comportements inacceptables de la part du personnel (*Les enfants de Saint-Vincent*) ou les erreurs de toute une société (*Les orphelins de Duplessis*).

Mais que les médias portent autant d'intérêt à la défense d'une institution comme Boscoville, c'était du jamais vu dans l'histoire de la réadaptation. Il doit bien y avoir un message là-dessous...

Plusieurs professionnels participèrent également au débat par la voie des médias, notamment par l'envoi de textes aux tribunes libres des journaux.

En voici quelques exemples.

Non à la fermeture de Boscoville!

PIERRE A. ACHILLE[32]

Radio-Canada, dans l'émission *Montréal, ce soir* du mercredi 26 mars dernier, a annoncé que la Direction et le Conseil d'administration des Centres jeunesse de Montréal ont pris la décision de fermer Boscoville. Depuis 1954, ce centre de rééducation des jeunes délinquants et des jeunes en difficulté, situé dans le quartier Rivière-des-Prairies, a aidé des centaines de jeunes, a joué un rôle

32. Pierre A. Achille, professeur à l'Université de Montréal, *La Presse*, 11 avril 1997.

déterminant dans le domaine de la justice des mineurs et, indirectement, a influencé l'évolution de la façon de penser le traitement réservé aux jeunes marginalisés et déviants.

La disparition d'un établissement dans l'avalanche de coupures budgétaires, de restructurations des services, d'implantation du "virage ambulatoire", est devenue une information parmi tant d'autres et risque de se perdre dans la banalité si on ne resitue pas cet événement dans la mémoire collective, dans l'histoire culturelle d'ici et d'ailleurs. Boscoville a été et demeure pour plusieurs centaines de personnes, les jeunes, les éducateurs, les stagiaires de plusieurs disciplines et de plusieurs pays, les chercheurs, un moment privilégié de leur vie. Un des jeunes que j'ai connus au début de ma carrière m'appelait, désemparé par la nouvelle: proche de la cinquantaine, très actif dans sa communauté, il a toujours été fier de témoigner de son passage à Boscoville, et la fermeture de ce centre c'était comme si un panneau de sa vie s'écroulait. Comme lui, des centaines d'autres ont témoigné de la signification profonde de l'expérience déterminante de leur séjour à Boscoville. Ces jeunes se souviennent; un geste administratif risque d'effacer de la mémoire collective les contributions fondamentales de Boscoville à toute la société, d'orienter vers l'indifférence, le rejet et la répression les attitudes et les pratiques à l'égard des jeunes délinquants et des jeunes en difficulté.

Parce que Boscoville, au-delà de l'aide indéniable qu'il a apportée à ces centaines de jeunes, a mis de l'avant, a suscité, a débattu des idées maîtresses.

Le renouveau des institutions pour les jeunes

En premier lieu, l'idée qu'une société ne peut pas se limiter à "parquer les brebis galeuses" dans une institution. Celle-ci doit devenir un lieu qui facilite la croissance personnelle dans le respect des jeunes et au moyen d'une prise en charge continue, compétente, lucide et stimulante.

Cette première idée a généré au Québec une série d'expériences d'intervention auprès des jeunes qui ont fait souvent l'envie et l'admiration des intervenants d'autres pays. Quand Boscoville est né, ici et ailleurs les institutions étaient encore des prisons pour jeunes, des écoles de réforme. Il était pratique courante de masser une cinquantaine de jeunes dans une salle à ne rien faire, ou de leur faire exécuter des exercices paramilitaires au son de la cloche ou du clairon. La discipline rigoureuse, la vie dure étaient considérées comme des instruments indispensables pour la réhabilitation de la "racaille". D'un côté, il y avait les gardiens avec le sifflet, sinon le fouet, de l'autre, les jeunes: deux mondes qui ne se rejoignaient pas, opposés à jamais.

Boscoville, s'inspirant comme le dit son nom des expériences de saint Jean Bosco et d'autres, a introduit ici la notion qu'un petit groupe de jeunes et une équipe d'éducateurs peuvent vivre ensemble, au fils des jours, une expérience intense qui devient non seulement l'occasion d'apprentissage d'attitudes sociales, mais surtout de développement personnel, de maturation, de responsabilisation. Pour que cela se concrétise, il fallait un lieu, une structure organisée, des activités stimulantes et le temps nécessaire. Quelques années après, vers le milieu des années 60, plusieurs institutions se transformaient et d'autres se bâtissaient sur le modèle de Boscoville dans les différentes régions de la Province[33].

La formation du personnel

En deuxième lieu, Boscoville a avancé l'idée que la qualité d'une institution se fonde sur la qualité de son personnel, et cette qualité s'alimente par une formation valable et continue. Si l'amour des jeunes est indispensable, il ne suffit pas, avait lancé Bruno Bettelheim dans les années 50. Encore faut-il connaître leur dynamique psychique pour entrer véritablement en contact avec ces adolescents, longtemps définis comme des perdus, des incorrigibles, ou comme on disait alors "des vrais *bums*". Une fois qu'on les a rejoints, la connaissance des lois du développement humain

33. Cette transformation ne s'est pas faite toute seule: à côté de Boscoville, on avait bâti l'infâme structure du Centre Berthelet, dénoncée dans le rapport du Juge Prévost.

permet de stimuler leur croissance personnelle. Il fallait former les éducateurs en fournissant des instruments conceptuels et pratiques pour intervenir à bon escient. Depuis lors, des écoles universitaires et, plus tard, plusieurs cégeps ont développé des programmes de formation qui ont pris origine à Boscoville[34].

La contribution à la recherche

La troisième idée, c'est-à-dire que l'approfondissement des connaissances est indispensable pour développer les interventions auprès des jeunes et leur donner une orientation et un sens, s'est traduite dans de nombreux projets de recherche qui se sont concrétisés à Boscoville. Des chercheurs de plusieurs disciplines et de plusieurs pays ont participé à ces efforts; ces recherches ont suscité un dynamisme et une dialectique qui ont porté des fruits en ce qui a trait à l'avancement des connaissances et des pratiques professionnelles des psychoéducateurs, des psychologues, des criminologues, des travailleurs sociaux et ont fortement influencé les Juges de la jeunesse.

En 1997, les idées mises de l'avant par Boscoville au milieu des années 50 peuvent paraître courantes, escomptées. Mais si aujourd'hui nous avons accepté cette façon de penser, le crédit en revient à ceux et celles qui ont lancé ces idées et les ont concrétisées dans une multitude d'expériences et d'initiatives.

Ces contributions ne se limitent pas au cercle des professionnels et des spécialistes; elles ont eu des retombées sur la façon de penser de toute la population. Lorsque le Parlement canadien a révisé la Loi des jeunes contrevenants, les sondages ont clairement montré que les répondants du Québec acceptaient davantage des attitudes humanistes de prise en charge et d'aide aux jeunes délinquants tandis que, dans le reste du Canada, la majorité partageait

---

34. Avec les années, la compétence du personnel en contact direct avec les jeunes a considérablement augmenté à travers tout le Québec qui s'est doté ainsi de véritables institutions pour le traitement des jeunes et des enfants. De plus, ces expériences québécoises ont servi d'exemple dans d'autres pays pour qualifier et former un personnel compétent.

des attitudes répressives et punitives prônant la neutralisation, l'incarcération, la punition. Lorsqu'une pratique s'établit, elle entraîne, par la suite, une façon de penser. Au Québec, le travail auprès des jeunes, les débats qui s'ensuivirent, les témoignages entendus ont davantage développé cette façon de penser. Certes, Boscoville n'a pas été seul dans ce travail de maturation et d'évolution de la mentalité collective, mais personne ne peut nier qu'il a joué longtemps un rôle déterminant parmi les pionniers de ces tendances.

La disparition d'un symbole

Au-delà de la disparition du Centre, il y a donc un héritage et une histoire. Ceux qui y ont vécu "s'en souviennent".

Une décision administrative risque d'effacer de la mémoire collective ces souvenirs et, avec eux, l'impulsion et le dynamisme imprimés par Boscoville au développement des mentalités et des institutions. Car, au nom de l'efficacité administrative, on met de côté un symbole: celui de la nécessité d'interventions intensives, durables et valables auprès des jeunes les plus perturbés de notre société. Boscoville a démontré qu'un traitement résidentiel, structuré, bien organisé, stimulant peut non seulement répondre à des urgences mais réorienter définitivement un certain nombre de jeunes qui deviennent des citoyens productifs et efficaces. Ni Boscoville, ni toute autre forme d'intervention n'offre une panacée ni ne constitue le moyen idéal de traitement de toutes les difficultés et de tous les problèmes des jeunes. Mais aucune société n'a refusé les efforts de prise en charge et de soins des personnes souffrant de maladies incurables, comme la tuberculose ou certaines maladies infectieuses dans le passé, le SIDA et le cancer de nos jours, prétextant le nombre limité de guérisons ou les coûts de ces soins. On a continué à les soigner et en même temps à investir pour atteindre ou en espérant d'atteindre des résultats radicaux et étendus. L'application pure et simple du "virage ambulatoire" dans le domaine des interventions auprès des jeunes en difficulté peut entraîner l'abolition des séjours institutionnels prolongés, nécessaires pour atteindre d'une façon significative les jeunes qui manifestent des troubles graves du comportement, qui agissent par la violence et la délinquance, qui font un usage abusif et autodestructeur des drogues, qui manifestent des tendances suicidaires irrépressibles.

Si la fermeture de Boscoville amorce ce type d'évolution, cette décision assume une signification et une portée d'ordre social. En effet, toute une société doit décider si l'on doit ou non utiliser des formes d'intervention disponibles ou en priver les jeunes qui en ont le plus besoin. Se cantonner derrière une perspective strictement administrative aboutit à une injustice parce que l'on prive de nombreux jeunes, et les plus démunis, des ressources adéquates et nécessaires. Et ici le terme "démunis" n'a pas seulement un sens économique.

En effet, l'expérience clinique montre que les jeunes qui aboutissent dans les centres d'accueil ont vécu ruptures, déceptions, abus de toutes sortes, ils ont été "placés" à répétition, car à chaque fois les foyers et les ressources légères se sont sentis dépassés. Les problèmes de comportement étaient tels que seulement une continuité, dans un milieu stable et structurant, aurait pu amorcer un traitement efficace. Un milieu stable, une prise en charge prolongée sont des ingrédients indispensables du traitement de ces jeunes. Encore faut-il que les intervenants compétents disposent du temps nécessaire et vivent eux-mêmes dans un cadre stable.

Les restructurations tous azimuts, qui dispersent aux quatre vents ce personnel, qui fragmentent des équipes qui ont accumulé, avec le temps, une expertise précieuse et indispensable, d'une part produisent l'épuisement professionnel, l'insatisfaction, la démotivation, voire la rancune et le cynisme, d'autre part laissent les jeunes en suspens, ces jeunes qui ont avant tout besoin d'une présence continue et rassurante.

Ces jeunes ne votent pas, ils n'écrivent pas de lettres dans les journaux, mais ils vont continuer à exprimer leur détresse par des gestes agressifs. Si les lieux où interviennent les personnes compétentes, sachant contrôler les gestes agressifs et aussi écouter la détresse, disparaissent, nous courons le risque que la société tout entière devienne sourde à la détresse et prompte à neutraliser et punir l'agressivité.

Pour en arriver là, il suffit de substituer à la mémoire collective une perspective limitée qui rétrécit le champ de vision aux avantages économiques immédiats. L'objectif de la rationalisation des moyens est atteint, le cheminement d'une tradition de générosité et de dévouement est oublié.

Pourquoi avoir ciblé Boscoville?

LAURIER BOUCHER[35]

La décision des Centres jeunesse de Montréal de fermer Boscoville dans le cadre d'une réorganisation de services qui met de l'avant le "virage milieu" a fait couler beaucoup d'encre et de salive, et a donné lieu à plusieurs commentaires dont certains ne brillaient pas par leur sens de la nuance, et démontraient une profonde incompréhension de la question et des enjeux en cause.

J'ai travaillé dans le domaine de la protection de la jeunesse et des services aux jeunes pendant près de vingt ans, et à ce titre je me permets de faire entendre ma voix.

Il fut un temps au Québec où le traitement des jeunes qu'on appelait à cette époque "des jeunes mésadaptés socio-affectifs" se faisait surtout dans le cadre d'un retrait du milieu familial et d'un placement en milieu institutionnel. Au tout début, ces "centres d'accueil" offraient des programmes de réadaptation d'inégale valeur, et cela était dû en grande partie au manque de formation des éducateurs et éducatrices qui étaient en relation constante avec ces jeunes dans le milieu institutionnel. Avec le temps, on a beaucoup amélioré la formation des éducateurs et éducatrices, et on a commencé à mettre de l'avant des méthodes d'intervention et de traitement très innovatrices et créatrices, ce qui a contribué à redo-

35. *La Presse*, 19 avril 1997. Laurier Boucher est travailleur social.

rer le blason de la réadaptation en milieu institutionnel. C'est dans cette foulée qu'est né Boscoville, avec à sa tête des éducateurs chevronnés et visionnaires dont je ne nommerai que deux noms: le Père Mailloux et le psychoéducateur Gilles Gendreau.

La renommée de Boscoville est devenue telle que des gens venaient d'un peu partout y observer de plus près le modèle d'intervention qu'on y avait instauré et l'organisation de ce Centre, révolutionnaire à plus d'un point de vue. Mais Boscoville n'avait pas que ses admirateurs, il avait aussi ses détracteurs qui lui reprochaient d'être un milieu trop spécial, voire élitiste, d'avoir certes du succès mais en grande partie parce qu'on lui permettait de trier ses sujets sur le volet, de jouir de ressources plus abondantes que celles consenties aux autres Centres. Rappelons-nous aussi que c'était l'époque des "chapelles de pensée" où on tentait à qui mieux mieux de défendre son approche, son idéologie, son modèle.

Un des défauts que l'on pouvait reprocher à l'approche institutionnelle à cette époque était le suivant: autant on mettait d'effort à rejoindre le jeune et à le rééduquer, autant on laissait souvent dans l'ombre — et l'expression est faible — les premiers responsables de ces jeunes, soit les parents. Comme certains l'ont dit de cette époque, on sortait le jeune de son milieu "pour le rafistoler", et on le retournait après un certain temps — parfois assez long, car c'était aussi l'époque des placements et des ordonnances sans limite de temps — dans son milieu naturel, chez ses parents. Évidemment, si le milieu était beaucoup carencé et qu'on n'avait rien fait pour l'améliorer, il s'ensuivait souvent que le fonctionnement du jeune, amélioré "en vase clos", ne pouvait plus résister aux pressions du milieu ouvert.

Graduellement, on s'est rendu compte qu'il y avait peut-être des façons autres d'atteindre le même but, soit de traiter ces jeunes mésadaptés socio-affectifs. On s'est rendu compte de l'importance du milieu, de l'importance des parents, de l'importance d'aider aussi ces derniers... Au niveau social, d'autres valeurs avaient commencé à émerger, souvent ancrées dans la reconnaissance des droits de l'enfant, dont le droit de vivre dans sa famille, parmi les siens, ou dans un milieu qui y ressemblait le plus possible. C'est en grande partie la Loi sur la protection de la jeunesse, votée en 1977 et mise en place à compter de janvier 1979, qui a commencé à disséminer ces valeurs de la société. Et non pas pour condamner le recours au placement en centre d'accueil, mais plutôt pour y faire contrepoids en faisant valoir la nécessité d'apporter aide et support aux parents, de ne recourir au retrait de l'enfant de son milieu que quand cela était nécessaire, et de privilégier d'une certaine façon le recours à des mesures moins lourdes et aussi moins coûteuses. Ces orientations contenues dans la loi ont par la suite été reprises et réaffirmées dans un grand nombre des études et des rapports publiés au début des années 90, notamment le rapport Bouchard "Un Québec fou de ses enfants" dont on a dit qu'il s'agissait ni plus ni moins que d'un "projet de société pour le Québec".

On le voit, le fameux "virage milieu" que les Centres jeunesse de Montréal invoquent pour justifier leur décision de fermer Boscoville, et que certains journalistes ont presque décrit comme la treizième des plaies d'Égypte à nous tomber dessus, ne date pas d'hier... Je le fais remonter à la mise en application de la Loi sur la protection de la jeunesse, il y a près de vingt ans. Mais il faut sans doute remonter plus loin, car avant qu'une valeur sociale ne devienne enchâssée dans une législation, il faut d'abord que la société et les citoyens aient commencé à s'en préoccuper et à demander qu'on l'inscrive dans la loi.

Donc, ce virage n'est pas nouveau. Mais il faut bien le comprendre et ne pas en dénaturer la finalité. Le "virage milieu" part du principe que les parents sont les premiers responsables du bien-être de leurs enfants, et que le rôle de l'État et des services qu'il met en place n'est pas de se substituer aux parents, mais de renforcer leur capacité de s'acquitter au mieux de leur tâche; il part aussi du principe simple, et à mon avis assez irréfutable, qu'en général il vaut mieux laisser un enfant dans son milieu, quitte à porter assistance à ce milieu, plutôt que de l'en extraire pour le placer ailleurs. Il est bien certain par ailleurs que cela ne veut pas dire et n'a jamais voulu dire qu'il fallait laisser les enfants dans leur milieu naturel à tout prix, surtout quand ce milieu est très malsain et même dangereux pour eux!

Les Centres jeunesse de Montréal font-ils la bonne chose en fermant Boscoville? Je ne puis dire ni oui ni non à cette question. Je n'ignore pas la portée des déchirantes décisions que les dirigeants de cet établissement ont à prendre pour non seulement continuer à donner des services de qualité, mais pour les améliorer malgré l'étau des restrictions budgétaires qui se resserre sans cesse sur eux. Je dois présumer qu'ils ont passé en revue toutes les alternatives possibles avant d'en arriver à cette décision. Par ailleurs, je trouve étrange qu'ils invoquent tout à coup le "virage milieu" pour justifier leur décision, alors que dans le réseau on reproche depuis longtemps à cet établissement d'avoir trop longtemps continué à utiliser le placement. Pourquoi alors n'avoir pas pris ce virage plus tôt, car on en parle depuis au moins vingt ans? Serait-ce que la réalité budgétaire à laquelle ils font face maintenant n'était pas assez forte pour les y forcer? N'est-ce pas dommage que ce soit seulement quand on y est forcé financièrement qu'on se décide enfin à prendre les virages qu'on aurait dû amorcer plus tôt... Cela ne contribue certes pas à donner bonne presse à ces virages, qu'ils soient "milieu" ou "ambulatoires".

Autre question: pourquoi avoir ciblé Boscoville, ce joyau et ce symbole d'excellence en psycho-éducation qu'on vient encore admirer d'un peu partout, même s'il a changé au cours des ans et n'est plus le Boscoville dont se souviennent Michel Forget et tant d'autres? N'auraient-ils pas pu amorcer ou continuer leur "virage milieu" en fermant d'autres centres moins notoires, et dont la mise en veilleuse aurait suscité moins de mécontentement? Autant de questions qu'on peut se poser, et auxquelles je ne prétends pas avoir la réponse.

Une chose est certaine, en tout cas, et ce sera ma conclusion: la situation dont on parle n'est pas simple, elle a des ancrages dans une histoire dont il faut posséder au moins quelques éléments pour en parler avec un minimum d'intelligence, elle comporte de sérieux enjeux sociaux pour les jeunes, pour les parents que nous sommes, et pour notre société dont nous sommes tous citoyens. Et il ne faut surtout pas penser, comme l'insinuent les commentaires de certains journalistes entendus ou lus récemment, que ceux qui ont à prendre ces décisions ne sont que de froids technocrates dont le seul souci est de répondre à des impératifs budgétaires ou financiers! Je connais la plupart de ces hommes et de ces femmes, et je sais le sérieux avec lequel ils prennent ces décisions et les déchirantes remises en question que cela leur occasionne.

Boscoville ferme, mais ne meurt pas!

YVON GUÉRARD[36]

Pourquoi fermer Boscoville? Cette question, les médias, les intervenants et la population en général nous l'ont bien posée des dizaines, voire des centaines de fois depuis quelques semaines. Or, il est assez difficile d'y répondre dans le contexte actuel, alors que le débat se tient sur un registre très émotif. Le vrai débat, pensons-nous, ne devrait pas porter sur la fermeture de Boscoville, mais bien sur le virage que s'apprêtent à faire les Centres jeunesse de Montréal et qui a mené à cette décision.

Oui, Boscoville a su développer dans les années 50 une compétence et une façon de faire originale qui, avec les années, ont été reconnues et appréciées à travers le monde. Oui, Boscoville a été d'un grand secours pour des centaines de jeunes en difficulté qui y ont séjourné à un moment ou à un autre de leur vie et qui y ont appris à vivre en société. Oui, Boscoville a su inspirer toute une

36. *La Presse*, 22 avril 1997. Yvon Guérard est directeur général des Centres jeunesse de Montréal. Cette organisation, créée avec la réforme des services de santé et des services sociaux en 1993, regroupe onze centres de réadaptation de la région de Montréal et un centre de protection de l'enfance et de la jeunesse, auquel est rattaché le directeur de la protection de la jeunesse. En 1996, les Centres jeunesse de Montréal étaient désignés Institut universitaire dans le domaine de la violence des jeunes.

nouvelle philosophie d'intervention auprès des jeunes délinquants, plus humaine, plus individualisée. Mais cela, c'était il y a 30 ans...

L'apport de Boscoville est indéniable, mais le Boscoville d'aujourd'hui n'a plus rien à voir avec le Boscoville des années 50 et 60. D'autres penseurs, d'autres expériences sur le terrain, d'autres idéologies ont fait leur chemin. De fait, la connaissance des jeunes en difficulté a fait d'énormes progrès depuis les quinze dernières années. Les jeunes eux-mêmes ont changé et présentent des besoins différents. De nouvelles pratiques et théories invitent à faire autrement, à travailler davantage avec et dans le milieu du jeune, en concertation avec d'autres partenaires (écoles, CLSC, centres de loisirs, etc.), en développant un plus grand éventail de services qui répondent plus rapidement et intensivement aux besoins des jeunes en difficulté et leur famille. Les Centres jeunesse de Montréal ne sont pas seuls à miser sur le rapprochement avec le milieu de vie des jeunes et des familles. Tous les centres jeunesse du Québec se sont donné le même défi à relever.

Placer moins et placer mieux!

Le Québec place trop! Combien d'études, de comités de travail, de plans d'action ont déploré le coût — pas seulement économique, mais aussi humain — du placement au Québec depuis dix ans. Globalement, plus de 60 % des sommes investies par le ministère de la Santé et des Services sociaux (MSSS) au chapitre de l'aide aux jeunes en difficulté sert essentiellement à défrayer les coûts du placement (Roberge, 1991). Le Plan d'action jeunesse mis de l'avant par le MSSS note avec justesse que, trop souvent, les intervenants optent pour le placement des jeunes à défaut d'alternatives. À Montréal, 60 % des jeunes reçus en urgence à la protection de la jeunesse, c'est-à-dire des jeunes qui vivent une situation de crise après 17 heures la semaine ou durant les week-ends, sont placés à l'Escale ou ailleurs, engorgeant le réseau d'hébergement, à défaut de solutions ou de moyens d'intervention plus adaptés à la crise.

L'objectif visé par le «virage milieu» consiste précisément à offrir des alternatives aux jeunes en difficulté et aux intervenants qui les accompagnent. Ce virage, on pourrait le résumer par les mots suivants: «plus grande accessibilité». Est-il possible d'offrir aux jeunes en difficulté, ainsi qu'à leur famille, un éventail plus large de moyens d'intervention que le placement en institution? Est-il possible de croire que certains jeunes, présentant certains types de problèmes ou vivant une crise dans leur milieu de vie naturel, puissent trouver une réponse plus adaptée à leurs problèmes en dehors du cadre institutionnel? Nous pensons que OUI!

Est-ce la fin du placement pour autant? Non! Car pour un certain nombre de jeunes, l'hébergement dans un cadre institutionnel continuera d'être un moyen nécessaire et indispensable. Le diagnostic devra cependant être sans faille.

Le milieu naturel plutôt qu'un substitut

Le virage que s'apprêtent à faire les Centres jeunesse de Montréal privilégie un rapprochement avec le milieu naturel du jeune en difficulté et de sa famille afin d'éviter, dans la mesure du possible, d'exclure le jeune à chaque fois qu'il nécessite une aide plus spécialisée. Le défi du virage milieu consiste pour les Centres jeunesse à s'insérer dans le milieu comme un partenaire — tout comme l'école, la garderie, le CLSC — dans le but de maintenir le jeune le plus longtemps possible dans sa famille, avec l'aide d'organismes déjà présents dans la communauté. Cela suppose le développement d'une nouvelle pratique, en dehors des murs de l'institution, qui soit parfaitement harmonisée avec les autres agents du milieu.

Compte tenu du contexte de rareté des ressources que connaît le réseau de la santé et des services sociaux, qu'aucun argent neuf ne sera investi dans le virage milieu, le développement de services d'aide et de maintien dans le milieu naturel implique donc la conversion de services plus lourds — on pense ici aux services d'hébergement en institution — en énergies d'assistance et d'aide dans le milieu. Concrètement, cela signifie que l'organisation entend réduire d'environ 15 % l'hébergement des jeunes et accroître de 25 % l'intervention dans le milieu. Ces transformations permettront à l'organisation d'orienter environ 120 intervenants supplémentaires vers des services d'aide dans le milieu.

Alors, pourquoi fermer Boscoville?

Rappelons-le, jamais dans le projet des Centres jeunesse de Montréal, il n'est question de faire disparaître l'hébergement en institution. Lorsque requis par sa situation, le jeune en difficulté pourra toujours recevoir, à l'intérieur d'un cadre institutionnel, l'aide et les services dont il a besoin. Ceci dit, les besoins des jeunes ont évolué depuis la fondation de Boscoville. Les problèmes sont aujourd'hui plus lourds, plus complexes — on n'a qu'à penser à la violence contre les personnes ou à celle tournée vers les jeunes eux-mêmes — ce qui nécessite un encadrement plus intensif. Les installations de Boscoville ne sont pas en mesure d'assurer cet encadrement sans l'investissement de sommes importantes sur le plan de la sécurité.

Depuis le regroupement des Centres jeunesse de Montréal, des compressions de l'ordre de 13 millions $ ont dû être effectuées. En 1997-1998, c'est encore 4 millions $ qui devront être amputés du budget global. Le souci d'offrir une réponse adéquate aux besoins des jeunes et d'utiliser de façon optimale nos installations nous conduisent à cette conclusion: il faut fermer Boscoville.

Et que Boscoville se perpétue

Boscoville ferme, mais ne meurt pas! Les Centres jeunesse de l'an 2000 partagent le même souci que les fondateurs de Boscoville, soit celui d'offrir une intervention de qualité, respectueuse du jeune et de son développement, faite dans des conditions mobilisantes, avec des intervenants compétents ayant reçu une formation continue et de qualité. Le contexte aujourd'hui est différent et les modalités d'intervention changent. L'expertise de Boscoville fait partie du patrimoine des Centres jeunesse de Montréal; elle continuera de se perpétuer pour le plus grand bénéfice des jeunes en difficulté et de leur famille. Il faut seulement y mettre l'intelligence, le cœur et le temps.

De quoi les jeunes Montréalais d'aujourd'hui ont-ils besoin?

CLAUDE BILODEAU[37]

Deux choses me frappent dans tout ce qui a été écrit récemment sur Boscoville — que ce soit par des gens qui savent de quoi ils parlent ou par d'autres. La première, c'est la polarisation et l'émotivité extrêmes du débat, comme si pour défendre l'existence de Boscoville il fallait taper à bras raccourcis sur les pratiques alternatives qu'on tente de développer. La deuxième, c'est cette nostalgie du bon vieux temps où Boscoville était encore à la fois une expérience révolutionnaire et exceptionnelle. Cette émotivité et cette nostalgie me semblent pernicieuses, parce que mauvaises conseillères: non seulement brouillent-elles les enjeux actuels, elles déforment le passé en créant autour de Boscoville une sorte de légende dorée dont l'institution n'a aucunement besoin pour s'assurer une place dans l'histoire ou pour continuer d'exister.

J'ai été éducateur à Boscoville pendant 16 ans, de 1962 à 1978. C'était la "Belle époque" de Boscoville, alors que l'on y menait une expérience à la fois révolutionnaire et unique, qui tranchait radicalement dans le Québec d'alors. Les salles et les dortoirs de 100 ou 200 adolescents, caractéristiques des écoles de réforme, avaient été remplacés par des milieux de vie organisés en pavillons et en petites unités de 12 ou 15 jeunes. Les adolescents n'y étaient plus laissés à eux-mêmes en attendant de "faire leur temps"; ils étaient encouragés à s'engager, par la vie de groupe, dans des expériences qui visaient à leur redonner la maîtrise de leur déve-

37. L'auteur est directeur général de l'Association des centres jeunesse du Québec. Auparavant, il a été Directeur de la protection de la jeunesse à Montréal et éducateur à Boscoville.

loppement. Les adultes qui les accompagnaient n'étaient plus des préfets de discipline, mais des éducateurs qui recevaient une solide formation professionnelle, qui croyaient à la relation d'aide et, surtout, aux jeunes. C'était essentiellement cela Boscoville : une institution à échelle humaine, un laboratoire où l'on retrouvait une concentration unique de compétences et d'expertises sans aucun équivalent ailleurs au Québec, un mode de vie pour les jeunes et une véritable vocation pour les éducateurs,

Ces quelques éléments, qui sont aujourd'hui banals tant ils ont fait école, étaient alors absolument révolutionnaires. C'est d'ailleurs à cette époque que Boscoville a acquis une solide réputation à l'échelle internationale, réputation dont l'institution jouit toujours, même si depuis 10 ou 15 ans l'établissement lui-même comme son environnement ont sensiblement évolué.

La nostalgie est toujours ce qu'elle était

Boscoville, même à sa grande époque, n'a jamais été le petit Eden pastel qu'on dépeint aujourd'hui. C'était un lieu extraordinaire de dévouement et d'innovation mais, comme toute expérience en train de se faire, c'était aussi un laboratoire qui avait ses ratés et ses lacunes. C'était un lieu d'où, par exemple, les parents et les familles étaient à toutes fins utiles exclus, laissés avec leurs problèmes pendant qu'on s'occupait de "leur jeune". Tout en étant un lieu de vie bien réel, c'était en même temps un milieu artificiel, où des jeunes hommes de 16, 18 ou 21 ans étaient transplantés pendant 3 ou 4 ans, recevant une attention qu'ils ne connaîtraient plus jamais une fois qu'ils auraient quitté ce cocon pour retrouver un milieu de vie normal. C'était un lieu qui, même en exerçant une certaine forme de sélection au bénéfice des jeunes les plus aptes à profiter d'un traitement intensif de quelques années, était loin d'atteindre les 100 % de réussite.

Qu'on me comprenne bien. Boscoville a marqué à jamais ma vie personnelle et professionnelle. Mon propos n'est surtout pas de discréditer cette expérience totalement avant-gardiste en soulignant, *a posteriori*, des lacunes que, de toutes manières, bien peu de gens à l'époque étaient en mesure de percevoir. Mais je ne peux m'empêcher d'être agacé par ce chœur unanime d'éloges qui est en train de créer autour de Boscoville un mythe simpliste. Que Boscoville occupe une place exceptionnelle dans l'histoire de la réadaptation des jeunes au Québec, c'est incontestable. Que l'on transforme cette histoire en hagiographie qui la vide de son sens, occulte notre jugement et nous empêche de comprendre le présent, je ne puis l'accepter.

Ce qui a fait la force de Boscoville, c'est qu'il a su apporter, dans son temps, une réponse novatrice et rigoureuse aux problèmes des jeunes de son temps. Cette réponse représentait alors une avancée remarquable, même si, comme toute expérience humaine grandiose, Boscoville a fait des erreurs. Comme toute institution, il est arrivé des moments où il n'a pas su s'adapter ou prendre les virages qui s'imposaient. Bref, tant Boscoville que la réadaptation ont évolué, de sorte que Boscoville ne représente plus aujourd'hui ce lieu unique et exceptionnel qu'il était dans les années 1950 ou 1960. Ce n'est pas faire injure aux artisans actuels de Boscoville que d'affirmer qu'il existe à Montréal comme dans l'ensemble du Québec un nombre important de lieux de réadaptation qui fournissent des services, qui rassemblent des compétences ou qui expérimentent des approches dont la qualité, la rigueur ou l'aspect novateur n'ont rien à envier à ce qui se fait à Boscoville. Passe encore qu'on veuille faire de Boscoville l'Alpha de la réadaptation des jeunes au Québec, mais ses artisans seraient les premiers embarrassés qu'on prétende en faire l'Oméga.

Faut-il pour autant fermer Boscoville? Je n'ai pas l'autorité ni les informations pour répondre à cette question. Ce que je sais, cependant, c'est que les responsables des Centres jeunesse de Montréal ne sont pas les technocrates froids et sans âme que l'on a tenté de caricaturer. Pour bien les connaître, je puis affirmer que la solution qu'ils proposeront ne se limitera pas aux seuls critères budgétaires, mais qu'elle s'inscrira dans une réflexion clinique engagée depuis plusieurs années par l'ensemble des centres jeunesse du Québec sur des façons nouvelles et diversifiées de continuer à fournir des services de qualité aux jeunes de l'an 2000 et à leurs familles.

Réinventer l'intervention jeunesse

Pour un ancien éducateur comme moi, il est évidemment gratifiant d'entendre des hommes de 40 ou de 50 ans venir affirmer publiquement que le travail que nous avons fait avec eux il y a 20 ou 25 ans a changé leur vie. C'est un compliment et une récompense extraordinaires. Mais ces «anciens de Bosco», avec qui je garde contact, comprendront sans doute que mon souci, maintenant, c'est de m'assurer que les adolescents d'aujourd'hui seront en mesure de fournir des témoignages semblables en 2025. Et pour y arriver, je suis convaincu qu'il faut adapter nos approches et nos méthodes aux réalités et aux valeurs de notre époque, en nous inspirant à la fois des expériences passées et des découvertes les plus récentes.

Ainsi, je ne pense pas qu'un séjour de 2 ou 3 ans en internat représente encore le moyen le plus efficace de permettre à un jeune d'assumer ses responsabilités et de retrouver un fonctionnement normal dans son milieu. Certes, je crois qu'il faudra, pour plusieurs jeunes, maintenir l'intervention en internat, tout en veillant à continuer d'y apporter les innovations nécessaires. Mais je suis aussi d'avis qu'il faut accorder la priorité à une intervention intense, suivie et globale, qui se fera auprès du jeune et de sa famille, dans leur milieu et avec leur milieu. De toute évidence, on aura de plus en plus besoin du soutien de toutes les forces présentes dans la communauté, car seule cette communauté est en mesure, à long terme, d'offrir un milieu de vie stable et un réseau de relations permanent capables de pallier les problèmes chroniques de certains jeunes. Enfin, en m'appuyant sur les connaissances cliniques les plus récentes, j'ai surtout la conviction qu'il faut mettre beaucoup plus de ressources à prévenir la détérioration des problèmes en intervenant très rapidement auprès des tout-petits ou en soutenant les familles dont la situation sociale et économique représente un risque pour la sécurité ou le développement des enfants.

Faut-il fermer Boscoville? Les personnes à qui revient cette décision ont les compétences pour faire les choix qui s'imposent. Ce que je sais, cependant, c'est qu'il nous faut continuer à innover et à inventer. Pour ce faire, faut-il créer quelque chose qui serait l'équivalent, pour les années 2000, de ce que l'expérience de Boscoville a été pour les années 1950 et 1960: un milieu pilote, un milieu d'innovation, de formation et de rayonnement? Si c'était le cas, il faut être conscient que ce projet ne pourrait voir le jour que dans des conditions aussi exceptionnelles que celles qui ont permis Boscoville. Dans le contexte actuel, cela voudrait dire un engagement qui dépasse les capacités d'un seul établissement et, surtout, un large consensus qui rallierait les milieux de pratique, les milieux universitaires, les syndicats et les responsables politiques, voire le secteur privé.

Ce que je sais, enfin, c'est que Boscoville, de toute façon, mérite mieux qu'une survie qui ne se justifierait que par ses «services rendus» et son statut de «monument historique».

Le clonage de Boscoville est impossible

PATRICK J. TURCOT[38]

Sous la signature de M. Yvon Guérard, directeur général des Centres jeunesse de Montréal, *La Presse* publiait, le 22 avril, un texte intitulé *Boscoville ferme mais ne meurt pas*. Le personnel clinique de Boscoville, qui œuvre tous les jours auprès des jeunes en détresse, conteste vivement plusieurs des propos tenus par l'auteur.

Tout d'abord, M. Guérard prétend que l'émotivité qui entoure le projet de fermeture de Boscoville empêche de tenir le "vrai

38. Psychoéducateur et président du Syndicat du personnel clinique de Boscoville (CEQ).

débat" qui, selon lui, devrait plutôt porter sur le "virage milieu" proposé par la direction des Centres jeunesse de Montréal. Qu'y a-t-il de répréhensible dans le fait que des personnes qui, grâce à un séjour à Boscoville, ont été en mesure de mener une vie honorable et productive, expriment leur attachement à cette institution? Il nous semble plutôt que ces nombreux témoignages spontanés gênent quelque peu les gestionnaires qui considèrent que Boscoville, ce n'est que du béton...

Même si le directeur général cherche à en minimiser l'importance, la fermeture de Boscoville ne constitue pas un simple détail dans le plan de réorganisation des services qu'il met de l'avant. Il s'agit de l'élimination d'un lieu de réhabilitation ouvert, à dimension humaine, qui non seulement a fait école à son origine dans la rééducation des jeunes délinquants — ce que personne ne saurait nier — mais qui répond encore aux besoins de nombreux jeunes d'aujourd'hui, ce que feint d'ignorer la direction actuelle.

Si Boscoville n'est plus exactement ce qu'il était — ce que nous reconnaissons également — il serait profondément injuste de l'attribuer au vieillissement ou encore au manque de dynamisme ou d'engagement de ses intervenantes et intervenants. C'est notamment parce que, depuis la fusion de l'établissement avec tous les autres établissements et points de services destinés à la rééducation ou à l'accompagnement des jeunes, la nouvelle direction unifiée des Centres jeunesse de Montréal a multiplié les réorganisations et a privé Boscoville de bon nombre de ressources et de programmes qui en ont fait un établissement à l'avant-garde de la rééducation des jeunes, un modèle de réputation internationale.

Des programmes ont été interrompus ou rendus inopérants (programme axé sur le développement du jugement moral, programmes individualisés pour les jeunes éprouvant de grandes difficultés à évoluer en groupe, programme d'intervention sur les déviances sexuelles, etc.). Plusieurs activités d'aide à la famille et d'engagement social (groupes d'entraide pour le développement des habiletés parentales, implication auprès des organismes communautaires, centre de jour pouvant accueillir des jeunes du quartier, programme de pré-employabilité, programme d'intervention en milieu scolaire, etc.) ont été réduites ou éliminées de Boscoville, à la faveur de la restructuration ou du transfert de responsabilités par les Centres jeunesse de Montréal. Contrairement à ce que l'on pourrait croire, ces services n'ont pas été redéployés ailleurs ou autrement.

Il est navrant de constater que ceux qui ont coupé les ailes de Boscoville lui reprochent maintenant de ne pas voler assez haut et utilisent ce prétexte pour tenter de justifier sa disparition. Boscoville s'était engagé dans le "virage milieu" bien avant que la direction des Centres jeunesse de Montréal n'adopte cette orientation qui, incidemment, coïncide avec une nouvelle vague de compressions budgétaires.

Oui, d'immenses progrès ont été réalisés depuis 15 ans dans la connaissance des jeunes en difficulté. Oui, les jeunes ont changé, surtout dans les manifestations de leur désespoir. Oui, il y a beaucoup de travail à faire en amont des problèmes, c'est-à-dire dans le milieu naturel. Il ne faut cependant pas négliger les jeunes qui, pendant une période de leur vie, ont besoin d'un encadrement plus structuré que celui que la famille et la communauté peuvent lui procurer. Le personnel clinique de Boscoville est tout à fait disposé à contribuer à la réflexion sur les meilleurs moyens d'adapter les services aux réalités d'aujourd'hui. Il est également disposé à continuer à innover dans ses pratiques. Il faut cependant s'interroger sur le réalisme des affirmations selon lesquelles les services réorganisés d'après les plans de la direction des Centres jeunesse de Montréal, mais avec moins de ressources, seront plus accessibles et répondront mieux aux besoins. Les services professionnels en milieu scolaire (psychologues, travailleurs sociaux, psychoéducateurs et autres) diminuent d'année en année en raison des compressions budgétaires. Les organismes communautaires, qui ne disposent que de ressources fort limitées, en ont plein les bras à la suite de la désinstitutionnalisation des malades psychiatriques et du virage ambulatoire, dans un contexte où l'appauvrissement généralisé entraîne une multiplication des problèmes sociaux. Les familles elles-mêmes sont souvent débordées par les responsabilités de plus en plus grandes, auparavant assumées par les services publics, qui leur sont maintenant confiées.

Il demeurera toujours des situations où il faudra retirer temporairement des jeunes de leur milieu et leur offrir un soutien professionnel spécialisé. Nous soutenons que, parmi les alternatives qui doivent être offertes aux jeunes en difficulté et aux intervenants qui les accompagnent, Boscoville doit demeurer. En effet, il est illusoire de croire que Boscoville peut se multiplier du simple fait que son personnel serait dispersé dans différents centres ou points de service. Le clonage de Boscoville est impossible!

Ce qui fait le succès de Boscoville, c'est **à la fois** un établissement ouvert à dimension humaine, un environnement naturel, des équipements adaptés, un personnel qualifié, une tradition, des méthodes de travail et une culture. Si Boscoville ferme, Boscoville meurt.

Nous reconnaissons sans réserve la valeur du travail qui se fait dans les autres centres de réadaptation de même que dans le milieu naturel des jeunes. Mais nous estimons aussi que Boscoville doit demeurer un centre de réadaptation, de recherche, d'expérimentation et de perfectionnement. Il faut lui redonner les moyens nécessaires pour mener à bien sa mission. Pour l'avenir des jeunes!

Lettre à M. Yvon Guérard et aux membres du Conseil d'administration des Centres jeunesse de Montréal

MICHEL LEMAY[39]

Cher Monsieur et chers Membres du Conseil d'administration,

Je suis pédopsychiatre à l'Hôpital Ste-Justine, professeur titulaire au Département de psychiatrie de l'Université de Montréal et j'ai travaillé de nombreuses années à l'École de psychoéducation,

39. Pédopsychiatre, professeur titulaire à l'Université de Montréal, 1er avril 1997.

dans plusieurs centres d'accueil, dont Boscoville. Avant de venir au Québec en 1973, j'avais été moi-même éducateur spécialisé et j'avais dirigé pendant dix ans l'École d'éducateurs spécialisés de Bretagne.

Face à la décision de fermeture du Centre et après avoir entendu M. Guérard à l'émission récente de RDI[40], je ne peux rester silencieux.

Toute intervention dans le domaine de l'inadaptation sociale demande, vous en êtes persuadés, des moyens d'ensemble allant de la prévention, des interventions sur la petite enfance et à l'école, des formules de soutien familial, aux mesures plus lourdes telles que placements institutionnels, eux-mêmes à envisager selon des méthodes différentes en fonction des jeunes.

Après avoir eu une période où l'internat apparaissait la meilleure solution, une interrogation utile a été posée sur les indications d'une telle formule. Il est clair que, dans l'arsenal des moyens, l'internat ne constitue plus que l'un des outils. Le risque est dans cette vision de présenter la désinstitutionnalisation comme la nouvelle avenue, tout placement quelque peu prolongé devenant synonyme de mesures rétrogrades. Comme le séjour institutionnel exige des investissements considérables tant sur les plans financiers que professionnel, les raisons budgétaires et philosophiques ne tardent pas à s'additionner pour déboucher sur la justification de multiples fermetures. En tant que psychiatre, je peux témoigner combien la désinstitutionnalisation présentée au départ, il y a plusieurs décennies, comme un grand progrès a connu bien des déboires, car les mesures substitutives annoncées au moment de la fermeture ne se sont concrétisées que par de rares expériences où les malades étaient suivis d'amont en aval par des équipes coordonnées. Après leur sortie de l'hôpital, les patients se sont retrouvés, dans une grande proportion des cas, dans une situation plus ou moins d'abandon, en errance dans les rues, sans soutien régulier.

40. Réseau de l'information, avril 1997.

Dans le secteur de l'Aide sociale, voici que successivement, en quelques années, se ferment à Montréal le Centre d'Orientation, La Clairière, Marie-Vincent, l'Accueil Boyer, Le Mainbourg au nom du même raisonnement et avec des promesses de foyers de groupes qui n'ont guère proliféré, et qui, s'ils étaient un progrès indéniable pour certains enfants, ne répondaient pas aux besoins de ceux qui étaient les plus atteints.

Cette politique me semble donc néfaste, en partie mensongère, dangereuse pour l'avenir de nombreux jeunes, d'autant plus que les rares institutions restantes raccourcissent les séjours. Ces diminutions des temps de séjour se font au nom d'idées intéressantes: responsabilisation accrue des parents — ouverture sur l'extérieur pour éviter la ségrégation. Un certain nombre de jeunes profitent grandement de ces efforts mais plusieurs points doivent être soulignés afin de ne pas tomber dans une vision utopique:

- Dans bien des cas, les répétitions des situations pathogènes socio-familales ont désorganisé à un tel point la personnalité des jeunes qu'il est illusoire de penser pouvoir aider vraiment ces sujets à retrouver les bases de leur identité, à développer un sentiment d'appartenance, une estime de soi, une confiance en l'autre, une découverte dans la joie et la réciprocité sociale, sans un séjour intensif et s'étalant sur de longs mois pour parvenir, en collaboration avec les éléments de la famille qui peuvent rester ou devenir significatifs et les réseaux extérieurs, à réanimer leur vie psychique.
- Le garçon ou la fille qui réagit aux conditions défectueuses de l'existence par des troubles du comportement sévères contribue lui aussi à désorganiser un milieu familial déjà fragile dans un cercle vicieux dramatique. Sans un temps suffisant de répit où, de manière intensive et par un personnel bien formé, on aide le jeune et la famille à reprendre des forces pour envisager une vie commune soit partielle, soit totale, les difficultés resurgissent avec un sentiment d'échec surajouté.

- L'influence des groupes spontanés asociaux, l'effet des drogues, les réactions du quartier, etc. conduisent bien des jeunes à ne plus pouvoir remonter la pente malgré leurs désirs.

Compte tenu de tous ces éléments, Boscoville restait l'un des rares établissements à vouloir et pouvoir défendre une vision plus globale et plus intensive de l'intervention rééducative. Il ne s'agit pas de dire «les autres font mal leur boulot». Nous savons tous que Cité-des-Prairies a été créée à la fois dans ses structures architecturales et ses conceptions éducatives pour des sujets très agissants, refusant au départ leur placement et devant bénéficier d'un encadrement beaucoup plus strict. C'est dans cet esprit que cette institution travaille et fournit ainsi un des éléments intéressants du système. À la suite d'échanges avec Boscoville, le Mont Saint-Antoine s'était lui aussi créé une place particulière et fort riche, tout en devant assumer une plus grande population. Nous avions avec Boscoville la chance d'avoir un lieu reconnu internationalement comme exceptionnel. En tant que psychiatre faisant beaucoup de conférences à l'étranger, en particulier en Europe, je peux témoigner combien ce nom a inspiré de nombreuses institutions à évoluer et à rendre plus solides leurs conceptions théoriques. Par ce milieu, nous avions un terrain remarquable de formation et, surtout, un terrain d'application d'une méthodologie de l'éducation spécialisée où l'utilisation réfléchie de la relation, des activités (qui n'ont rien d'occupationnelles...), du groupe, des entretiens et des liens avec la famille avait enfin permis que les interventions sortent de l'empirisme tout en sachant définir l'importance de leur signification au sein de petites unités pouvant communiquer à une échelle humaine. Je voudrais souligner un point. Vous semblez dire que tout va se résoudre par l'application des mêmes idées dans un regroupement au sein de deux institutions qui deviennent de ce fait très importantes. Or, s'il y a une zone de convergences à l'heure actuelle sur la conception des institutions pour les jeunes souffrant de troubles d'adaptation sociale, c'est l'absolue nécessité de bâtir de petites structures permettant que se réalise un climat de liens interhumains dont ces jeunes ont gravement manqué dans leur vie.

Une idée suggérée à plusieurs degrés dans l'entrevue m'a paru particulièrement fallacieuse, celle de faire croire qu'il était temps de passer de la vieille conception Boscoville vue comme un legs à des formes beaucoup plus neuves tournées vers l'action sur les quartiers. Soulignons d'abord que Boscoville avait évolué de façon très importante au cours des années, y compris dans l'apport de nouvelles méthodes interdisciplinaires: thérapie de groupe — psychodrames (deux formes d'approches tout à fait rares avec les jeunes souffrant de troubles d'adaptation sociale) — création de l'unité Carrefour qui avait fait l'objet d'un numéro spécial de la revue *Perspectives psychiatriques* tant les idées apparaissaient riches — travail différent avec les familles débouchant sur plusieurs ouvrages traitant de l'action éducative avec les familles — organisation originale pour assurer la cohésion d'équipe. Boscoville a été l'un des premiers centres dans le monde occidental à avoir le courage de participer activement à une recherche sur le devenir des anciens afin de comprendre ce qu'il fallait rectifier dans l'approche initiale.

Quel que soit leur intérêt, les actions sur le milieu extérieur ne constituent pas une ère nouvelle. Dès 1960, je participais en France avec des collègues éducateurs, psychologues et psychiatres à la mise sur pied de l'action éducative en milieu ouvert, à l'observation en milieu ouvert, à l'ouverture de centres d'aide précoce à la petite enfance, aux placements familiaux thérapeutiques, aux clubs de prévention, aux éducateurs de rue, à l'aide à domicile par les conseillers en économie familiale. Toutes ces expériences éducatives qui ont fait l'objet de nombreuses publications se sont révélées positives, mais elles ont abondamment montré qu'elles étaient aussi des réponses fragmentaires à situer dans un ensemble où les petites institutions reprenaient tout leur sens pour recevoir une population qui avait absolument besoin d'une intervention interdisciplinaire intense et souvent prolongée.

En tant que psychiatre et éducateur, je peux vous dire combien nous nous sentons de plus en plus impuissants devant le cortège croissant de jeunes qui disent souvent eux-mêmes combien ils auraient besoin d'être coupés de nombreuses influences pathogènes, de trouver un milieu encadrant qu'ils n'ont jamais connu, de bénéficier d'un lieu où ils pourraient retrouver un certain sens à leur existence. Les parents se disent fréquemment dépassés et avoir besoin de structures qui, recevant leurs jeunes, leur permettent de retrouver un équilibre familial. Oui, demandons aux travailleurs sociaux, éducateurs, psychologues, psychiatres d'être plus proches des milieux communautaires mais, de grâce, ne jetons pas au panier des réalisations institutionnelles que tant de pays nous envient.

Soyons aussi francs. Derrière ces fermetures tente de se cacher une triste réalité: nous n'avons pas assez d'argent pour faire fonctionner le système. Si c'est cela, disons-le et osons écrire que, par un choix bien discutable de société, nos jeunes en dérive ne peuvent plus bénéficier pendant longtemps de lieux de vie où ils pourraient retrouver la fierté d'exister. Cela sera une constatation terrible mais devant la vérité, on peut faire face, créer, s'ajuster tant bien que mal. Devant la dissimulation des vraies raisons, on se donne des alibis pour garder un semblant de bonne conscience. En tant qu'intervenants de l'action sanitaire et de l'action sociale, nous devons refuser de nous enfermer dans de fausses solutions qui présentent comme des nouveautés ce qui est en fait un recul déchirant.

Croyez, cher monsieur Guérard et chers membres du Conseil d'administration, à mes sentiments distingués.

Michel Lemay, M.D.
Pédopsychiatre, professeur titulaire,
Université de Montréal

Après Boscoville, comment prévenir la délinquance juvénile?[41]

Si les comportements antisociaux apparaissent souvent dès la petite enfance, des interventions auprès des familles à risque peuvent avoir des effets très positifs.

RICHARD E. TREMBLAY[42]

On a longtemps cru que l'adolescence était le moment le plus propice pour prévenir le développement d'une carrière criminelle. Les études épidémiologiques confirment que c'est au milieu de l'adolescence que les humains sont plus à risque de commettre des actes délinquants. Plusieurs pensent qu'il va donc de soi de tout mettre en œuvre pour aider ces adolescents qui risquent de prendre la voie de la criminalité adulte. Malheureusement, l'évaluation de plusieurs centaines de programmes d'intervention auprès des adolescents délinquants révèle qu'ils sont très peu efficaces.

Les études du développement des comportements antisociaux de la petite enfance à l'adolescence permettent de comprendre pourquoi les interventions à l'adolescence sont si peu efficaces. Ces études montrent que, pour certains, les difficultés se limitent à l'adolescence. Ils n'ont pas présenté de difficultés à l'enfance et ils s'adaptent relativement bien une fois l'adolescence terminée. Ces jeunes ont généralement les ressources personnelles, et l'environnement familial, permettant de retrouver le droit chemin après la tempête de l'adolescence.

Pour les autres, les difficultés à l'adolescence sont la suite de difficultés à l'enfance et la préparation des problèmes de la vie adulte. Les interventions auprès de ces cas chroniques à l'adolescence n'ont généralement aucun effet à moyen et à long terme.

---

41. *Le Devoir*, les samedi 10 et dimanche 11 mai 1997, p. A 11.
42. Titulaire de la chaire sur le développement de l'enfant à l'Université de Montréal, membre du Conseil national de prévention du crime, fellow Molson de l'Institut canadien de recherche avancée.

La découverte la plus importante est probablement que ces cas chroniques, qui représentent environ 6 % d'une cohorte de naissance, produisent entre 50 % et 70 % de tous les crimes (violents et non violents) de cette cohorte. Si pour chaque cohorte de naissance on pouvait favoriser un développement normal chez ce groupe d'individus, on observerait à moyen terme une diminution de 50 % à 70 % des crimes de violence dans une société donnée; sans compter la prévention de l'effet d'entraînement qu'ont ces cas chroniques sur les autres adolescents.

Le développement de la délinquance chronique

Il n'est pas facile d'admettre que des enfants de maternelle manifestent déjà les caractéristiques essentielles du criminel d'habitude. C'est pourtant ce que l'on observe par le suivi d'enfants de la petite enfance jusqu'à la fin de l'adolescence. Les enfants qui sont impulsifs, qui n'ont peur de rien et qui sont insensibles aux besoins des autres sont les plus susceptibles d'être parmi les plus délinquants dès le début de l'adolescence. Leurs compagnons de classe en maternelle réagissent à leur égard comme on réagit à l'égard de criminels adultes: ils les rejettent. Dès le début de l'école élémentaire, les autorités scolaires les retirent de leur groupe de pairs pour les placer avec d'autres enfants qui ont des caractéristiques semblables, sous prétexte de mieux les aider. À la fin de l'école élémentaire, ils ont pris l'habitude de se soûler, ils s'initient à la drogue et commettent de nombreux délits. Il n'est pas surprenant qu'ils abandonnent l'école bien avant d'avoir terminé le secondaire, qu'ils se joignent à des gangs délinquants et qu'ils soient actifs sexuellement avec plusieurs partenaires. Ils deviennent souvent parents alors qu'ils n'ont ni les ressources économiques ni les ressources psychosociales pour donner les soins appropriés à un enfant.

La boucle est donc bouclée, et nous faisons face à un bébé à haut risque de reproduire le chemin parcouru par ses parents. Il est probable qu'on ne s'intéressera pas sérieusement à l'éducation de cet enfant avant qu'il ne soit rejeté par ses pairs à la maternelle. Pourtant, la source des problèmes chroniques de comportements semble se trouver dans les 36 premiers mois après la fécondation. Grâce aux travaux récents sur le développement du nourrisson, nous savons que la qualité de l'environnement physique et social a un impact énorme sur l'organisation de tous les systèmes biologiques pendant la grossesse et pendant les premiers mois de la vie. Il est également clair que c'est avec cette organisation biologique que le nourrisson va interagir avec son environnement tout au long de sa vie. Plus on attend pour favoriser le développement maximal de ce cerveau extrêmement plastique pendant les premiers mois, plus il deviendra difficile d'orienter différemment tant l'organisation bio-psycho-sociale de l'enfant que l'environnement qui lui sert de cadre de vie.

Apprendre à contrôler ses comportements violents

S'il est difficile de croire que certains enfants de maternelle manifestent déjà les caractéristiques essentielles d'un adulte psychopathe, il est encore plus difficile de croire qu'à l'âge de 24 mois le processus est déjà bien engagé. En fait, le processus est déjà engagé par la trajectoire de développement des parents, longtemps avant la création du fœtus.

Mais il est de plus en plus clair que c'est entre la naissance et le début de la troisième année que les enfants apprennent à contrôler leurs émotions et leur comportement. Entre l'âge de 9 et 24 mois, la fréquence des agressions physiques augmente pour la majorité des enfants. Aussi surprenant que cela puisse paraître, c'est autour de l'âge de 24 mois que l'on est plus susceptible de recourir à l'agression physique ou d'en être la victime; ce n'est pas au milieu de l'adolescence, comme on en a souvent l'impression.

La majorité des enfants apprennent rapidement qu'il y a des moyens plus acceptables d'atteindre leurs fins, et plus les enfants vieillissent, moins ils ont recours à l'agression physique. Cet apprentissage se fait en même temps que l'apprentissage du langage et l'apprentissage du contrôle des émotions. La qualité de l'environnement familial joue évidemment un rôle déterminant dans ces apprentissages. Les expériences d'intervention auprès des familles à risque de ne pas créer l'environnement adéquat ont montré des effets substantiels à très long terme tant sur la réussite scolaire que sur la délinquance.

Les priorités des Centres jeunesse du Québec

Les travaux récents sur le développement humain confirment que pour prévenir la majorité des problèmes qui affligent nos adolescents et les jeunes adultes, on doit investir le maximum de ressources pendant les 36 mois après la conception du fœtus. Une conclusion qui n'est pas facile à suivre parce qu'elle implique des choix de priorités par les gouvernements et les citoyens. Les responsables des services aux jeunes et à leurs familles doivent choisir entre plus de services aux adolescents en difficulté ou plus de services aux petits enfants qui seront la prochaine génération d'adolescents et d'adultes en difficulté. La campagne pour Boscoville est un bel exemple des pressions qu'ils vont subir pour continuer à investir en aval plutôt qu'en amont.

• 5 •

Des retrouvailles bien spéciales

Sixième événement: Une journée lourde de signification

L'importance attachée à de simples retrouvailles pourra paraître quelque peu exagérée. Il n'est pas rare, en effet, que les anciens d'un régiment, d'un collège ou d'une organisation de prestige se réunissent pour célébrer un anniversaire. De tels événements font simplement partie de l'actualité, individuelle ou sociale.

Par contre, que des anciens délinquants ou jeunes ayant des difficultés comportementales se regroupent spontanément dans une institution à laquelle les avait confiés l'appareil judiciaire pour une période indéterminée, ou pour deux ou trois ans (sur le coup, ils avaient d'ailleurs compris qu'ils étaient "condamnés" à purger une sentence), voilà qui n'est plus aussi banal. Il n'est jamais facile d'avouer avoir fait des bêtises qui ont mené à la cour et dans un centre de rééducation, même si cela s'est produit il y a bien longtemps.

D'ailleurs, certains anciens qui auraient pourtant voulu être présents n'ont pu se résigner à cet aveu. Ils invoquèrent, entre autres motifs, la peur que cette démarche officielle ne choque[43] des membres de leur famille élargie ou du groupe social dans lequel ils ont réussi à se tailler une place honorable qui ignorent tout de cette période de leur passé: «Lui, il a déjà été dans une institution pour jeunes délinquants! Je n'aurais jamais cru cela...»

En une semaine à peine, et malgré des hésitations sans doute analogues bien compréhensibles, des centaines d'anciens se mobilisèrent pour apporter leur témoignage à Boscoville, à sa cause et à celle des jeunes de demain. Ce sont, eux aussi, des citoyens qui, en très grande majorité, ont une vie personnelle réussie, occupent des fonctions honorables dans la société, bref, représentent un PLUS pour leur environnement social. D'autres, qui ont connu de nouvelles difficultés après leur séjour à Boscoville, tenaient malgré tout à être présents. Et tous étaient fiers d'être là et de témoigner avec conviction de la place de Boscoville dans leur vie. Conviction qui, il va sans dire, n'a rien d'un message publicitaire suggéré, même si les circonstances peuvent prêter à ce genre d'interprétation de la part de personnes ignorant ce qu'exigent de tels témoignages.

Ces ***retrouvailles*** marquent le point culminant de la manifestation d'appui d'une collectivité à un organisme qui lui tient profondément à cœur. Il y a là des anciens de toutes les générations qui s'y sont succédé depuis cinquante ans et qui tentent de faire valoir l'utilité de Boscoville pour les jeunes d'aujourd'hui et de demain à partir de ce qu'il a représenté et représente encore pour eux, pour leur conjointe et même pour leurs enfants. Tous affirment, spontanément et sans aucune gêne, que leur séjour à Boscoville a été une période extrêmement significative de leur vie.

C'est d'ailleurs pour une raison analogue que des professionnels (psychoéducateurs, psychologues, criminologues, juge, ex-agents de probation au tribunal de la jeunesse, professeurs d'université, etc.) participent eux aussi à ces ***retrouvailles***. Ils sont conscients que Boscoville a marqué leur carrière à un moment ou un autre, et ils sont fiers d'en témoigner. Une fois de plus, des ex-

---

43. D'autant plus que, dans les circonstances, on pouvait anticiper une couverture médiatique importante.

citoyens de Boscoville, anciens jeunes en difficulté, se retrouvent pour discuter avec des professionnels, leurs anciens éducateurs, d'une situation à nouveau "partagée": comment manifester à toute la population l'importance du rôle de Boscoville autant dans leur passé à eux que dans le présent et surtout le futur des jeunes en difficulté qui auraient besoin de cette institution? Le seul fait d'être là, de prendre la parole officiellement ou d'exprimer leurs convictions aux médias sur place représente pour chacun non seulement un moment chargé d'une grande émotion, mais aussi un humble engagement social. Ils ont la conviction de remettre à la société une parcelle de ce qu'ils ont pu en recevoir.

Cet engagement social ne reçut certes pas l'attention qu'il aurait mérité de la part des responsables des Centres jeunesse de Montréal; au mieux, il provoqua une réaction de condescendance. Il trouva cependant un écho empreint de respect dans un grand nombre de médias: de nombreux journalistes de l'écrit et de l'électronique, chroniqueurs et éditorialistes, y virent l'expression d'une réalité qui allait au-delà des émotions à fleur de peau qu'aurait pu faire surgir l'annonce de la fermeture d'un organisme quelconque.

Si cette journée regroupa des centaines d'anciens, elle attira aussi les initiateurs d'une formation professionnelle qui allait devenir la psychoéducation, des psychoéducateurs, d'autres professionnels ainsi qu'un juge à la retraite... Tous ensemble, ils allaient accepter de proclamer haut et fort que, s'ils avaient tous, d'une façon ou d'une autre et à leur niveau, accepté de croire dans le passé au projet Boscoville et à l'espoir qu'il représentait, ils continuaient d'en témoigner avec autant de ferveur en s'appuyant désormais sur des preuves expérientielles solides. Projet de jeunesse pour plusieurs, pourrait-on dire, Boscoville avait influencé de mille et une façons leur projet de vie personnelle et professionnelle, contribué au développement de la sociopsychoéducation, de la pédagogie et de la criminologie, et même influencé la pratique de juges du tribunal de la jeunesse. Tel est l'essentiel des messages qui allaient être livrés.

Tous ces ex-citoyens et anciens professionnels de Boscoville recréèrent le plus naturellement du monde pendant la rencontre le climat et l'esprit qui ont toujours fait la force du projet. Esprit caractérisé par la vie: «C'est par de la vie que l'on crée de la vie!» Une vie qui s'enracine dans le présent et qui repose sur des fondements théoriques et pratiques solides de façon à pouvoir relever des défis nouveaux, tant individuels que collectifs, et à leur donner du sens. La responsabilisation individuelle et de groupe fut l'un des fondements théoriques qui trouvaient dans le milieu les conditions de base requises pour être mis en pratique. Bien sûr, on pense à toutes les responsabilités assumées par les citoyens de la petite cité, au niveau de leur quartier (unité de vie) ou de l'ensemble: responsabilités de citoyen, de membre du conseil de quartier, de sous-ministre, d'échevin. On pense aussi aux responsabilités d'orientation, d'animation et de perfectionnement du milieu que se partageaient de façon fort dynamique les professionnels.

Si le présent — l'ici et le maintenant — a toujours eu beaucoup d'importance dans le processus de réadaptation, le passé n'était pas pour autant balayé d'un revers de la main dédaigneux. Il n'y avait pas que des erreurs passées qui avaient conduit les jeunes à leur aujourd'hui! C'est pourquoi Boscoville s'est toujours efforcé de respecter les personnes qui avaient été les premières "figures de proue" de son histoire, en faisant bien la distinction entre leurs forces et leurs inévitables vulnérabilités, et en tenant compte des limites inhérentes à toute réalisation humaine. Cette attitude, valable pour l'histoire de Boscoville, l'était aussi pour l'histoire personnelle de chacun des jeunes. «*Boscoville, Boscoville*, clamait le chant de ralliement des premières années au camp du lac des Français, *on ne peut plus s'en passer.*» Bien sûr que l'on pouvait s'en passer[44], mais l'oublier...? Jamais! Ce qu'on y a vécu restera toujours gravé en chacun de nous, les événements heureux plus profondément encore que ceux qui ont été plus difficiles à vivre.

---

44. Peut-être pas Albert Roger qui en fut le premier responsable et qui, même paralysé, continua d'y venir faire son tour toutes les semaines pour recevoir une "injection de jeunesse" et ce, jusqu'aux dernières semaines de sa vie.

Nous aurions l'occasion de le constater tout au long des heures qui suivirent.

Si l'essentiel de l'esprit de Boscoville était de donner du sens à ce qui s'y vivait, ici et maintenant, on y parvenait par la musique et par le chant... avec ou sans fausses notes; en cultivant et en exprimant ses talents dans différentes activités: manuelles, théâtrales, sportives, académiques...; en exprimant verbalement ce que l'on retirait du quotidien et ce que l'on souhaitait améliorer lors des réunions dites "civiques" ou des entrevues individuelles qualifiées de "sur-le-champ". Donner du sens, oui, et dans la joie! Avec humour aussi, et toujours dans le respect des personnes.

Des moments de grâce, il s'en trouva tout au long de ces *retrouvailles*. L'animateur principal, ancien éducateur dans une unité et l'un des responsables de l'activité "théâtre-cinéma"[45] disait justement «se sentir en plein comme à l'époque où il faisait des activités avec les gars». Et tous se souvenaient que ce n'était jamais l'affaire des seuls éducateurs.

Je n'ai jamais été aussi fier d'avoir été éducateur et directeur à Boscoville

GILLES GENDREAU

On m'avait demandé de dire un mot comme ancien éducateur et directeur. À celles et à ceux qui étaient présents, et à tous les autres qui n'avaient pu venir, j'offris un "mot de circonstance" qui disait un peu ce que me faisait vivre le contexte des retrouvailles. Je n'avais cependant pas anticipé des réactions aussi vives et aussi spontanées. Imaginez! Un groupe imposant d'anciens de toutes les générations, qui sont là devant moi, assis ou debout, et qui acclament le REPRÉSENTANT de tous les éducateurs qui les ont accompagnés à Boscoville, symbole que je suis devenu en répondant à l'invitation que m'avait faite l'animateur de cette journée. C'est donc avec beaucoup d'émotion, je m'en confesse au risque de faire

45. André Melançon.

sourire les technocrates, que je pris la parole pour lire le texte que j'avais eu la précaution d'écrire dans le secret et le calme de mon bureau.

«Depuis deux semaines, je n'ai jamais été aussi fier d'avoir été éducateur et directeur à Boscoville! L'une des caractéristiques de base de la philosophie de Boscoville était la *responsabilisation. Responsabilisation* de la direction, des éducateurs, des citoyens de Boscoville... Boscoville, c'était la responsabilité de tous. La réadaptation de chacun des jeunes, c'était d'abord la responsabilité du jeune lui-même, et tout le monde faisait tout ce qu'il fallait pour qu'il la prenne.

«Cette *responsabilisation*, les anciens l'ont manifestée ces dernières semaines par leurs témoignages percutants de ce qu'ils ont vécu à Boscoville et de ce qu'ils ont retiré de leur séjour dans ce milieu. On a dit que c'était par nostalgie que vous preniez la parole et que d'anciens éducateurs en faisaient autant. *La Presse* a même titré un éditorial «Les orphelins de Boscoville».[46]

«Bien sûr, nous avons tous un pincement au cœur devant la menace de fermeture d'une institution que nous avons créée et animée avec l'appui et la participation de la population, d'une institution où nous avons grandi ensemble. Mais les témoignages que vous avez rendus ont surtout révélé votre préoccupation pour les jeunes d'aujourd'hui et de demain.

«Si nous avons vieilli, nous sommes tout de même encore lucides et bien de notre époque: aucun de nous, à ce que je sache, ne s'est rendu ici dans une voiture d'un modèle de 1954. Nous ne voulons pas davantage d'un Boscoville de 54, de 64, de 74, de 84, ni même de 94, mais bien d'un Boscoville de 2004! Un Boscoville dont le *moteur* serait l'engagement du personnel et les attitudes responsables de tous, jeunes, parents et professionnels; dont la compétence du personnel constituerait le *cerveau direction*; dont les *roues* qui permettent de parcourir de longues distances seraient la résultante de divers partenariats, partenariat avec les milieux éducatifs, avec les universités et les chercheurs,

---

46. *La Presse*, 15 avril 1997.

avec les organismes communautaires, avec les maisons de jeunes, les instances policières et autres; dont les *phares* éclairant le tout seraient le respect et la considération inconditionnelle des jeunes et de leurs parents.

«En mettant de l'avant l'hypothèse de la fermeture de Boscoville, la direction des Centres jeunesse croit bien faire. Et jusqu'à preuve du contraire, je n'ai pas le droit de mettre en doute leurs intentions. Mais vous souvenez-vous du magnifique film, *Les vrais perdants,* du psychoéducateur cinéaste, André Melançon? Dans ce film, des parents bien intentionnés s'acharnaient qui à faire de leur fille une petite Nadia Comaneci, qui de leur fils un Maurice Richard, etc. Les vrais perdants, dans tout cela, c'étaient les enfants qui avaient perdu leur jeunesse, qui n'avaient pas été aimés pour ce qu'ils étaient mais pour ce qu'ils représentaient dans les rêves ambitieux de leurs parents.

«J'ai parfois l'impression, quand j'entends certains dirigeants ou professionnels prôner le *virage milieu* pour les jeunes de 14-18 ans, qu'il s'agit plutôt d'un ***mirage*** *milieu*, comme ce mirage poursuivi par les parents des vrais perdants. Je ne suis pas certain que les conclusions des recherches sur la petite enfance et l'enfance, présentées dans l'excellent rapport *Un Québec fou de ses enfants*, puissent s'appliquer intégralement à cette catégorie de jeunes.

«**Le Québec a terriblement mal à sa jeunesse**, et je crois qu'il est urgent que l'on s'accorde quelques mois de réflexion sur les problématiques de cette catégorie de citoyens. Des cliniciens américains[47] ont écrit: «Se gratter un bras lorsque la démangeaison est sur une jambe aide peu à soulager l'irritation.» Or, fermer Boscoville, ce serait non seulement se gratter le bras, mais se le couper. Le Québec, diable, est-il tellement au bord de la faillite qu'il faille nécessairement faire table rase d'un passé dont certains acquis pourraient encore aider un grand nombre de jeunes en difficulté à bâtir leur avenir?

«Ce combat que nous menons pour le Boscoville de l'an 2000, nous devons le faire au nom de la qualité des services à rendre aux jeunes en difficulté. Nous devons le faire aussi AVEC et

---

47. O'Hanlon et Weiner-Davis (1989), cités par Gérard Lavoie (1997).

POUR les professionnels qui, dans les autres institutions, les foyers de groupe, les organismes communautaires, les maisons de jeunes et les milieux d'éducation, ont opté pour la compétence dans le respect des jeunes et de leurs parents.

«Nous ne serions pas fidèles à l'histoire de Boscoville si notre message n'allait pas dans ce sens-là. Nous souhaitons que tous le comprennent et se joignent à nous. C'est ENSEMBLE que nous devons aider le Québec, non seulement à ne plus avoir mal à sa jeunesse, mais surtout à être bien avec elle.

«Je souhaiterais sincèrement aux professionnels de l'an 2050 de recevoir des témoignages identiques à ceux que les anciens de Boscoville ont rendus à leurs éducateurs et à toutes les personnes qui ont cru et appuyé Boscoville depuis sa création. Je crains cependant, si des décisions sont prises avec précipitation et sans une analyse spécifique de la problématique des jeunes de 14-18 ans, qu'ils ne reçoivent plutôt des témoignages s'apparentant à ceux des *Orphelins de Duplessis*[48] et que l'on recherche des coupables.

«Monsieur le ministre, vous ne voudriez sans doute pas que l'on parle alors des *Orphelins de Rochon*[49]. Vous aspirez sans doute à ce que votre nom soit associé à l'histoire d'une autre façon que celle-là. Je nous le souhaite également à tous.»

Les participants à cette rencontre spéciale le souhaitaient aussi et l'exprimèrent avec enthousiasme par des applaudissements soutenus. Je sentis que je les avais rejoints. À leur tour, ils se rendirent compte qu'ils me rejoignaient au plus profond de mon espérance, espérance qui deviendrait la pierre angulaire sur laquelle s'appuierait ma participation à ce dernier combat professionnel. Je ne me trompais pas, il m'en faudrait beaucoup.

---

48. Nom d'un premier ministre auquel a été associé un groupe d'orphelins abandonnés par l'ensemble de la société dans les années 50.
49. Nom du ministre actuel de la Santé et des Services sociaux.

Fermer Boscoville, ce serait un drame social

JUGE MARCEL TRAHAN

De l'éducateur-directeur, on passa au juge de la jeunesse. Car on avait également demandé au juge Marcel Trahan de prendre la parole. Associé à Boscoville depuis le tout début et maintenant à la retraite, il fut accueilli avec grande déférence par tous les anciens. Si la fonction de juge est en général respectée dans les diverses sociétés, les délinquants l'associent surtout à "condamnation", à "sentence" beaucoup plus qu'à "justice". Qu'un juge, représentant d'une certaine façon tous les juges que ces anciens avaient connus, soit ainsi acclamé par d'ex-délinquants, cela tient du paradoxe!

Plusieurs anciens auraient sans doute voulu dire à "leur" juge qu'il leur avait donné la chance de bénéficier de Boscoville, mais un seul était présent. Avant même le rassemblement dans le gymnase, on avait pu observer à l'extérieur des scènes fort touchantes: plusieurs anciens remerciant spontanément et chaleureusement "leur" vieux juge qu'ils venaient d'apercevoir dans la foule. Maintenant tous acclamaient à l'unisson celui qui leur disait avec son style de plaideur convaincant:

> «Oui, je suis fier d'avoir pu confier à Boscoville la responsabilité de vous aider à vous construire. Non, il ne faut pas que l'on ferme cette institution. Ce serait un drame au plan social.»

Ici encore, c'est avec beaucoup d'émotion que fut exprimé ce que Boscoville pouvait signifier pour cet ancien juge et ces anciens "délinquants", pour toutes les personnes qui y avaient cru et qui y croyaient encore. Une fois de plus, Boscoville réconciliait ce qui avait pu apparaître comme irréconciliable. Y aurait-il seulement le virage milieu et le dynamisme d'un internat ouvert que Boscoville ne parviendrait pas à réconcilier?

Hélas! nous nous retrouvions entre "convaincus", entre gens qui croyaient toujours à la nécessité d'un ***Boscoville en marche*** (Gendreau, 1967). Nous partagions des convictions basées sur des faits vécus qui leur donnaient tout leur sens. Un sens que les "décideurs" confondaient avec une nostalgie qu'ils comprenaient bien, mais seulement comme de bons techniciens comprennent qu'une machine puisse avoir des ratés.

Pour les décideurs, en effet, cette réunion permettrait à ces nostalgiques du passé que sont les fervents amis de Boscoville de revivre dans leur imaginaire ce qu'il avait été pour eux: ils y retrouveraient un lot d'émotions, ils se rappelleraient de bons souvenirs! «Tout cela permettrait de laisser sortir un peu de vapeur et, comme dans une catharsis psychosociale, de se libérer. Une fois l'émotion exprimée, ils seraient en mesure de mieux accepter l'irrévocable.»

Des membres de la direction des Centres jeunesse de Montréal avaient cependant manifesté quelque ambivalence à l'annonce de ces retrouvailles: «On ne sait jamais ce qui peut se produire!» C'était un autre indice qu'on connaissait mal le vrai visage de Boscoville. Mais on se ravisa. «Ce ne serait sans doute rien d'autre qu'un phénomène débordant de subjectivité.» La direction, elle, resterait au-dessus de la mêlée, ne participant au débat que pour rappeler les objectifs du virage milieu. De même, des professionnels qui avaient déjà travaillé à Boscoville et qui auraient sans doute été contents de revoir d'anciens collègues ou d'anciens "jeunes" qu'ils avaient jadis accompagnés, ne purent se décider à venir. Leur présence aurait pu être interprétée comme un soutien à la cause de Boscoville CONTRE le virage milieu. Et leur carrière risquait d'être compromise s'ils étaient perçus eux aussi comme des nostalgiques! Comme si c'était s'opposer à l'approche milieu que de promouvoir le maintien d'une institution. Quelle confusion!

De tous les professionnels gravitant autour de l'équipe des décideurs, un seul eut le courage d'assister à la rencontre des retrouvailles. Je ne sais ce qu'il a vécu pendant toutes ces heures. Je sais seulement qu'avant de partir, il vint me serrer la main chaleureusement en me disant: «N'oubliez pas qu'on a proposé de donner le nom de Boscoville à une "chaire sur la violence"; il y a dans cette offre quelque chose de très positif!» Je ne sus que répondre tellement ce moyen m'apparaissait éloigné de ceux que nous préconisions pour l'avenir de l'institution, mais j'étais persuadé de la sincérité de celui qui me parlait. C'est d'ailleurs l'une des caractéristiques de la majorité de ceux que je nomme "les décideurs". Hélas! il faut plus que de la sincérité pour tenir compte de l'ensemble des perspectives lors de décisions concernant l'orientation générale de l'action sociopsychoéducative spécialisée. On le verra dans les prochains événements.

Que dégagèrent les décideurs des échos qui leur parvinrent de ces témoignages? Les témoins avaient-ils encore à leurs yeux quelque crédibilité? N'appartenaient-ils pas uniquement à un passé "dépassé" ou, pis encore, n'étaient-ils pas irrémédiablement à la merci du monde de l'émotion?

Le vieil éducateur que je suis devenu "carburait" lui aussi aux émotions profondes dans le cadre de ces retrouvailles. Est-ce à dire que le rôle que j'envisageais pour Boscoville relevait seulement de l'expression émotive? De convictions sans fondements rationnels solides?

N'ai-je pas toujours été un homme, un professionnel de convictions? Malgré cela, ma carrière n'a-t-elle pas eu aussi d'autres fondements? Ai-je eu raison de chercher à développer mes compétences d'éducateur à partir d'une approche humaniste de l'action psychoéducative? Ou me suis-je nourri uniquement d'illusions qui, si nobles fussent-elles, n'en étaient pas moins des illusions?

Dans cet univers du passé, celui des anciens et le mien, un témoignage allait ouvrir une brèche sur l'avenir de l'action psychoéducative auprès des jeunes en difficulté et de leurs parents.

La plus belle chance que j'ai eue dans ma vie, c'est d'avoir été un gars de Boscoville

FERNAND GAGNON

Des anciens furent eux aussi invités à prendre la parole. Des quelques témoignages entendus, j'en retiendrai un, fort émouvant, qui, à partir d'un vécu expérientiel profond et bien personnel, débouchera sur des données comptables que tout bon gestionnaire devrait comprendre facilement. Et si les émotifs étaient meilleurs en calcul que ceux qui refusent de se laisser guider par leurs émotions!

«Je me présente: mon nom est Fernand Gagnon. Je suis marié depuis bientôt 37 ans, père de deux enfants et grand-père de quatre adorables petits-enfants qui me comblent de bonheur.

«Au plan professionnel, je suis à l'emploi des *Hebdos Transcontinental* à titre de conseiller en publicité, un métier que je pratique depuis plus de trente ans. De fait, j'ai eu la chance de ne jamais manquer de travail au cours de ma vie.

«Je dois toutefois vous avouer que la plus belle chance que j'ai pu avoir dans la vie, c'est d'avoir été un gars de Boscoville.

«Oui!... Je suis un enfant de Boscoville. Orphelin de père et de mère, je me retrouve à l'âge de 17 ans à la rue, seul au monde, sans bagage ni le sou, et surtout sans instruction... Boscoville, ç'a été mon foyer!

«Durant trois ans, entre 1954 et 1957, Boscoville m'a servi de toit, d'école et de famille. L'amour, le respect, la discipline et l'éducation qu'on m'a inculqués m'ont permis de me sortir de l'enfer dans lequel, encore adolescent, je m'engouffrais inévitablement.

«Bosco a fait de ma vie ce qu'elle est devenue: belle, heureuse, stable, enrichissante et pleine de belles valeurs que j'ai pu transmettre à mes enfants et maintenant à mes petits-enfants. C'est pas compliqué, je dois ma qualité de vie à Bosco et à ses éducateurs.

«Durant une année, j'ai siégé au conseil d'administration de cette vénérable institution et je ne peux pas croire qu'on songe aujourd'hui à la fermer.

«Mon histoire n'est pas unique; je suis sûr que des cas comme le mien se comptent par milliers. Et je veux que d'autres enfants démunis, abandonnés comme je l'ai été à l'âge de 17 ans, puissent profiter de la même chance que moi...

«Et si certains gestionnaires me reprochent d'avoir coûté à l'État 55 000 $ par année (ce dont je doute, car à l'époque...) j'aimerais leur dire que depuis que j'ai quitté Boscoville, j'ai dû verser à ce même État la somme approximative de 450 000 $ en impôts et en taxes.

«N'eût été de Boscoville, j'aurais sans doute coûté cette somme au gouvernement plutôt que de la lui rapporter.

«Le manque à gagner dans les coffres de l'État aurait donc frôlé le million de dollars pour un seul individu... sans compter une vie perdue et toutes celles que j'aurais pu gâcher autour de moi.

«Vous vous imaginez un peu toute la misère humaine et les coûts qui en découlent! Bref, Boscoville doit rester et garder son identité.

«Merci!»

Combien d'anciens auraient pu tenir un discours analogue? Un bon nombre, à n'en pas douter. À écouter ce témoignage (ou à le lire), certains spécialistes habiles à réduire à presque rien les succès de la rééducation pourraient dire: «Ce jeune aurait pu s'en sortir tout seul: il n'aurait pas eu vraiment besoin de Boscoville.»

Fernand n'avait pas à revenir, en public, sur les difficultés personnelles de sa jeunesse, mais, pour l'avoir accompagné en tant qu'éducateur, je sais, moi, les efforts qu'il a faits pour s'en sortir et ce que nous avons appris ensemble dans SON combat. Pas plus que Michel Forget[50], il ne pourrait répondre à la question: «Que te serait-il arrivé, Fernand, si tu n'étais pas venu à Boscoville?» Il est venu, et il en a profité pleinement!

50. Voir chapitre 3.

Certains, parmi ceux qui étaient présents, auraient pu raconter des combats plus spectaculaires: depuis leur sortie de l'institution, ils avaient dû continuer à se battre pour mener une vie honnête. D'autres, que je reconnaissais, avaient même récidivé, mais ils s'en étaient sortis eux aussi: «Grâce à ce que j'avais appris à Boscoville», répétaient-ils tout spontanément. Peut-être disaient-ils LEUR vérité? Hélas! il s'en trouvera toujours pour en douter.

Réfléchissant aux propos de Fernand, à ceux tenus par d'autres anciens, je ne pouvais m'empêcher de penser aux réactions des "décideurs objectifs et rationnels": tous les témoignages, en effet, pourraient être détournés au profit de leur éventuelle décision. Ils "fricoteraient" le témoignage de Fernand pour illustrer ce qu'aurait pu lui apporter l'approche milieu. Ils utiliseraient les témoignages des récidivistes pour étoffer leur argumentation prouvant que Boscoville ne pouvait pas aider les jeunes contrevenants plus difficiles.

D'autres "décideurs" cependant sauraient reconnaître le "bon" travail de Boscoville dans le passé et son influence sur l'ensemble de la réadaptation puisque ses méthodes se retrouvent maintenant dans la plupart des institutions du Québec; selon eux, il n'y aurait pas lieu de faire toute une histoire pour quelques bâtisses de pierres et de briques. Boscoville, c'est d'abord son personnel; l'esprit de l'institution pourrait donc survivre hors les murs de l'institution.

J'étais très sensible à ces derniers arguments m'étant moi-même inspiré de mon expérience de Boscoville pendant une grande partie de ma carrière et ayant tenté de la généraliser soit par mes écrits et mon enseignement à l'université, soit par mes activités en vue du perfectionnement de professionnels au Centre de Psycho-Éducation du Québec. C'était une façon de reconnaître le travail de celles et de ceux qui, avec moi, avaient mis sur pied Boscoville et contribué à son développement.

Durant toute cette période de ma carrière, j'avais cependant pris conscience de l'importance de maintenir des points d'ancrage dans une pratique dynamique à la fine pointe de l'évolution de l'intervention et de ses paradigmes de base. Ma coopération avec le Centre des Quatre Vents à Saint-Donat m'a beaucoup appris en ce sens. Quel dommage que je n'aie pas réussi à "bâtir un pont" entre les expériences des Quatre Vents et les traditions dynamiques de Boscoville! De part et d'autre, les équipes de professionnels auraient pu en bénéficier.

Hélas! pour des raisons purement administratives, on élimina progressivement le Centre des Quatre Vents qui faisait preuve d'originalité et se situait à l'avant-garde dans la collaboration avec les parents et le travail sur l'environnement. C'est maintenant le tour de Boscoville! L'originalité d'une démarche institutionnelle serait-elle devenue, par hasard, un mauvais présage? N'avait-on pas, sans le vouloir expressément mais plutôt parce qu'on ne la comprenait pas, détruit l'originalité de Boscoville par des structures dépersonnalisées devenues incapables de stimuler son dynamisme ou simplement de le tolérer?

Est-ce ainsi qu'il faut comprendre l'économie d'échelle du libéralisme économique? Devenir tous des technocrates et rejeter les qualités propres aux artistes et aux artisans (Pitcher, P., 1994)? Aurais-je donc été un si mauvais administrateur? Nul doute que j'aurais pu être plus efficace avec quelques techniques de gestion... à la condition qu'elles ne prennent pas toute la place. Cela devrait bien être possible! Et peut-être que je faisais erreur en pensant déceler chez certains "décideurs" des Centres jeunesse de Montréal des signes inquiétants qu'ils accordaient trop d'importance à ces techniques.

Un poème sur l'expérience de Boscoville!

JEAN-PAUL DÉOM

J'aurais eu d'autres indices des réactions des décideurs si certains ex-intervenants, devenus bureaucrates ou technocrates influents de la structure de gestion, avaient été présents et s'il m'eût été donné de les observer au moment où un vieil éducateur des débuts de "l'aventure Boscoville" prit la parole. Sans doute auraient-ils dit: «Un poème? Non, mais ce n'est pas sérieux dans le contexte de crise que vit le réseau!» Des gens "sérieux", comme les gestionnaires et, en général, ceux qui influencent les orientations du réseau de la réadaptation, auraient sans doute haussé les épaules en signe d'agacement. Que des éducateurs de jeunes en difficulté, en Europe comme au Québec, expriment sous une forme poétique leur vécu d'accompagnateurs de jeunes en difficulté, ce n'est rien pour valoriser la profession aux yeux de professionnels "objectifs et branchés".

Et pourtant, c'est en toute simplicité que Jean-Paul Déom, en éducateur artiste et artisan qu'il est, a exprimé sa réflexion personnelle dans ce contexte bien spécial des retrouvailles.

Au sein de mon monde,
d'une douce émotion de vivre,
il est des situations
qui m'entraînent sur des chemins
empruntés à ma vie d'hier. (...)

C'est ainsi, qu'ayant partie liée
avec mes actes,
attentif à la vie de ce coin de pays,
ému de son écho,
le goût me vient de vous dire:

Il était une fois une poignée
d'hommes
devenus en ce coin de pays
bâtisseurs d'une cité
d'espérances partagées...

Ainsi a débuté un conte sans pareil,
conte du regard dans le regard
ou de la main sur l'épaule,
conte du vulnérable devenant aidant
ou tout simplement fierté
d'être humain vivant.

Cette poignée d'hommes —
ils sont une douzaine — non sans peine
crée un milieu — un fragile lieu
où s'invente une capacité collective
de parler aux esprits et aux cœurs.

Privilégiés, ils sont,
ils conjuguent le verbe "être"
plutôt que le verbe "avoir",
ils substituent une mission
à des ambitions!

Déjà le monde politique s'en agace.
À ceux qui meurent de soif de vivre
ils glissent un regard, un geste,
une attitude de responsabilité
entre la peau et le cœur.

L'aventure vogue vers la légende.
Il était une fois...

À cette poignée d'hommes
se joignent des femmes et d'autres hommes.

La Cité a ses BANLIEUES,
se donne une PLACE au soleil,
quelques chemins croisent un CARREFOUR
à l'intérieur de ses LIMITES.
Il y a une MONTÉE donnant sur un PLATEAU
à quelques pas d'une TERRASSE.[51]

---

51. Ce sont les noms des quartiers (unités de vie) de Boscoville.

Ces acteurs ont tout simplement
quelques folies fichées au cœur,
un peu plus enracinées que la peur...

La vision s'est enrichie...

Un milieu, un fragile lieu
s'est inscrit dans l'univers.

Terre d'accueil... recours à la nuance,
droit à la dissidence.
Territoire inédit pour rêver un long instant
en plein soleil,
le temps de l'outre-temps.

La continuité tend la main
à l'enthousiasme de la relève.
L'espadrille se marie avec le sacré,
les abîmes côtoient les cimes.
Le rampant devient élan.

Il est une fois... aujourd'hui
des jeunes et des adultes
qui continuent d'aller...
d'aller à leur façon
sous le souffle et l'élan de leurs ancêtres...

En chacun... tout au fond d'eux,
en leur tréfonds,
existe le même parfum,
le droit d'être humain vivant.

En leurs alentours
une drôle de chanson,
sensation d'être trompés, d'être trahis,
d'être dépossédés...
Dilemme du mal-entendu,
Dits, non-dits ou interdits!

Aux paradoxes, ils se confrontent.
Chacun a sa recette,
redoutant un mal,
certains croyant l'exorciser
délibérément à la majorité
éliminent les nuances.

Simplicité de l'antagonisme unique
vendange du système.
Peu importe le ciel
pourvu qu'il y ait une religion.
Mes "je" sont sacrifiés pour les "nous".

Vivent nos ressemblances
Adieu nos différences
Au-delà de la vision
Au-delà de la respiration.

Copernic, peut-être a-t-il raison?
Il est donc difficile
de regarder avec ses deux yeux
et non seulement avec un seul.

Où est la place de l'imaginaire
quand la logique est reine?
Où est la place de l'émotion
quand le système est roi?

Ne serait-il pas à nous d'aujourd'hui,
transcendant le souffle de l'ancêtre
d'offrir, au cœur de nos cris,
un lieu renouvelé
à la société du prochain siècle?
Un fragile milieu
comme réponse aux besoins des jeunes.
Un Boscoville de demain,
inspiré de la folie d'un lointain hier
et porteur de réelles solutions?

Je ne saurais dire ce que les anciens ont compris de ce poème. Je sais cependant qu'ils ont profondément respecté le mode d'expression de Jean-Paul: «C'était à sa manière... il n'y en a pas deux comme lui.» Respecter la façon de dire de l'autre comme eux avaient été respectés dans leurs façons d'être pendant leur séjour à Boscoville! Ils se rendaient bien compte que nous faisions beaucoup d'efforts pour les comprendre, même si nous n'y parvenions pas toujours; pour respecter leur originalité tout en exigeant qu'ils fassent eux aussi des efforts pour saisir le sens de nos interventions, de nos demandes d'adaptation.

Oui, ils ont écouté attentivement ce poème, même s'il s'harmonisait assez mal avec la musique rock qu'un ancien avait jouée au début pour créer l'atmosphère et qu'ils avaient appréciée. Boscoville, n'était-ce pas aussi une sorte de poème à la rééducation, un poème sublimant quelque peu les difficultés des jeunes et leur faisant découvrir une autre facette de la vie?

Quelle que soit la qualité formelle de ce poème que mon incompétence en la matière m'empêche d'apprécier avec justesse, j'y trouve cependant des échos d'un collègue dont l'apport et celui d'autres "artisans" ont contribué à façonner Boscoville comme un tableau vivant où les techniques devenaient un support à l'essentiel. Dans la rééducation, où la logique devait jouer un rôle important, il y avait aussi ***place pour l'imaginaire***. La logique ne devait jamais être ***reine*** ni étouffer ***l'émotion*** et, si le système était un instrument de base de notre action, il n'était pas un ***roi*** qui écrasait les acteurs (jeunes et professionnels) qui l'animaient. Boscoville était fragile comme l'émotion et l'imaginaire, mais dynamique comme ces deux forces inhérentes à toutes les réalisations humaines dignes de ce nom.

Grâce au poème de Jean-Paul et à ce qu'il réveillait en moi, je revis un autre artisan de tous les moments importants de notre action à Boscoville, André Poirier. Non seulement permettait-il aux jeunes participant à ses ateliers de créer des objets remarquables, mais il donnait à nos projets des formes harmonieuses qui s'inscrivaient pleinement dans la philosophie du milieu.

Boscoville a été le lieu d'une conception logique de la rééducation, OUI, mais il a toujours été également, et de façon complémentaire, un lieu d'expression artistique et artisanale, sans prétention mais non sans signification. Une signification tout en profondeur pour ses artisans, jeunes et éducateurs, symbole de ce que chacun pouvait faire de sa propre vie.

Voilà ce que me rappelait le poème de Jean-Paul. C'est sans doute pour cela qu'il m'a rejoint, et c'est peut-être pour cela qu'il a pris pour moi tant d'importance au cours de la rencontre. Tant que la vie sera poème, il sera toujours possible de choisir l'espérance!

Les historiens auraient-ils oublié un fait important?

HÉLÈNE LEDUC

Dans le bref contexte historique du chapitre 1, j'ai rappelé ce que pouvait avoir de "novateur" l'engagement de laïcs spécialement formés pour l'accompagnement éducatif de jeunes en difficulté. Il s'agissait là d'un pas tellement grand qu'il ne nous était même pas venu à l'esprit que des éducatrices pouvaient apporter une contribution complémentaire essentielle à nos efforts de psychoéducateurs.

Le témoignage de la première psychoéducatrice de Boscoville, Hélène Leduc, allait nous replonger au cœur même de l'histoire et de la dynamique d'une démarche qui a rarement refusé d'évoluer.

C'est avec beaucoup d'humour qu'elle s'adressa aux personnes présentes:

> «Les historiens ont du mal à s'entendre sur l'élément déclencheur de la Révolution tranquille des années 60 au Québec. D'aucuns mettent de l'avant la mort de Maurice Duplessis, premier ministre conservateur longtemps au pouvoir; d'autres, l'arrivée de "l'équipe du tonnerre" de Jean Lesage à la tête du

gouvernement; certains font valoir l'influence des chansonniers et des poètes, alors que d'autres pensent que ce pourrait être l'émeute au Forum de Montréal, lors de la suspension du célèbre joueur de hockey, Maurice Richard. Mais il se pourrait que les historiens aient oublié un élément très important. Peut-être que l'élément déclencheur de la Révolution tranquille coïncide avec la décision de l'équipe des éducateurs de Boscoville d'inviter une femme à se joindre à eux comme éducatrice auprès des jeunes!»

À une époque où le système d'éducation maintenait encore la division entre filles et garçons, assurant aux institutions pour filles un personnel exclusivement féminin (à part l'aumônier) et, aux institutions pour garçons, un personnel exclusivement masculin (à part les secrétaires et les préposées aux cuisines qui, dans les collèges, étaient généralement toutes des religieuses), l'engagement d'une éducatrice à Boscoville était quelque peu révolutionnaire, aussi étonnant que cela puisse nous apparaître au seuil de l'an 2000. Hélène Leduc a donc pleinement raison quand elle dit: «C'était une décision qui faisait un peu peur.»

À l'assemblée des professionnels où l'on avait étudié la pertinence de la venue d'une éducatrice et décidé d'aller de l'avant, les réactions étaient loin d'être unanimes. Certains mettaient en doute le bien-fondé de cette décision en invoquant toutes sortes de prétextes, entre autres les réactions des jeunes hommes qui avaient eu des contacts particulièrement difficiles avec les femmes. Or, c'est précisément cet argument qui avait fait pencher la balance en faveur de l'engagement d'éducatrices: les jeunes étaient à Boscoville pour tenter de vaincre leurs difficultés, et il nous appartenait de leur en fournir tous les moyens possibles. L'engagement d'éducatrices les amènerait à établir des relations éducatives professionnelles avec des éducatrices, donc avec des femmes, et des femmes habilitées à vivre et à faire vivre ce type de relations.

Les éducateurs masculins n'étaient pas les seuls à s'inquiéter des effets d'une présence féminine à Boscoville. «Oui, la future éducatrice était craintive et se demandait comment cette expérience se passerait», confia Hélène à l'auditoire.

Et les jeunes à cette époque...? Au cours de son témoignage, l'éducatrice rappelait justement certains de leurs propos:

> «Tu sais, Hélène, ça nous faisait peur d'avoir une éducatrice dans l'unité. On se disait: on va lui faire de la misère, elle va partir, elle ne *toffera* pas (entendons: elle ne tiendra pas le coup).»
>
> «Or, je peux leur dire à tous ces jeunes que j'ai accompagnés comme éducatrice que je n'ai pas eu trop de misère puisque j'ai tenu le coup, et même davantage, pendant vingt-huit ans. Vingt-huit ans, durant lesquels, avec les éducateurs et les éducatrices qui se sont joints à l'équipe au fil des années et avec les garçons que nous accompagnions, j'ai vécu une expérience bien intéressante. Je cite ici le Docteur Achille dans son excellent texte paru dernièrement dans le journal *La Presse*: "Une expérience qui donnait non seulement l'occasion d'apprentissage d'attitudes sociales mais surtout de développement personnel, de maturation, de responsabilisation."[52] Et cela se faisait grâce au vécu quotidien, soit dans les activités, soit dans les réflexions que nous partagions ensemble, jeunes et adultes, durant la journée, les soirées et les fins de semaine. Voilà quelle était la spécificité de notre travail d'éducateur: non seulement "énoncer des concepts", comme certains dirigeants des Centres jeunesse l'ont laissé entendre, mais organiser et animer ce milieu pour qu'il favorise une telle expérience.»

Je sentis alors qu'Hélène hésitait. Elle aurait sans doute voulu être moins émotive, devenir plus rationnelle pour être mieux comprise par les "décideurs". Mais ce rationnel, issu d'une expérience professionnelle de qualité, réfléchie et assumée, rendue à un stade où il est possible d'en dégager certaines généralisations, ne pouvait pas ne pas passer par le cœur. Et c'est en pesant chacune de ses phrases qu'elle continua:

> «J'ai peine à croire que cette expérience ne serait plus possible pour les jeunes qui en ont vraiment besoin. Ici, je pense aux adolescentes, aux adolescents aux prises avec de graves problèmes. Je pense également aux jeunes de 6-11 ans qui vivent dans un milieu qui ne peut pas répondre à leurs besoins. Comment le

52. *La Presse,* 11 avril 1997.

virage milieu pourra-t-il répondre à ces besoins? Il me vient ici un fait. Lors d'une visite qu'il faisait à Boscoville, René Lévesque, alors ministre de la Famille et du Bien-être social, demanda aux garçons : «Pourquoi vous faut-il une école spéciale?» Et ceux-ci de répondre: «C'est à l'école régulière qu'on a eu du trouble, comment voulez-vous qu'ils nous aident?»

Les décideurs auraient sans doute trouvé peu fondée sa dernière remarque même si elle avait, pour elle, quelque chose de fondamental puisqu'elle venait du plus profond de sa vaste expérience de psychoéducatrice: «Alors, le virage milieu... permettez-moi d'être sceptique.» D'un scepticisme s'appuyant sur une expérience quotidienne avec une catégorie de jeunes dont les difficultés étaient sévères et qui, bien souvent, avaient découragé les efforts soutenus de leurs parents et enseignants. Remarque sans valeur parce que non fondée sur des statistiques? Je me disais que le rapport Bouchard, *Un Québec fou de ses enfants*, considérait lui aussi que le manque de prévention durant le jeune âge finissait par engendrer ce genre de clientèle. Des décideurs feraient pourtant référence à cette étude pour mettre en doute le bien-fondé du scepticisme de l'éducatrice. Un scepticisme qui ne l'empêcha pas de faire ce souhait plein d'une espérance propre à toute démarche éducative de qualité:

> «Je souhaite que les décisions qui seront prises le soient pour le plus grand bien des jeunes qui sont, comme le dit si bien Michel Forget, les hommes de l'avenir... et j'ajoute les femmes de l'avenir.»

Pendant qu'Hélène parlait, je me revoyais en train d'étudier le projet avec elle. Était-ce pour la convaincre qu'elle était vraiment une candidate idéale à cause de son expérience de vie et du désir qu'elle avait de se perfectionner? Je ne saurais le dire avec exactitude.

Si les "retrouvailles" me permettaient de retrouver le contexte, le climat général de ces premiers échanges, elles ne me permettaient pas d'en retrouver le contenu. Je NOUS revoyais très bien quelque peu inquiets, pendant les premiers mois où elle travailla à Boscoville, chaque fois qu'elle était en présence avec les gars.

Comme tout cela semble banal aujourd'hui, me disais-je en mon for intérieur. Aujourd'hui, on n'imaginerait pas un milieu de réadaptation sans présence professionnelle féminine! Mais, en 1960, c'était encore du jamais vu au Québec.

Les éducateurs n'étaient pas au bout de leurs découvertes dans leur pratique professionnelle. Et, dans sa conception de la rééducation des jeunes en difficulté, Boscoville était toujours en marche.

Après son intervention, pendant que l'assistance lui manifestait chaleureusement son accord et son respect, je prenais conscience une fois de plus de ce privilège que j'avais eu, comme personne et comme professionnel, d'avoir pu coopérer avec tous ces gens de qualité qui ont créé et continué Boscoville. Une réussite collective à laquelle j'avais eu le privilège de contribuer quelque peu!

Autres témoignages

Quand les communications officielles furent terminées, d'autres anciens citoyens apportèrent leur témoignage, tels ce directeur d'une station de télévision de Radio-Canada à Chicoutimi, venu spécialement pour la circonstance et ce jeune ancien qui ramena tout le monde à la réalité des efforts quotidiens qu'exigeait la réadaptation en racontant que l'échevin qui l'avait fait visiter au moment de son arrivée l'avait laissé tout pantois au beau milieu du terrain de sports en lui disant: «Bonne chance, toi tu arrives et ça va te faire du bien; retourne au quartier, mais moi j'ai fini.» Et il s'évada en filant tranquillement hors des limites de Boscoville: «Malgré tout, disait cet ancien, ce gars-là m'avait donné le goût de Boscoville.»

Accepter d'y vivre, d'y faire un bout de chemin pour se découvrir n'avait rien d'automatique. Se rendre au bout du chemin, encore moins! Parmi les anciens présents aux retrouvailles, quelques-uns se reconnaissaient sans doute dans l'échevin qui s'était évadé. Leur participation aux retrouvailles étaient l'indice, selon moi, qu'ils avaient poursuivi autrement leur petit bonhomme de chemin. Je pense à Jacques P., bientôt quinquagénaire, qui était présent cet après-midi-là, toujours quelque peu mal à l'aise dans un groupe, mais surtout très ému de se retrouver dans un milieu dont il n'avait pu bénéficier aussi longtemps que nous l'aurions voulu. Par un heureux hasard, nous nous étions croisés quelques années auparavant; j'avais alors connu sa petite fille et son épouse avec qui j'avais longuement échangé. Et, quelques mois plus tard, il était même venu me visiter — je n'ai jamais trop su comment il avait pu se faufiler — alors que j'étais aux soins intensifs. Il m'avait alors parlé de sa vie d'une façon que je n'oublierai jamais. À la fin des ***retrouvailles***, Jacques n'était plus là: il avait "pris" ce qu'il considérait comme essentiel et il avait "apporté" ce qu'il considérait comme essentiel. Sa présence officielle à Boscoville, la première depuis son évasion, il y a trente-trois ans, avait été sa façon à lui de témoigner en faveur du maintien de l'institution. Lui non plus, il n'oubliait pas mais il n'éprouvait pas le besoin de rester jusqu'à la fin.

> Les médias avaient prévu que cet événement ne serait pas banal... Ils furent nombreux à tenter d'en saisir le sens et la richesse. Ces figures de tous les âges, réunies dans la convivialité et la spontanéité, exprimaient plus que tous les beaux discours à la fois l'indicible tristesse engendrée par l'hypothèse de la fermeture de LEUR Boscoville et l'espérance indéfectible que cela ne "pouvait" pas se produire parce que cela ne "devait" pas se produire.
>
> Faisions-nous tous preuve d'une sorte de "pensée magique"... ou l'espérance était-elle encore la plus forte?

Une fois terminées les activités officielles, Claire et moi avons tenté de saluer les anciens que nous n'avions pas encore vus. Claire connaissait surtout les plus vieux, ceux des débuts. L'un de ceux-là était même présent à notre mariage. Il avait été, comme il le disait lui-même avec simplicité «toute une tête dure». Sur le tableau où les anciens étaient invités à livrer spontanément leurs réflexions, il avait écrit: «Une tête dure que Boscoville a contribué à ramollir. Merci beaucoup.» Et son épouse de confirmer qu'il lui parlait souvent de son expérience à Boscoville.

Or, André se souvenait très bien d'un événement relié à notre mariage. La veille, mon père, spécialiste dans la fabrication de cocktails, était venu installer au foyer de groupe (comme on le désignerait aujourd'hui) où je vivais avec une quinzaine de jeunes, une fontaine où mijoterait au frais le fameux élixir qu'il servirait le lendemain aux invités car, après la cérémonie à l'église du village, la réception devait avoir lieu sur le magnifique terrain du premier Boscoville "permanent".

Avant la cérémonie à l'église, j'avais bien observé que quelques-uns de mes "gars" étaient particulièrement joyeux. J'avais cru, bien naïvement, on me le pardonnera, qu'ils s'associaient à la joie de leur éducateur... Or, au moment où les invités commencèrent à porter les coupes à leurs lèvres, certains amis de mon père lui lancèrent des remarques quelque peu sarcastiques: «Louis, tu as donc bien ménagé en préparant ton fameux cocktail! Il goûte l'eau!» Et mon père de se défendre en rougissant, assurant qu'il l'avait fait comme à l'habitude. Y goûtant de nouveau tout en observant certains jeunes plus gais que les autres, il comprit rapidement ce qui s'était passé... Mais la fête était trop belle pour être assombrie par un cocktail qui goûtait un peu l'eau...

Et André L., se rappelant avec nous cet événement qu'il considérait comme un beau souvenir de jeunesse, avouait que c'était lui qui "goûtait" à la boisson et, avec l'aide d'un complice, il ajoutait en haut une quantité d'eau égale à la quantité de boisson qu'il puisait au robinet du bas. Il riait encore de cette fredaine dont il se souvenait si bien.

Banal souvenir, bien sûr, mais qui peut ressembler à certains souvenirs de famille qui donnent du sens à notre passé. La rééducation est faite **aussi** de ces petites choses rendues possibles par une convivialité qui ne dramatise pas tout. La présence d'André venu de Québec avec son épouse spécialement pour la circonstance, son sourire sans malice, cet épisode raconté en toute confiance ne me ramenaient pas uniquement au matin de mon mariage. Je me souvenais de mes premiers contacts avec André alors que, tout jeune éducateur, j'éprouvais une grande insécurité quand je devais intervenir auprès de lui; son hostilité me faisait peur. Merci André, tu es parmi ceux qui m'ont appris que les interactions relationnelles entre éducateur et jeune ne dépendent jamais uniquement de ce dernier.

Oui, nous nous étions apprivoisés, et bien plus que je ne l'aurais cru. Ces retrouvailles nous permettaient d'en prendre conscience, en toute simplicité, quarante-huit ans plus tard. C'est là une autre richesse que Boscoville nous avait permis de découvrir. Voilà que ce vieux rêve des campeurs du Lac des Français, ce rêve d'un «Boscoville permanent», prenait un tout autre sens que sa simple concrétisation dans du béton ou dans un système de rééducation: il rejoignait l'expérience humaine dans ce qu'elle a d'indélébile.

Au soir de cette journée mémorable, alors que j'échangeais avec Claire, la fidèle compagne de tous les combats suscités, depuis cinquante ans, POUR et PAR Boscoville, POUR et PAR la psychoéducation, je lui disais être convaincu, au plus profond de mon être, que nous avions fait du bon travail. Nous aimions sincèrement les jeunes qui nous étaient confiés, nous faisions tous notre possible pour développer nos compétences de base... Mais jamais je n'aurais pu imaginer que les jeunes s'en rendaient compte aussi viscéralement et qu'ils le proclameraient un jour avec autant de conviction, comme ils le faisaient depuis un certain temps et comme ils l'avaient fait tout particulièrement en cette journée des *Retrouvailles*.

N'étions-nous pas privilégiés d'avoir pu vivre cette expérience d'authenticité, de sincérité spontanée? Ce que nous avons fait, nous ne l'avons pas fait pour en arriver là; nous n'y pensions même pas. Surtout depuis notre retraite où nous sommes en quelque sorte hors du circuit.

Or, de vivre une telle expérience de spontanéité venait de transformer ces heures en moments inoubliables. Inoubliables parce que fondamentalement expérientiels et riches de ce qu'il y a de plus sain chez l'être humain.

Et dire que tous ces anciens avaient été étiquetés comme étant des "délinquants"! Qu'ils avaient été "condamnés" à un séjour à Boscoville!

Et dire que l'on nous avait traités d'*idéalistes* parce que nous avions opté pour la recherche d'une compétence professionnelle qui nous habiliterait à les accompagner!

Heureusement, nous avions osé, en plus, **CHOISIR L'ESPÉRANCE!**

Merci aux anciens

CLAIRE LALANDE-GENDREAU[53]

«Merci aux anciens citoyens de Boscoville pour leurs témoignages en vue de contrer la fermeture de Boscoville. Ils ont situé le débat dans l'optique de la vraie vie, celle des émotions, des sentiments, et des vraies valeurs dont particulièrement la responsabilité sociale. Ils ont fait part à la population et aux décideurs de leur préoccupation première: que l'établissement qui leur avait donné leur chance puisse être disponible aux jeunes d'aujourd'hui et de demain.

53. Lettre publiée dans *Le Devoir*, le 19 avril 1997.

«Leur témoignage a défait le mythe de l'internat comme mesure punitive et répressive. Ils ont démontré à la population la force du sentiment d'appartenance à un milieu stimulant dans la transformation d'un jeune. Ils ont agi en adultes responsables et ce, malgré ce que nous devinons de remous intérieurs et de réactions de leur entourage, car il est risqué de révéler en public, après 10, 20, 30, ou 40 ans, une période trouble de sa jeunesse.

«Ils ont transmis à la population un message d'espoir en la jeunesse. Après les orphelins de Duplessis et autres révélations d'abus de toutes sortes, c'est un baume pour notre société: ce n'est pas toujours le Québec qui tue ses enfants. Mais... si c`était la technocratie qui tue le Québec?»

• 6 •

Ça bouge à plusieurs niveaux

GILLES GENDREAU

Un ministre sensibilisé

J'ai mentionné, au chapitre 3, qu'au terme de la réunion du comité constitué par la CEQ, un communiqué avait été expédié au ministre de la Santé et des Services sociaux lui demandant de décréter un moratoire et de désigner un groupe de travail spécifique pour étudier plus en profondeur l'hypothèse de l'éventuelle fermeture de Boscoville mise de l'avant par la direction des Centres jeunesse de Montréal. Le communiqué spécifiait qu'une décision aussi importante et aussi lourde de conséquences ne saurait être prise avant que des études plus complètes n'aient prouvé sa nécessité, et qu'on ne pouvait invoquer un apparent contexte d'urgence pour justifier une telle orientation.

Le ministre refusa de décréter un moratoire. Il voulait sans doute éviter le piège du double message: d'une part, promouvoir officiellement un pouvoir de décision plus grand dans les différentes régions administratives du Québec, d'autre part, imposer une décision émanant du pouvoir central dès que surgit un problème, comme c'était le cas à ce moment-là. Par ailleurs, la demande du comité avait été remise au ministre lors d'une réunion générale des instances nationales du Parti Québécois qui se tenait cette fin de semaine. Des membres influents du Parti, conscients de l'éventuel impact de la fermeture de Boscoville, avaient même rédigé une résolution pour «demander au ministre responsable des Services sociaux de prendre le temps d'écouter toutes les parties en présence et de considérer d'autres alternatives à la fermeture de Boscoville». Et cette résolution avait été adoptée à l'unanimité.

On peut imaginer que, faisant suite aux vives et nombreuses réactions de la population et des médias, cette résolution stimula le ministre à réfléchir et à trouver des stratégies. S'il refusait le moratoire proposé par le comité de la CEQ, il n'était pas insensible à un tel remue-méninges.

Or, le lundi, à la surprise générale, la direction des Centres jeunesse de Montréal annonçait la tenue d'audiences publiques «pour bonifier les orientations prises en vue du ***virage milieu***». Le communiqué spécifiait que ces audiences devaient toutefois se tenir en toute urgence. Nous étions le 22 avril, et les audiences auraient lieu les 12 et 14 mai. Et hop! dans le secteur social comme dans celui la santé[54], **l'urgence** devenait la clé maîtresse du réseau!

Quelques jours plus tard, on apprenait que la direction des Centres jeunesse de Montréal avait engagé une firme conseil en relations publiques. On peut faire l'hypothèse qu'elle avait besoin d'être guidée pour sortir indemne de cette avalanche de réactions provoquée par l'annonce de la fermeture de Boscoville. Il fallait sauver le projet du "virage milieu"! La démarche des Centres jeunesse de Montréal était sans doute de bonne guerre: Goliath se souvenait de David et de sa fronde!

Quelques jours après l'annonce de la tenue d'audiences publiques, le ministre acceptait de rencontrer quelques représentants du comité *ad hoc* de la CEQ mis sur pied dans le contexte du débat annoncé par l'annonce de la fermeture de Boscoville.

---

54. La façon la plus rapide d'être admis à l'hôpital actuellement, quand ce n'est pas la seule, c'est de passer par l'urgence.

Mon combat intérieur se précise

Ces décisions allaient donner un autre sens à mon combat intérieur (voir chapitre 2). Un combat que je décris parce qu'il reflète d'une certaine façon l'état d'esprit des "décideurs sincères" pour qui la décision de fermer Boscoville n'allait pas sans déchirement, mais aussi de certains amis de Boscoville qui n'acceptaient pas de s'engager automatiquement et par réflexe dans un combat pour le sauver. Ces amis voulaient être tout à fait rationnels dans leur défense et évaluer, avec autant de rigueur que le contexte le leur permettrait, jusqu'à quel point Boscoville serait encore nécessaire pour les jeunes en difficulté des années 2000. On verra plus loin certains fruits de cette démarche.

Ma réflexion intérieure était évidemment un peu particulière puisque j'étais l'un des symboles d'une époque de Boscoville incontestablement dynamique aux yeux de beaucoup de monde et à mes propres yeux. D'une part, je n'ai plus l'enthousiasme de ma jeunesse professionnelle et, d'autre part, ce n'est pas du même Boscoville dont il était question. Je devais cependant essayer de dégager de cette expérience ce qui pouvait en être généralisé pour l'action éducative spécialisée du futur. Pour y arriver, je devais d'abord me convaincre moi-même que je pouvais faire une analyse de l'état actuel de la réadaptation qui ait des assises solides et que l'on ne qualifierait pas d'obsolète parce qu'elle venait d'un ancien (un *has been*, comme disent les Anglais). Je devais aussi en soupeser les effets possibles pour moi. C'est ce "brassage" intérieur que je vais décrire dans les pages qui suivent. J'ose espérer qu'il aidera à comprendre certains états d'âme des acteurs qui participeront à ce que je nomme "un autre débat de société" au Québec... et ailleurs.

Pourrais-je encore être utile dans les prochaines phases du débat?

Devais-je m'engager dans les prochaines phases du débat Boscoville? En quoi cet engagement pouvait-il être pertinent, dans mon cas? Dans ma situation de cardiaque en sursis? Dans ma situation de retraité voué à l'écriture dans l'espoir d'alimenter le savoir-faire des éducateurs de jeunes en difficulté? Pourrais-je avoir une influence positive sur les décideurs pour qui je suis, en quelque sorte, l'un des symboles d'un passé qu'ils considèrent de leur devoir d'effacer pour pouvoir écrire leurs propres projets? Dépenserais-je en vain de l'énergie à vouloir faire comprendre que l'expérience de Boscoville pouvait être très utile non seulement aux milieux spécialisés, mais aussi à l'approche milieu pour les 14-18 ans? Étais-je en train de jouer les Don Quichotte?

Les prochains épisodes allaient, en effet, me replonger dans un univers qui débordait celui de l'éducation de jeunes en difficulté et celui de l'écriture où j'avais pris le risque de plonger ces dernières années. J'allais me retrouver en interaction non plus avec des personnes avec qui j'avais partagé ou partageais encore des croyances ou des expériences, mais avec des "gestionnaires", au cœur d'une tempête qui, ébranlant les fondements mêmes de l'action éducative spécialisée, les forçait à référer en toute urgence à des modèles soi-disant porteurs d'innovation ou à des moyens pouvant apparemment protéger «l'essentiel de ses acquis des cinquante dernières années»; avec des "décideurs" définitivement du côté du pouvoir et drapés du manteau de la légitimité. Sous le couvert de ce pouvoir, ils auraient normalement tendance à affirmer "avec autorité" qu'ils avaient étudié **toutes** les avenues avec le plus d'objectivité possible et que leurs solutions étaient les **seules**, dans les circonstances, à pouvoir garantir un service de qualité aux jeunes en difficulté et à leur famille. Ils les présenteraient comme des "hypothèses" pour se donner, et pour donner aux autres, une image d'ouverture à la discussion. Discussion que, d'un même mouvement, ils restreindraient aux seules fins de "bonifier" leurs décisions.

Me serait-il possible, à partir de mon expérience de gestionnaire, de faire comprendre aux "décideurs" de bonne foi qu'un objectif peut être atteint par différents moyens et que l'on confond trop souvent "moyens" et "objectifs". Ce ne serait pas la première fois, tant s'en faut, que je tenterais de confronter des décideurs à propos de décisions dont certains éléments, dans l'ordre des moyens, m'apparaissaient non appropriés eu égard à la lecture de la situation d'ensemble que mes expériences me permettaient de faire.

Pour l'une des rares fois de ma carrière cependant, j'allais me trouver dans la position de celui qui a seulement un "pouvoir moral". Un pouvoir qui ne peut avoir de sens que si on accepte de donner une certaine valeur aux expériences passées, d'*écouter* et non seulement d'*entendre*. Attitudes souvent confondues par des décideurs. Auparavant, quand j'avais à mener de tels combats, je le faisais au nom d'un conseil d'administration doté d'un mandat officiel, au nom d'un département universitaire et mandaté par l'assemblée départementale. Bien sûr, c'était là de bien humbles fonctions, mais elles me conféraient quand même un certain pouvoir. Elles situaient mon pouvoir moral dans son contexte et, en quelque sorte, le dépersonnalisaient. Aujourd'hui, je n'ai plus que mon pouvoir moral, celui d'un vieil éducateur, sans doute respecté par condescendance puisqu'il n'est plus associé à aucune structure pouvant l'assurer de quelque légitimité officielle.

Certes, je devais accepter d'être associé à un "passé à dépasser". N'est-ce pas le cours normal de l'histoire? Je trouvais pénible cependant d'être classé "déphasé" par rapport au présent. Est-ce que je ne risquais pas, par mon engagement, de renforcer l'image que Boscoville n'est qu'un monument vieillissant, tout au plus un symbole pour des professionnels des générations précédentes. Mes observations au cours de mes travaux des dernières années pourraient-elles m'aider à éclairer le débat sur Boscoville? Au mieux, est-ce que je ne ferais que raffermir les convictions de celles et de ceux qui ne mettaient aucunement en doute la nécessité de la survie de Boscoville? Quant aux autres?

Je devais me faire à l'idée que, dans l'esprit de tous les gestionnaires, la réduction des coûts devenait un objectif incontournable de leur action. Mais je ne pouvais accepter qu'il faille atteindre cet objectif à n'importe quel prix. Certainement pas, en tout cas, au prix de la disparition de Boscoville! Saisiraient-ils le rationnel de mes arguments ou seulement l'émotion qu'ils engendrent chez moi?

Je devais accepter que de nouveaux paradigmes puissent servir de points de repère aux décideurs. Et, d'un même mouvement, que certains suscitent en moi des questions fondamentales sans m'offrir le moindre soupçon de réponse. En fait, dans l'espoir de corriger certaines lacunes du passé de l'action éducative spécialisée, n'était-on pas en train de perdre ce qui avait fait sa force? N'était-on pas en train de bafouer l'une de mes croyances professionnelles fondamentales: «En éducation spécialisée, changement et continuité sont aussi indissociables que couleur et lumière»? Me verrait-on uniquement comme un héraut de la continuité, incapable d'accepter le changement?

En clair, serais-je encore utile à la cause des jeunes en difficulté et de Boscoville? Sur lesquelles de mes observations devraient porter mes questions aux "décideurs"?

La présence de l'ouragan URGENCE

Je constate que l'action éducative spécialisée est actuellement balayée par un ouragan majeur qui secoue toute la réadaptation. Cet ouragan, je lui ai même trouvé un nom; je l'appelle **URGENCE**[55]. Urgence, ce n'est pas seulement le titre d'une des plus populaires émissions de télévision de la saison 1995-1996, au Québec: c'est également l'état d'esprit de tout le réseau de la santé

---

55. Les éducateurs sont portés à penser qu'il s'agit là d'un phénomène propre aux années actuelles; il faudrait voir à ce sujet *L'univers des enfants en difficulté au Québec entre 1940 et 1960*, Bellarmin, sous la direction de Marie-Paule Malouin (1996), pour comprendre que l'urgence a plus de racines que cela et produit quelquefois de très mauvais fruits: les enfants de Duplessis, par exemple.

et des services sociaux. On a l'impression que les centres de réadaptation sont devenus des "salles d'urgence". Oui, des salles d'urgence pour jeunes en difficulté rendus au bout du rouleau des ressources, et tellement endurcis qu'on a besoin de lieux sécuritaires pour les empêcher le plus possible de déranger. Les éducateurs de jeunes en difficulté doivent se transformer en urgentologues, comme certains spécialistes dans les salles d'urgence des hôpitaux. Sauf qu'ils doivent le faire non pas seulement dans une unité spécialisée, mais dans toutes les unités du centre. Ils se demandent, non sans raison, comment cela peut être compatible avec les objectifs de la réadaptation et avec le climat nécessaire pour les atteindre. Ils ont l'impression, à tort ou à raison, que leur travail même est en train de se "dénaturer". Est-ce parce que je suis déphasé qu'il m'arrive parfois de leur donner raison?

Suis-je déphasé quand je crois que des décisions prises dans le contexte d'une urgence financière appréhendée donnent rarement lieu à des mesures appropriées? Souvenons-nous des années 50 alors que, pour recevoir de l'argent d'Ottawa, le gouvernement du Québec transforma une institution pour jeunes déficients, le Mont Providence, en hôpital psychiatrique, et fit en sorte que ces jeunes déficients soient considérés comme des malades mentaux... L'histoire des "orphelins de Duplessis" ne devrait-elle pas faire réfléchir les gestionnaires actuels? Se pourrait-il que, dans un contexte différent, ils soient en train de commettre une erreur analogue[56] avec Boscoville?

Le fonctionnement des systèmes

On peut constater que tout système possède un fort instinct de conservation et qu'il a tendance à reproduire ses forces et ses faiblesses. C'est vrai pour les petits systèmes comme Boscoville, bien sûr; ne l'est-ce pas aussi, et même à plus grande échelle, pour les plus gros systèmes comme les Centres jeunesse? N'auront-ils pas tendance à reproduire les Centres de Services Sociaux (CSS) qu'ils ont en quelque sorte remplacés, lesquels avaient été une

56. À la fois semblable et différente.

structure démotivante pour un grand nombre de travailleurs sociaux[57] ?

Si le marché du travail offrait ailleurs des perspectives plus florissantes, plusieurs intervenants des Centres jeunesse ne seraient aucunement justifiés de demeurer auprès des jeunes: la morosité est mauvaise conseillère pour l'action éducative spécialisée. Les autres seraient en droit d'espérer que les "décideurs" recherchent de nouvelles façons d'animer leurs grandes structures pour qu'elles soient stimulantes pour tous sur les plans professionnel et humain. Qu'ils mettent en place des conditions favorables à un travail d'équipe aussi dynamique que possible. Plusieurs, en effet, ont l'impression d'avoir à "tirer" non seulement sur les jeunes, mais aussi sur certains de leurs collègues qui traînent littéralement de la patte. Et que font les "décideurs" du Québec devant cette urgence? Ils éliminent la supervision professionnelle, ils incitent à une retraite prématurée des professionnels d'expérience. Fini le rôle de mentors! Ce qui compte, c'est prioritairement (j'ai failli écrire "uniquement") leurs politiques du ***virage milieu*** sous toutes ses formes et des retraites anticipées à l'aveuglette pour économiser les salaires les plus élevés. N'est-ce pas une façon de succomber à la tentation de la fuite en avant[58]?

S'agit-il là d'une analyse obsolète? Quoi! dénoncer les vulnérabilités de structures englobantes comme celles des Centres jeunesse serait un signe de résistance au changement, alors que l'analyse des faiblesses des petites structures comme les internats d'avant 1992[59] serait plutôt l'indice d'une véritable attitude progressiste!

57. Lalande-Gendreau, C., 1981.
58. Qui ne présente pas les vertus qu'Henri Laborit attribuait à la fuite.
59. Année de création des Centres jeunesse.

Aurait-on la nostalgie des anciennes écoles de réforme?

J'ai déjà écrit qu'il y a eu, au cours de l'histoire, deux façons différentes de concevoir la mission des institutions pour jeunes en difficulté[60]. L'une des premières missions de l'internat pourrait se résumer en quelques mots: "punir le jeune pour ses comportements déviants". On croyait que c'était là le moyen le plus efficace de l'amener à réformer sa conduite. En gros, c'était l'époque où les institutions pour adolescents délinquants[61], au Québec, au Canada et en Angleterre, étaient désignées par l'appellation générique d'Écoles de réforme. Les intervenants y étaient perçus comme des gardiens, au mieux comme des surveillants. Caractéristiques essentielles : forts en gueule et en bras, et capables de faire respecter l'ordre et la discipline. À quelques rarissimes exceptions près, que j'ai appris à admirer profondément, ces personnes n'avaient guère d'autres types de compétences et, bien souvent, les communautés religieuses y envoyaient leurs sujets qui, aux yeux des "supérieurs" à tout le moins, avaient eux-mêmes besoin de réforme[62].

Vers 1950, s'amorça un timide mouvement d'humanisation du climat de ces institutions à travers le monde. L'une de ses caractéristiques était de considérer les jeunes en difficulté comme des "personnes" qui avaient besoin d'aide, de respect et de compréhension beaucoup plus que de punition. Des personnes qui, en plus, avaient besoin de l'aide d'éducateurs compétents et disponibles. Progressivement, on en vint même à penser rééducation, transformation des attitudes et des comportements délinquants en fonc-

---

60. Gendreau, G. et al., 1990.
61. C'est ainsi que l'on nommait presque automatiquement les jeunes en difficulté, que l'on qualifiait aussi d'*incorrigibles*.
62. Aux États-Unis et en Ontario (Canada), la méthode dure avec les jeunes délinquants revient à la mode. Ces centres sont identifiés comme des *Boot Camps* où la discipline militaire redevient l'unique méthode (*La Presse,* 97/08/02). Les échos récents de comportements aberrants de jeunes militaires, aussi bien en Belgique et au Canada qu'aux États-Unis, annoncent de bien tristes choses pour ces jeunes délinquants.

tionnements plus adaptés pour les jeunes eux-mêmes et pour la société. C'est dans ce contexte que la plupart des éducateurs de l'action éducative spécialisée actuellement en poste reçurent leur formation théorique et firent leur apprentissage pratique. Plusieurs des gestionnaires actuels aussi, d'ailleurs.

Hélas! de nombreux gestionnaires n'ont retenu qu'une partie du discours de leurs formateurs. En s'appuyant sur des courants idéologiques de l'époque, ces formateurs véhiculaient l'idée que les éducateurs spécialisés étaient en quelque sorte les substituts de parents qui n'avaient pu assumer leurs responsabilités. Une relation éducative de substitution devait donc s'établir entre le jeune et des professionnels qui avaient les compétences pour mener à bien la démarche envisagée: aider le jeune à devenir un citoyen adapté par rapport à lui-même et par rapport aux autres.

Heureusement, dans la majorité des cas, les décideurs rejettent ce concept de "parents substituts" mais, malheureusement, ils ont tendance à éjecter aussi d'autres paradigmes qui ont fait la force de milieux comme Boscoville, dont la nécessité d'une centration sur la personne du jeune et sur ses forces mises en valeur par la spécialisation du milieu d'intervention. Il faut dire à leur décharge que leurs formateurs, hélas!, avaient quelque peu négligé l'importance du milieu naturel pour le jeune. Ne pourrait-on pas corriger la situation sans dévaloriser ce que réussissaient les milieux spécialisés?

Il n'est pas exagéré de dire que Boscoville fut un excellent prototype de l'action éducative spécialisée. Mais des professionnels, surtout formés en sociologie, mirent en doute la philosophie de ce milieu spécialisé. Certains criminologues, à un moment donné, allaient même comparer Boscoville à un "monastère psychoéducatif". Ce à quoi les éducateurs répondaient à peu près en ces termes:

> «Monastères si vous voulez, mais surtout milieu où il fait bon vivre pour le jeune parce que, d'une certaine façon, il se sent protégé et qu'il peut y vivre des succès qu'il ne pourrait vivre ailleurs. Protégé contre les situations extérieures, familiales ou environnementales perçues, à tort ou à raison, comme trop perturbantes pour lui. Quand il serait plus fort, il pourrait les affronter mais avant, il devait être protégé. Il n'y a pas de clôtu-

res physiques mais certains attachements relationnels: la vie du groupe, les relations avec des éducateurs devenus progressivement significatifs, la sensation de progresser en prenant ses responsabilités de jeune en processus de conquête de soi, etc. Tout cela fait que ce que vous nommez "monastère psychoéducatif" est un milieu dynamique et stimulant. Le climat y semble peut-être quelque peu feutré par rapport à leurs milieux naturels, mais n'est-ce pas là une des conditions pour aider le jeune à se mettre en marche pour pouvoir affronter d'autres conditions différentes mais non nécessairement plus difficiles. Par exemple, résister aux tentations d'évasion. Évidemment les évasions y sont quelques fois inévitables, mais ne font-elles pas partie du processus d'intériorisation de l'adaptation sociale?»

Bien sûr, il n'est pas impossible que se cachent, derrière ces croyances devenues des valeurs pour les éducateurs, certaines rationalisations professionnelles défensives. Mais n'y trouvait-on pas surtout des éléments valables? Bien sûr aussi, Boscoville risquait de prêter flanc au reproche de retirer les jeunes de leur milieu, de placer les professionnels et les jeunes au-dessus de la mêlée, loin des conditions ordinaires de leur environnement naturel.

J'avoue que Boscoville aurait dû porter une plus grande attention à ce phénomène de "climat relativement monastique" et résister à la tentation de le protéger à tout prix contre des comportements par trop pathologiques qui semblaient dépasser le personnel et les autres jeunes. Quand les professionnels décidaient de retourner un jeune au tribunal, c'était après avoir fait tout ce qu'ils pouvaient pour "comprendre la situation"; c'était toujours avec une certaine tristesse "professionnelle" et la conviction qu'ils devaient continuer d'analyser et d'approfondir leurs méthodes; c'était rarement sans de multiples tentatives d'intégration et d'accommodation du système lui-même aux besoins du sujet. Mais comment répondre aux besoins spécifiques de jeunes en difficulté qui ont aussi les mêmes besoins généraux que tous les autres jeunes? Cette question n'a pas fini de susciter toutes sortes de réponses, qui peuvent être autant d'éléments utiles dans la recherche des modèles d'intervention. Pourquoi, en effet, la diversité ne serait-elle pas l'une des richesses les plus importantes de l'action éducative spécialisée?

Or, il semble qu'aujourd'hui on ait de plus en plus tendance à envoyer les jeunes en internat, non parce qu'ils en ont besoin ici et maintenant, mais parce qu'après avoir épuisé toutes les autres ressources, ils se sont dramatiquement endurcis ou détériorés. Dans de tels cas, les intervenants psychosociaux font du centre spécialisé une question d'idéologie. En suggérant d'y placer un jeune, ils ont l'impression de lui rendre un très mauvais service et souvent même d'avouer leur propre impuissance professionnelle, ce qui est difficile à accepter dans le contexte de la "priorité au virage milieu naturel" et de la fermeture des internats spécialisés. Au lieu d'effectuer des placements en catastrophe, il faudrait s'efforcer de déceler les jeunes pour qui un placement pourrait être bénéfique s'il survenait au moment opportun. Est-on certain que le recours à l'internat ou au centre de jour spécialisé uniquement "en bout de ligne" est un signe de progrès pour la réadaptation? Ne pourrait-il pas être considéré aussi comme une mesure de prévention "nécessaire" dans certaines situations?

Des méthodes qui semblent s'opposer ne seraient-elles pas complémentaires?

Au Québec, la psychoéducation fit école en organisant des milieux spécialisés, spécialisés non seulement par les animateurs mais aussi par leurs méthodes de travail. Boscoville fut l'un des points de repère dans ce mouvement[63]. Les psychoéducateurs présentaient aux jeunes des objectifs généraux (les étapes) qui devenaient autant de défis accessibles parce que, pensait-on, l'internat spécialisé offrait des conditions maximales d'accompagnement. Le modèle d'interaction à potentiel rééducatif entre "sujet" et "conditions offertes par un milieu spécialisé" prenait forme peu à peu.

---

63. Le Centre d'orientation de Montréal fut aussi un point de repère en ce qui concerne les enfants de la période dite *de latence*, surdoués, mais ayant des difficultés.

En effet, l'action éducative se structura progressivement sur une base logique et opérationnelle: observation-évaluation-planification-organisation-animation-utilisation. Un modèle d'intervention qui favoriserait, espérait-on, la prise de conscience éducative du jeu des interactions entre l'individu et son environnement et, par conséquent, les processus de changement. Le retour sur l'ici et le maintenant et la réflexion sur l'action eu égard à l'ensemble du vécu institutionnel constituaient pour les jeunes des moyens privilégiés d'y arriver et, pour les professionnels, une méthode très fonctionnelle de formation et de perfectionnement.

Au cours d'une recherche bibliographique, je pris connaissance du texte d'un éducateur (Niza, 1993) considéré d'avant-garde parmi les pédagogues contemporains. Ce texte m'inspire les deux questions suivantes: La réflexion expérientielle faite ensemble n'était-elle pas pour les uns et les autres «l'une des stratégies les plus pertinentes pour mener à bien des apprentissages complexes»? De plus, l'histoire personnelle et le déroulement quotidien des activités du milieu d'intervention n'étaient-ils pas considérés «comme la matrice de signification des processus de formation, envisagés comme des parcours d'auto-construction» (*ibidem*) du savoir, du savoir-faire et surtout du savoir-être?

Si l'on compare le contexte actuel de l'action éducative spécialisée à son contexte passé, on a l'impression que l'on met en valeur aujourd'hui des principes apparemment tout à fait à l'opposé de ceux qui ont donné lieu à des expériences comme celle de Boscoville. En laissant tomber les nuances, j'ai réduit le paradigme qui a inspiré l'expérience de Boscoville à une centration sur la personne du jeune et sur les conditions spéciales à mettre en place pour lui permettre de se réadapter (rééduquer). Celui qui semble inspirer certaines hypothèses à la mode actuellement se résumerait plutôt en la nécessité d'une centration exclusive sur l'environnement naturel du jeune et sur le rejet de toute condition spéciale parce qu'intrinsèquement porteuse de rejet social, donc de problèmes engendrés par la mesure de réadaptation elle-même[64].

64. En médecine, on parle de maladie iatrogénique.

Si, dans le passé, des éducateurs professionnels n'ont réussi à voir qu'une partie de la réalité, des intervenants psychosociaux et les gestionnaires actuels du réseau ne semblent-ils pas commettre la même erreur, mais en sens inverse? Ils mettent tellement en valeur le rôle de l'environnement naturel à la fois dans les difficultés des jeunes et dans leur réadaptation[65], ils lui accordent une telle puissance qu'on en vient à penser que tout peut se régler à partir de l'environnement. Pour la génération actuelle des professionnels de la socioéducation, n'est-ce pas le pendant de la toute-puissance que l'on attribuait aux milieux et aux interventions spécialisés dans les années 1970? Et n'est-ce pas ce qui renforce l'idée que les séjours en internat de réadaptation sont un vestige du moyen-âge de l'intervention psychosociale qui n'avait pas compris le déterminisme environnemental?

Quelques sous-questions

Pourquoi par exemple, aux portes de l'an 2000, une conception améliorée du modèle de Boscoville apparaît-elle utopique ou nettement dépassée? Parce qu'il ne serait plus question d'améliorer la personnalité du jeune? Vise-t-on à faire seulement disparaître, par exemple, ce qui a risqué et risque encore de compromettre l'évolution psychosociale du jeune sans égard à ce qu'il a vécu intérieurement? La centration porte-t-elle exclusivement sur l'environnement et non plus sur certains de ses effets pernicieux, intériorisés par un trop grand nombre de jeunes? Les jeunes ne sont-ils pas de plus en plus nombreux à avoir besoin d'une action éducative spécialisée? De rééducation? Et pourquoi faut-il bannir ce mot, ce concept, quand on affirme par ailleurs que la clientèle a des problèmes de plus en plus graves, «sévères» disent les Américains?

Pourquoi, d'un même souffle, prétendre également que le passage au centre de réadaptation doit nécessairement être de plus en plus court pour tous les jeunes[66]? Que fait-on pour individualiser les réponses aux besoins des jeunes en difficulté? Et encore cette

65. Je pense en particulier aux jeunes de 14-18 ans.
66. Voir l'avis d'anciens de Boscoville aux audiences publiques (chapitre 9).

question qui me revient sans cesse à l'esprit: «Ne risque-t-on pas de confondre les besoins de la petite enfance ou de l'enfance[67], avec ceux des jeunes de 14 à 18 ans, lesquels présentent une problématique lourde et persistante?» (Centre Jeunesse du Bas-Saint-Laurent, 1995). Derrière cette idéologie du court terme, ne peut-on pas déceler le relent d'une certaine image: «internat égale punition»?

Mes travaux de recherche m'ont fait voir également que, dans les internats spécialisés, les défis doivent être "ajustés" au contexte actuel. Certains éducateurs se demandent, par exemple, comment on peut prétendre que la relation éducative est un "moyen privilégié de rééducation" quand toute l'action éducative est basée sur le **court terme.** La nature même de leur action ne s'en trouve-t-elle pas changée? Se pourrait-il que ceux et celles qui l'affirment réagissent uniquement à la difficulté de faire face à la nouveauté? «On ne pourra plus vraiment être des éducateurs», soupirent-ils. Mais pourquoi? Si la relation éducative a pu se construire dans le long terme, pourquoi ne pourrait-elle pas exister dans le court terme? Si le temps donne une certaine couleur à la relation, pourquoi faut-il qu'il en change la nature? Comment les éducateurs peuvent-ils tenter de relever ce défi sans avoir l'impression qu'ils font de l'action professionnelle à rabais, de la pseudo-réadaptation, en ne répondant pas aux besoins des jeunes qu'on leur confie?

Une autre constatation qui me frappe: la **vie de groupe** n'aurait plus autant d'importance que jadis: la réadaptation ne se ferait plus que par l'accompagnement individuel. Pis encore, l'animation et l'utilisation de la vie de groupe seraient devenues impossibles. Et pourtant! Les psychoéducateurs n'ont-ils pas créé des groupes dynamiques avec des jeunes aux comportements diagnostiqués "asociaux"? Pourquoi ne pourraient-ils plus le faire? Les conditions sont différentes — milieux naturels ou spécialisés — mais qu'est-ce qui empêche de recourir à des moyens qui ont déjà su répondre à des besoins des jeunes de 14-18 ans? La vie de groupe répond à des besoins des jeunes de cet âge. On n'a qu'à observer le

67. À quel âge se termine l'enfance? à 12 ans ou à 14 ans?

nombre de "gangs" qui existent un peu partout et l'influence des pairs les uns sur les autres. Comment aider les jeunes à se constituer en groupes dynamiques qui les construisent? En groupes à la fois semblables et différents de ceux qui existent en milieu spécialisé? Voilà tout un défi pour les éducateurs! On dirait que l'on ne croit plus à la force des groupes...

Les **activités**, qui furent l'une des forces de la psychoéducation et du vivre-avec, semblent de plus en plus négligées: on n'a plus le temps de les planifier, de les organiser. On ne sait plus les vivre. C'est bien beau de se fier à la spontanéité du moment présent mais, tout comme la planification trop rigide, la spontanéité à tout prix a ses limites. Une bonne excursion ne se prépare-t-elle pas? Si une planification rigide constitue rarement une préparation appropriée, le "n'importe quoi" n'est pas souvent une solution valable à long terme. N'est-ce pas une "certaine" planification qui donne son sens à la spontanéité éducative? On ne planifie pas de faire un chef-d'œuvre, mais bien de peindre ou de sculpter. Pourtant!

Planifier dans le court terme... «Voilà un paradoxe», diront les éducateurs. N'est-ce pas plutôt un défi stimulant pour l'action éducative spécialisée quand le court terme répond aux besoins du jeune? Le court terme et le long terme n'ont de sens que s'ils répondent l'un et l'autre aux besoins de tel jeune.

On vient de souligner que le climat actuel rend difficile aux éducateurs la planification d'activités pour les jeunes. Il en va de même de la planification de leur travail professionnel. Au moment, en effet, où la planification des grandes politiques du réseau (ex. virage milieu naturel) prend de plus en plus de place, la planification de l'activité professionnelle dans les internats est souvent réduite à sa plus simple expression.

Un phénomène illustre bien cet état d'esprit, celui des éducateurs "itinérants" qui se promènent d'un groupe de jeunes à l'autre au rythme des urgences du moment et ce, sans aucun support professionnel, sans appartenance à une équipe de travail. Le modèle du travail en équipe, avec ses exigences, serait perçu actuellement non seulement comme un luxe que l'on ne pourrait plus se payer, mais de surcroît comme un encouragement au manque d'autonomie professionnelle. Éliminons la supervision, et remplaçons-la par des perfectionnements techniques offerts à tous mais sans liens directs avec le besoin des éducateurs de mieux comprendre leur action professionnelle ici et maintenant afin de pouvoir la rendre plus efficace... Les professionnels compétents n'ont pas besoin de cette béquille. On dirait qu'on est incapable d'adapter aux conditions spécifiques d'un tel travail professionnel ce qui se fait dans le monde des affaires ou de l'industrie; on se contente de les copier aveuglément.

Que font les décideurs du réseau, que font les milieux dits "spécialisés", que font les professionnels (chefs de service, professionnels d'expérience, jeunes éducateurs eux-mêmes) pour créer des conditions stimulantes pour les jeunes et pour ces éducateurs itinérants? Ont-ils tous démissionné au point de ne voir là qu'un rôle de gardiennage, de surveillance, de contrôle externe? Et si, dans ce contexte, on accepte le principe d'un rôle aussi réduit pour les éducateurs itinérants, ne se prépare-t-on pas à l'accepter pour l'ensemble de la fonction d'éducateur professionnel?

Voilà une autre responsabilité collective et individuelle qui offre un défi important à relever actuellement: il en va de la qualité de la réadaptation mais aussi de la qualité de l'intervention, et surtout de l'évolution dynamique des professionnels de l'action éducative spécialisée. Dans certains cas, les conventions collectives ont peut-être protégé les travailleurs contre l'épuisement professionnel, mais elles ont très peu évalué l'impact, sur les jeunes, les intervenants et l'ensemble de la structure, de cette dévalorisation de l'action professionnelle et du rôle des éducateurs. De toute façon, il y a bien des sortes d'épuisement professionnel; le plus fréquent vient sans doute de ce qu'on a "fonctionnarisé", "rond-de-cuiré" le travail de l'éducateur. Pour être vraiment fonctionnel, l'éducateur doit être dynamiquement relationnel non seulement avec les "usagers" mais aussi avec les autres professionnels. Ce qui se traduit par travail en équipe, supervision professionnelle, présence de mentors, etc.

Ou les décideurs rejettent carrément la "base logique" du modèle de travail qui a fait la force de certains milieux spécialisés, dont Boscoville, ou bien ils ne résistent pas à la mode de l'importation non critique d'idées et de techniques dont les principales vertus semblent être de faire croire à une révolution des méthodes de réadaptation ou à des économies à courte vue alors qu'elles cacheraient les conséquences négatives pour de nombreux jeunes de 14-18 ans aux prises avec de graves difficultés. Surtout qu'ils ajoutent que le tout doit s'inscrire dans un ensemble de mesures toutes plus "normalisantes" les unes que les autres!

Oui! d'accord pour ce slogan! Mais "normalisantes" pour qui, pour quoi? Les milieux spécialisés ne sont-ils pas ce qu'il peut exister de plus normalisant pour certains jeunes en difficulté? Depuis l'annonce de la fermeture de Boscoville, tous les témoignages d'anciens de toutes les générations, tous ces élans qu'on a faussement qualifiés de nostalgie[68], ne pourraient-ils pas faire réfléchir les décideurs?

Des membres de la direction des Centres jeunesse de Montréal affirment, statistiques en main, que la clientèle est désormais trop lourde pour un système ouvert comme celui de Boscoville. Que la clientèle confiée traditionnellement à ce centre a désormais besoin d'un milieu plus sécuritaire, à l'intérieur comme à l'extérieur des murs: clôtures, espaces de circulation réduits... Peut-être faudrait-il ajouter aussi des gardiens de sécurité!!! Serait-ce le retour à une philosophie d'inspiration carcérale beaucoup plus que psychoéducative? Nous ne saurions le dire. Une chose est certaine: au Canada anglais, comme aux États-Unis, les méthodes disciplinaires et punitives reprennent du poil de la bête. Loi d'un balancier qui détruit l'équilibre plus qu'il ne le rétablit.

Lors d'une rencontre avec des membres du personnel professionnel de Boscoville, j'ai pu constater, faits à l'appui, que la structure même des centres jeunesse et les directives émanant de la

68. Comme me le faisait remarquer mon frère psychologue: «Les enfants qui disent avoir eu de bons parents et qui leur en sont reconnaissants ne sont-ils que des nostalgiques...?»

sous-direction responsable de Boscoville lui ont enlevé une partie de sa force et de sa vitalité. Par exemple, la planification de programmes accrocheurs pour les jeunes, la préparation et l'animation des activités, en somme la VIE du milieu Boscoville en tant qu'ENSEMBLE, tout a été réduit à sa plus simple expression et a ainsi perdu beaucoup de son sens. Est-ce cela la normalisation?

Le programme d'ensemble susceptible de créer un sentiment d'appartenance au milieu et le désir de s'en servir pour se réadapter?... Éliminé! À peine quelques traces encore... surtout dans le souvenir nostalgique des éducateurs qui ont connu un autre régime de vie. Est-ce cela la normalisation?

Et ce n'est pas tout. Le support "clinique" effectif tellement nécessaire à la dynamique d'un milieu de vie spécialisé, à l'accompagnement éducatif approprié, à la réadaptation des jeunes, à la qualité de base du travail professionnel? Finies les rencontres régulières de supervision! Disparue la présence d'une direction proche sachant reconnaître l'impact sur les éducateurs du vécu éducatif partagé! Superflues les conditions de recherche-action qui étaient en fait l'une des forces du modèle! Est-ce cela la normalisation?

Ne faudrait-il pas étudier rigoureusement l'impact de ces changements et de cette dévalorisation du milieu sur le climat de réadaptation avant de conclure que la clientèle est devenue trop lourde? L'image qui me vient est celle de parents à qui on aurait enlevé tous leurs moyens d'accompagner leurs jeunes, dont on aurait dévalorisé les compétences, pour affirmer ensuite qu'ils ne peuvent plus assumer leurs responsabilités. N'est-ce pas ce qu'on est en train de faire non seulement avec Boscoville mais avec l'ensemble des internats spécialisés du Québec?

L'approche "milieu naturel" nous fait découvrir que c'est tout le contraire qu'il faut faire avec les éducateurs naturels que sont les parents. Bravo! Et avec Boscoville? Si on lui fait subir un tel traitement, pourquoi ne serait-on pas tenté de le faire ailleurs? Il y aurait tellement de bonnes raisons ($$$$$)!

Ai-je un regard trop sévère?

Suis-je trop sévère envers ces professionnels gestionnaires, sans doute remplis de bonne volonté, qui cherchent à aider une génération nouvelle de jeunes? Peut-être faudrait-il invoquer d'autres motifs pour expliquer ce qui se passe dans la tête des décideurs? Parler de "réadaptation" sans référence aucune à un mouvement interne du sujet, est-ce simplement une question d'accent, ou une façon de concevoir la réadaptation comme un ajustement strictement extérieur? La mode voulant que, dans certaines régions, l'on désigne désormais les milieux de réadaptation comme des "sites" et non plus comme des "milieux de vie éducatifs" reflète-t-elle, chez des gens qui n'en reconnaissent que les risques et non plus les vertus, une volonté de changer des lieux "réels" en lieux "virtuels"? Ou d'agir avec les milieux de réadaptation comme s'il s'agissait de "sites" sur Internet? S'agit-il tout simplement de "rajeunir" le vocabulaire? Ou serait-ce l'indice d'une mentalité à la recherche de tout ce qui peut être différent du passé immédiat? Dans tout cela, où se situe la recherche d'un équilibre entre les deux centrations complémentaires (personne et environnement), recherche nécessaire à l'action éducative spécialisée et qui la rend si complexe?

Serait-ce l'indice d'un aveuglement intérieur que de percevoir certains moyens préconisés comme porteurs d'un message de dévalorisation systématique de ce que je croyais être les principaux acquis de l'action éducative spécialisée? Un tel message ne se retrouve évidemment pas dans les discours officiels, ni dans les théories censées les supporter... ou alors il faut lire entre les lignes, faire des recoupements. Je le perçois pourtant dans certaines prises de position par rapport à ces moyens et lorsqu'on donne à certains discours des accents d'urgence, de panique. La crise financière des gouvernements semble semer partout une sorte de vent de panique. On dirait même qu'il n'y a plus qu'un seul type de solutions: **celui qui coûte le moins cher, ici et maintenant**. Je me rappelle la parabole d'un sage: il parlait de l'ivraie et du bon grain. «Attention! disait-il en substance, en arrachant l'ivraie, vous pourriez arracher aussi le bon grain; alors n'allez pas trop vite.» Sans doute, serait-ce là faire preuve d'une trop grande prudence à notre époque du *fast food*! Cette symbolique pourrait-elle avoir du sens dans l'hypothèse de la fermeture de Boscoville et de certains foyers de groupe pour jeunes mères isolées et souvent en situation de détresse personnelle?

Quel serait l'avenir de l'action éducative spécialisée?

Une autre problématique me trottait dans la tête: l'apparente ambiguïté du rôle des éducateurs que l'approche milieu risquait de faire remonter à la surface dans plusieurs régions du Québec. À première vue, certains décideurs donnent l'impression de vouloir confier le "travail social" à des intervenants qui «coûtent moins cher que les travailleurs sociaux professionnels». Ils y voient surtout une occasion d'économie financière, et très peu un moyen de renouveler et d'approfondir les services éducatifs spécifiques offerts aux jeunes en difficulté et à leurs parents. Mais cela... il ne faut surtout pas le dire et encore moins l'écrire! D'autres, par contre, sont conscients que les éducateurs professionnels ont besoin d'améliorer leur compétence, de perfectionner leurs outils et de mieux cibler les objectifs à poursuivre dans leur travail en milieu naturel avec les jeunes et leurs parents. Malheureusement, ils ont peu de modèles de référence.

J'ai bien tenté, avec quelques collaborateurs, de donner certaines pistes dans mes trois derniers volumes[69]. Nous avons bien fait la distinction, il me semble, entre la collaboration éducateur(s) <-> parent(s) et la thérapie familiale classique[70]. Mais j'y ai seulement effleuré la problématique du travail de l'éducateur spécialisé en psychoéducation et celui du travailleur social tel qu'il se pratique en Amérique du Nord, donc au Québec. Hélas! les projets que j'avais esquissés en sont encore à l'état de projets pour des raisons indépendantes de ma volonté (problèmes de santé, entre autres) et aussi à cause du peu de professionnels disposant du temps et de

---

69. Gendreau, G. et collaborateurs, 1993, 1995.
70. Gendreau, G. (1993). *Briser l'isolement*, pp. 101-132.

l'énergie nécessaires pour participer bénévolement à une recherche-action systématique.

Cependant, plus je réfléchis à cette question, plus il m'apparaît important d'en venir à mieux délimiter ces champs contigus d'activité professionnelle. Compte tenu de leur formation et de leur tradition, quels sont les meilleurs services que les éducateurs professionnels spécialisés peuvent rendre à la population? Quels sont les meilleurs services que peuvent lui rendre les travailleurs sociaux? Peut-on en arriver à mieux comprendre ce qui relève de l'une ou l'autre formation et ce qui dépend des habiletés des personnes plus que de leur formation professionnelle spécifique?

Pour moi, le défi des éducateurs, dans la perspective du ***virage milieu***, n'est donc pas de "remplacer" les travailleurs sociaux, mais de découvrir ce que des professionnels compétents en sociopsychoéducation peuvent apporter de **différent** et de **complémentaire** aux jeunes et à leurs parents.

Cette démarche pour "délimiter" les champs d'action professionnelle n'aura de sens que si elle amène tous les acteurs à regarder l'ensemble des tâches, besoins et compétences particulières à mettre en commun. Qu'un tel exercice amène des tensions, rien de plus normal! Et si personne n'a la prétention de détenir LA vérité ou LA solution, ces tensions devraient déboucher sur des expériences fonctionnelles. Il faut surtout éviter de les réduire à un conflit corporatif entre éducateurs professionnels et travailleurs sociaux. On imiterait alors l'attitude suicidaire de deux organismes communautaires qui s'entre-déchirent pour obtenir l'unique subvention disponible.

L'excellente étude de dossiers du Centre jeunesse du Bas-Saint-Laurent, citée plus avant, fait bien ressortir la tentation de vouloir faire jouer aux travailleurs sociaux professionnels un rôle de "boucs émissaires" dans la très complexe question de "l'identification du problème familial" et de la "mise en relation des faits les uns avec les autres" pour éclairer des prises de décision appropriées. L'ensemble de ces questions est complexe. La tentation: se contenter encore une fois, comme dit Watzlawick, de «terribles simplifications», comme si chaque génération de professionnels ou de chercheurs, comme si chaque catégorie de professionnels ne pouvait tolérer le poids de cette complexité qui lui résiste.

Ce sont là des défis de taille pour tous les gestionnaires et professionnels "décideurs" du réseau. Je crois cependant que ce l'est davantage encore pour les éducateurs qui ont à transposer leurs compétences d'**accompagnateurs éducatifs** de jeunes en difficulté et de parents dans un contexte de pratique professionnelle relativement nouveau, celui de l'environnement naturel. Compétences qu'ils ont surtout développées soit à l'internat, soit dans des foyers de groupe, soit dans les milieux scolaires. Si ce défi est porteur d'une indéniable continuité, il comporte aussi un danger, celui de gommer les changements majeurs qui, d'une part, obligent les éducateurs à ajuster leurs moyens et, d'autre part, l'ensemble du réseau à favoriser les attitudes de recherche et à accepter les tâtonnements inévitables.

Il faut comprendre l'insécurité des éducateurs professionnels et les tentations qui peuvent les tenailler: se contenter de reproduire, ou rejeter purement et simplement, ce qu'ils faisaient tout bonnement dans les anciennes structures de travail; ou bien copier, par imitation servile et sans valeur, l'action des travailleurs sociaux professionnels (ce pour quoi ils n'ont pas été formés) en délaissant ce qui constitue l'apport original et spécifique d'un éducateur spécialisé en sociopsychoéducation (ce à quoi ils sont censés être formés). L'Association des psychoéducatrices et psychoéducateurs du Québec est encore fière de son slogan «**VIVRE AVEC**». Comment ses membres pourront-ils transposer un tel programme dans le cadre des milieux naturels et faire en sorte qu'il ne soit pas réduit à «**parler avec**»? N'est-ce pas là une question fondamentale et un défi quotidien pour tous les éducateurs de jeunes en difficulté? À moins qu'il ne s'agisse plus pour eux que de jeux de mots vides de sens! Dans ce cas, ce n'est pas moi qui serais déphasé!

On se retrouve toujours en face du même dilemme: il ne s'agit pas de faire "mieux" ou "moins bien", mais de faire "autrement" afin de répondre à d'autres besoins. C'est toujours l'***autrement***, le

différent qui fait problème, et il fera toujours problème! Il y a cinquante ans, dans les internats du Québec, les premiers éducateurs spécialisés que furent les psychoéducateurs ont fait problème avec leur désir de développer un autre type de compétences professionnelles. Comme les intervenants qu'ils remplaceraient, ils assumeraient aussi des présences auprès des jeunes, mais ils le feraient autrement. Ils donnaient à des événements considérés de l'extérieur comme "insignifiants" une valeur d'influence sur l'évolution du jeune. Ils s'y étaient préparés et avaient mis au point quelques moyens pour planifier et évaluer de façon systématique leurs interventions.

L'une des richesses de Boscoville fut la qualité du personnel professionnel. On peut y voir une confirmation d'un des premiers paradigmes de la psychoéducation au Québec. Depuis, on a maintes et maintes fois réaffirmé, parfois sans trop relativiser la portée de cette affirmation, que les facteurs les plus importants pour atteindre les objectifs de la réadaptation sont la personne de l'éducateur et la qualité humaine et professionnelle des membres d'une équipe de travail. Les pionniers de Boscoville précisaient cependant que cette qualité humaine avait besoin, entre autres, du support d'une organisation solide, d'un climat de travail stimulant et sécurisant[71]. Qu'en est-il dans le contexte actuel?

Suis-je vraiment si déphasé quand je compare la réadaptation à une joute de hockey, et le travail des équipes d'intervenants à celui d'une équipe de joueurs? Quand je demande à chaque individu s'il a encore le goût de jouer, d'affronter l'adversité, de risquer de perdre ou de courir sa chance de gagner? S'il accepte les dimensions de la patinoire? S'il accepte de se faire "brasser la cage" sur le bord des bandes ou en face des buts pour faire avancer le jeu de l'action éducative spécialisée? S'il est à l'aise seulement quand il joue sur SA patinoire et devant SES partisans? S'il est toujours prêt à se per-

71. Parce qu'ils étaient formés pour y vivre professionnellement et qu'ils étaient toujours à la recherche de moyens pour faire face à des situations qui, sans cette attitude, auraient été tout à fait traumatisantes. Pas plus que les jeunes, les éducateurs n'étaient laissés à eux-mêmes en situation de crise: ils participaient cependant à la recherche de solutions.

fectionner, à approfondir son savoir et son savoir-faire ou s'il regrette sa naïveté de jeune étudiant alors qu'il s'imaginait qu'une fois ses études terminées il pourrait enfin décortiquer tous les problèmes humains et trouver pour chacun une solution dans son mince bagage de connaissances de base?

Suis-je vraiment si déphasé quand je me demande si les joueurs font confiance à leurs entraîneurs? Si les entraîneurs ont une confiance réelle en leurs joueurs? S'ils les font jouer selon leurs compétences respectives? S'ils s'efforcent de répondre aux besoins prioritaires des joueurs: respect, sécurité, empathie, écoute, intégration du savoir à l'action?

Suis-je vraiment si déphasé quand je me demande comment l'éducateur peut répondre aux besoins des jeunes et de leurs parents si ses propres besoins professionnels de base ne sont pas prioritaires pour l'ensemble de la structure, ses organisateurs et ses animateurs? Si on a le souci de répondre aux besoins professionnels des éducateurs, ce qui ne veut pas dire de faire leur travail, de fournir les efforts à leur place, mais de faire en sorte que le climat de travail soit sécurisant, qu'il stimule la responsabilisation individuelle autant que la collégialité, les échanges, le perfectionnement? Si, dans un contexte comme celui d'un centre (internat) de réadaptation, où le travail de chaque professionnel est quotidiennement lié à celui d'un collègue ou tributaire d'une décision d'équipe, on comprend encore la nécessité d'un lien fonctionnel réel entre le travail de chaque professionnel et celui des décideurs qui sont les premiers responsables du climat d'ensemble?

Les éducateurs, on le sait, doivent apprendre aux jeunes à répondre à leurs propres besoins en leur faisant découvrir des moyens pour le faire; jamais, en effet, aucun éducateur ne pourra répondre aux besoins d'un jeune à la place du jeune. De même, aucune structure de travail ne pourra jamais remplacer la démarche d'un éducateur pour répondre à ses besoins professionnels, et encore moins à ses besoins personnels. Autant chez le jeune que chez le professionnel, la motivation à entreprendre une démarche personnelle est le résultat d'un déséquilibre. Ce déséquilibre peut avoir deux sources. La première vient d'une maturation intérieure qui suscite la recherche de réponses plus évoluées à ses besoins. La seconde vient de l'environnement qui incite la personne à se dépasser. Peu importe que le mouvement soit déclenché par l'une ou l'autre source, il n'y aura de déséquilibre stimulant que s'il existe une certaine convenance entre le potentiel de la personne et ce que peut lui offrir l'environnement. Un trop grand déséquilibre peut inhiber l'action de rééquilibration gratifiante. Une absence de stimulations externes appropriées aboutit à faire qualifier la clientèle de "trop difficile"...

Quand la lutte pour la vie n'est plus qu'une lutte pour survivre, quand la lutte pour la vie se transforme en "attente", attente d'un poste plus valorisé à l'externe, ou pis encore attente d'une retraite anticipée, la motivation pour relever les défis se ratatine comme une pomme tombée de son arbre. Si chacun veut sauver sa peau, c'est peut-être qu'il n'y a plus de verger, c'est sûr en tout cas qu'il y a moins d'arbres qui permettent aux fruits de mûrir. La seule façon de sauver sa peau, c'est de sauver le verger, de sauver l'arbre auquel est accroché le fruit qui a commencé à **"se"** mûrir. Quitte à enrichir le terreau dans lequel se trouve l'arbre.

Le professionnel de l'éducation spécialisée a-t-il l'impression de n'être plus aujourd'hui qu'une pomme tombée de l'arbre de l'internat spécialisé classique? Aura-t-il la même impression dans le milieu naturel? Quel est son rôle par rapport au pommier? Au verger? Les décideurs lui disent qu'il est important mais, dans les faits, ne lui prouvent-ils pas le contraire? Quel a été le rôle de la base, par exemple, dans cette nouvelle orientation vers le virage milieu?

Toutes ces questions, des éducateurs se les posent. Sont-ils nombreux à le faire? Je ne saurais le dire, mais certains commentaires glanés au cours de mes recherches-actions en disent long sur l'importance qu'ils y accordent. On y décèle de l'inquiétude, mais pas de démission. On espère que les gestionnaires entendront les questions, mais on refuse de leur laisser l'entière responsabilité des réponses. On perçoit qu'il est urgent de mettre à contribution toutes les bonnes volontés dans la recherche de solutions aux besoins personnels et professionnels des éducateurs; c'est là le cœur de toute motivation.

Une continuité incontournable pour moi

Voilà, en partie, les questions que je porterais tout au cours du débat. Je les aurais présentes à l'esprit; elles sous-tendraient mes propos en quelque sorte et donneraient une nouvelle dimension à mes interventions en faveur du maintien, et surtout du développement, de Boscoville.

Car il faut tenir ce débat, et je dois y participer par respect pour moi-même et pour ce dont j'ai toujours témoigné; par respect pour les éducateurs qualifiés que j'ai connus, et pour les autres aussi; par respect surtout pour les jeunes en difficulté et pour leurs parents qui ont mené des combats dont j'ai eu la chance de saisir un peu plus certaines dimensions; par respect même pour les décideurs que j'avais l'impression de comprendre dans leur isolement, et dans leurs inévitables tâtonnements et erreurs que, malgré tout, je ne pouvais que déplorer. Comme j'ai déploré ceux de mon propre passé professionnel.

Je ne me faisais pas d'illusion sur les chances réelles de pouvoir aborder, au cours du débat, ne serait-ce qu'une toute petite partie de ces préoccupations découlant non pas uniquement des expériences de mon lointain passé professionnel, mais bien davantage d'une prise de conscience bien actuelle et saisie sur le vif. Mais, tout à coup... Quand on n'a plus qu'un pouvoir moral, on ne doit pas se faire d'illusions!

Ces quelques questions et perceptions, à mon sens, ne peuvent être rejetées du revers de la main, même si elles ne s'appuient pas sur une analyse statistique rigoureuse. N'illustrent-elles pas ce que l'on pourrait qualifier, faute d'une meilleure expression, d'un "malaise" de notre société face aux jeunes, face aux jeunes en difficulté et face à celles et à ceux qui sont censés les accompagner? Malaise qu'il ne faudrait pas assimiler uniquement à des résistances au changement, à une tension normale, à la dynamique de la vie. Ne s'agit-il pas plutôt d'une sorte d'hypertension dangereuse au cœur du réseau? Il faudrait donc s'assurer que le diagnostic est juste ou complet et voir quelles pourraient être les solutions concrètes et réalistes pour améliorer la situation. Peut-être que le débat pourrait y contribuer?

Compte tenu de certains éléments du contexte psychosocial et de ce que je comprenais du "virage majeur" que devrait prendre l'action éducative spécialisée, j'espérais qu'en référant à mes croyances non comme à des certitudes mais comme à des points lumineux, je pourrais les ajouter à d'autres points lumineux pour éclairer un peu mieux les pistes d'envol vers la galaxie de la prévention-réadaptation des jeunes en difficulté du troisième millénaire. N'est-ce pas «la nuit qu'il faut croire en la lumière»?

Septième événement: Une rencontre à un mini-sommet

On me présenta comme une nouvelle encourageante le fait que le ministre de la Santé et des Services sociaux ait accepté de rencontrer des représentants du comité *ad hoc* constitué pour faire valoir le rôle éventuel que pourrait jouer le Boscoville des années 2000. Je dois avouer que je n'attendais pas grand-chose de cette rencontre officielle. Le ministre en avait vu bien d'autres au cours des derniers mois avec la fermeture de nombreux centres hospitaliers dans le contexte de ce que le secteur de la santé appelle "le virage ambulatoire". Toutefois, qu'un ministre accepte de recevoir des représentants de Boscoville, c'était là un geste d'attention politique sans doute révélateur de l'importance qu'avait pu prendre le dossier au cours des dernières semaines.

Dans un débat comme celui qui fait l'objet de ce livre, une rencontre avec un ministre — ou même avec le premier ministre — est un moment incontournable qui peut être décisif. Il est plutôt rare, en effet, que l'on puisse rencontrer un ministre ou un groupe de fonctionnaires supérieurs pour discuter avec eux de questions qui nous tiennent à cœur. Pourtant, à plusieurs reprises au cours de ma carrière, il m'a été donné de pouvoir débattre de questions relativement cruciales avec des ministres ou des sous-ministres. Chaque fois, ces rencontres revêtaient une signification spéciale: je rencontrais des personnes qui pouvaient aider à résoudre certaines difficultés. Du moins, c'est la sorte de pouvoir qui leur est généralement attribuée.

Convaincu que l'avenir de Boscoville était en jeu, j'avais chaque fois des papillons dans l'estomac. Je notais cependant que les personnes qui m'accompagnaient, membres expérimentés de conseils d'administration, hommes d'affaires, banquiers, professionnels familiers des "rencontres aux sommets" éprouvaient chaque fois eux aussi une sorte de trac avant de telles rencontres. Il se dégage, en effet, de ces entrevues un climat quelque peu artificiel du fait que chacun sait qu'il a un rôle à jouer, un message à faire passer, etc.; la plupart du temps, il s'agit de convaincre en quelques minutes du bien-fondé de projets longuement mûris et porteurs d'espoir pour l'organisme. Convaincre, tout en fournissant des informations qui risquent de complexifier encore plus l'éventail des points de vue. Surtout quand un ministère ou un gouvernement a déjà laissé entrevoir les grandes lignes de ses intentions, et que ces dernières ne correspondent pas nécessairement aux objectifs premiers des personnes qui ont demandé la réunion! Le transfert d'informations prend donc souvent des allures de plaidoyer.

En fait, ce genre de rencontre devient le premier acte — ou le dernier — de longues négociations "énergivores". Bien que, dans la majorité des cas, ils anticipent ce scénario, les groupes qui font de telles démarches auprès d'un ministre s'attendent à des décisions compatibles avec leur point de vue à très brève échéance, sinon ici et maintenant. Quant au ministre et aux fonctionnaires qui participent à ces rencontres, il leur faut tenter de se montrer attentifs mais, après avoir d'entrée de jeu précisé les limites de la démarche eu égard au contexte d'ensemble, il leur faut aussi "être sur la réserve", faire valoir les politiques d'ensemble englobant le cas particulier qui fait l'objet de la rencontre, et surtout ne pas trop s'engager. Au contraire, ceux qui ont sollicité la rencontre doivent faire preuve d'engagement et mettre de l'avant leurs convictions en ce qui a trait à la cause qu'ils défendent tout en faisant valoir des arguments susceptibles de situer leur démarche dans un contexte plus large — soit la valeur du service qu'ils veulent rendre à la population — sans oublier d'insister sur la relativité des coûts que le tout pourrait entraîner.

On le voit, amener un ministre à abandonner ses "réserves" naturelles, souvent en moins d'une heure, parvenir à ébranler quelque peu l'effet des prises de position officieuses des cadres de son ministère, à semer un doute dans l'esprit des décideurs, voilà qui constitue tout un défi en temps normal. On imagine dès lors quelle énergie psychique il faut déployer en période de restrictions financières! C'est là un défi qu'une fois la réunion terminée on n'est jamais certain d'avoir réussi à relever. Il faut entendre alors les analyses que l'on fait des attitudes du ministre ou de tel fonctionnaire, de telle parole, de tel geste ou encore de telle marque d'attention pour comprendre que l'on revient souvent avec plus d'interrogations que de réponses. Je me suis d'ailleurs rendu compte que certains combats ne finissent jamais. Celui de Boscoville est certes de ceux-là, et je continuais d'y participer! Quelle serait mon attitude cette fois?

Une brève analyse de mes façons d'être lors de telles réunions m'amène à la conclusion que j'essaie d'y être le plus naturel possible. Je suis bien conscient que "essayer d'être naturel", c'est aussi paradoxal que de s'efforcer de répondre à ce que demandent certains thérapeutes: "Soyez donc spontané!". J'avoue que je n'ai jamais raffolé de ce type de réunion. Malgré tout, après les présentations d'usage, j'étais habituellement suffisamment à l'aise pour entrer dans le vif du sujet. J'étais conscient que nous n'aurions pas beaucoup de temps et je tentais toujours d'aller à l'essentiel. J'ai souvent parlé avec conviction et d'un ton ferme comme pour capter d'emblée l'attention des interlocuteurs. On était, en général, quelque peu étonné de ce ton avec lequel je cherchais à poser le problème sans détour. Je savais que nos interlocuteurs s'étaient préparés à la rencontre, que les collaborateurs du ministre l'avaient *briefé* à partir de leurs propres perceptions de la question. Je cherchais donc à le déséquilibrer quelque peu en abordant la problématique sous un angle très personnel. Je me devais de susciter suffisamment d'intérêt pour amener les hommes politiques à aller au-delà des attitudes dictées par les bonnes manières liées à l'exercice de leur fonction. J'étais tout à fait à l'aise quand le regard du ministre trahissait son intérêt personnel pour mes propos. Je tentais alors d'éviter le piège des illusions en me rappelant que les hommes politiques en ont vu bien d'autres. Mais, malgré mes expériences, je n'y suis pas toujours parvenu, loin de là. Déformation d'éducateur?

J'avais pourtant appris, dès mes premières années à la direction de Boscoville, à me méfier de mes illusions. Quelque temps après la démission du Père Roger, premier directeur de Boscoville, la communauté des Pères de Sainte-Croix officiellement responsable de la direction de l'institution avait nommé, pour lui succéder, le seul de ses membres en contact direct avec l'institution: l'aumônier de Boscoville. Le gouvernement provincial de l'époque ne pouvait s'imaginer qu'un jeune laïc d'une trentaine d'années puisse assumer "officiellement" une fonction qu'il exerçait pourtant, dans les faits, tant auprès des professionnels que des jeunes. C'était placer le jeune religieux dans une situation difficile; lui-même psychoéducateur, il était très au courant de ce qui se passait au niveau du leadership officieux. Il accepta pourtant son obédience avec beaucoup d'humilité et assuma officiellement la fonction pour éviter des problèmes avec le gouvernement et peut-être avec sa communauté.

Le départ du Père Roger donnait au ministère de la Famille et du Bien-être social un prétexte en or pour intervenir plus directement dans les affaires de l'institution[72]. On trouvait, par exemple, que l'institution avait un budget "exorbitant" (!) et que les salaires

72. En ces années, les liens entre les Écoles de Protection (centres de réadaptation actuels) n'étaient pas aussi structurés qu'ils le sont maintenant; les communautés religieuses bénéficiaient d'une relative autonomie dans le choix du personnel, mais non dans sa rémunération.

des éducateurs laïques, même s'ils atteignaient à peine le minimum vital, en étaient l'une des causes. On annonça que le ministère avait constitué un comité d'étude composé de quelques fonctionnaires et présidé par un sous-ministre «pour étudier la question de Boscoville...» J'appris plus tard que l'un des mandats de ce comité était de demander à la communauté des Pères de Sainte-Croix de s'engager davantage dans l'œuvre en désignant un plus grand nombre de religieux pour y travailler auprès des jeunes.

Est-il besoin de dire qu'à partir du moment où nous avions eu vent d'une visite éventuelle du comité, et même si nous ignorions les intentions officieuses du ministère[73], nous nous étions mis à la tâche, l'équipe des professionnels et moi-même, pour préparer cette "première rencontre décisive"[74]. Nous ne pouvions pas présenter des dossiers statistiques impressionnants, mais nous pouvions faire valoir que nous avions conçu un programme d'activités dans lesquelles les jeunes s'engageaient avec enthousiasme, un système scolaire individualisé qui permettait aux "retardés scolaires", soit la quasi totalité de notre clientèle, de se rattraper et d'en éprouver une certaine fierté. La force de Boscoville, c'était son équipe de jeunes professionnels formés en psychoéducation, leur détermination et leur souci d'approfondir les compétences qu'ils commençaient à se découvrir. Je me sentais fort de toutes leurs

73. Même si nous avions été au courant de cette hypothèse, elle ne nous aurait guère inquiétés. Nous savions que la communauté des Pères de Sainte-Croix n'avait aucunement l'intention de développer une telle politique. Boscoville, comme la troupe de théâtre des Compagnons de saint Laurent, avait été fondé par une équipe inspirée par l'action d'un membre de la communauté (Albert Roger et Émile Legault), mais il ne s'agissait pas d'œuvres de la communauté. L'histoire prouvera la perspicacité des responsables de cette communauté: c'était l'esprit de la Révolution tranquille qui soufflait... avant qu'elle ne devienne ce que l'on sait.

74. L'histoire de Boscoville est parsemée de ces rencontres dites "décisives pour son orientation". Bien souvent, elles avaient plutôt pour but de freiner son élan, car cette institution dérangeait par son originalité. Je crois cependant que, dans la presque totalité des cas, l'équipe de Boscoville, administrateurs et personnel psychoéducateur, a pu faire en sorte que ces périodes de crise contribuent à l'approfondissement des objectifs d'intervention et des moyens de les atteindre.

forces et capable, malgré le trac inhérent aux situations inhabituelles, d'être un porte-parole à la hauteur du défi à relever. Fort d'une croyance en moi, naissante mais réelle, fort aussi d'une croyance en ceux qui animaient la vie du milieu, je ne me méfiais aucunement de mes illusions, ce qui est le fait d'une pensée égocentrique qui me faisait me centrer sur mes activités et sur leurs valeurs, et je ne me doutais aucunement que, sur l'autre versant de la montagne, les perceptions pouvaient être différentes. Heureusement, j'allais avoir l'occasion de perdre cette illusion de mon enfance professionnelle. Et ce ne serait certes pas la dernière!

Le comité du ministère fut reçu par le comité exécutif de Boscoville formé de trois Pères de Sainte-Croix nommés par la communauté. J'étais également présent en tant que responsable du système de rééducation et, en quelque sorte, représentant de l'équipe qui, dans les faits, animait l'ensemble de l'institution. Après les présentations d'usage, les participants prirent place autour de l'impressionnante table faisant partie d'un mobilier qui donnait une allure à la fois solennelle et fausse au bureau du directeur[75]. Le sous-ministre qui présidait la réunion me demanda alors à quel titre je participais à cette rencontre. Abasourdi par cette question, je ne lui répondis sans doute pas d'une façon assez formelle puisqu'il me demanda de me retirer immédiatement: «Nous vous ferons demander si nous avons besoin de vous», me lança-t-il d'une voix qui coupait court à toute velléité de discussion. Tremblant d'indignation et de colère, je m'entendis ajouter que je représentais toute l'équipe avec qui j'avais préparé cette rencontre et que mon départ, en plus d'être inacceptable, risquait d'avoir des conséquences néfastes pour l'ensemble du milieu. Et je sortis, la rage au cœur...

Les membres du comité exécutif et le directeur des Écoles de Protection, qui eux connaissaient vraiment la situation et mon rôle

---

75. Cette pièce était depuis toujours une source de malaise chez le personnel à cause de son apparente richesse et de la froideur qui s'en dégageait. Elle ne cadrait aucunement avec la simplicité nécessaire à un milieu de rééducation pour jeunes en difficulté. Même après ma nomination officielle au poste de directeur général, j'ai toujours refusé d'y installer mon bureau.

de directeur "officieux", tentèrent de convaincre le président sous-ministre de la nécessité de ma présence, ajoutant qu'ils ne comprenaient pas pourquoi on m'avait fait sortir. À l'autre bout du corridor, dans mon modeste bureau de travail, je rongeais mon frein... pendant ce qui me parut une éternité.

Quelques minutes plus tard sans doute, je ne saurais le dire avec exactitude tant le temps me parut inutilement long, on m'invita discrètement à rejoindre le groupe. Un peu confus, le président du comité me présenta ses excuses: «Je ne savais pas, dit-il, le rôle que vous jouez dans l'institution.» Cet événement me fit comprendre que, pour discuter de façon quelque peu efficace avec des autorités gouvernementales, il faut avant tout avoir un certain prestige. Suffisamment en tout cas pour que les décideurs, qui ont bien d'autres problèmes à résoudre, trouvent un certain sens aux informations qui leur sont transmises. Après cela seulement, il devient possible de parler de ses expériences passées ou actuelles de façon à illustrer de faits vécus la problématique qui fait l'objet de la rencontre. Les hauts fonctionnaires n'ont souvent qu'une vague idée des problèmes réels des professionnels qu'ils reçoivent et du contexte dans lequel ils se débattent quotidiennement.

J'ai compris aussi d'ailleurs que le pouvoir que nous, simples citoyens, sommes portés à attribuer spontanément à ces personnages est toujours très relatif et tributaire des politiques générales établies, des instances qu'ils ont eux-mêmes créées pour administrer l'ensemble du réseau et de leurs efforts pour "se fabriquer" un statut. Aussi, croient-ils généralement que nous avons plus besoin d'eux qu'ils ont besoin de nous. Et même si j'accepte mal d'être perçu comme un quémandeur, il m'est arrivé bien des fois de devoir passer outre à ce malaise!

À cette étape de mon dernier combat professionnel pour la survie de Boscoville, l'événement que je viens de raconter me revint très clairement à la mémoire. Je savais que le ministre ne me connaissait pas, sinon par ouï-dire... car on avait dû lui parler de mon rôle dans l'histoire de Boscoville. Mon premier objectif était donc de partir de mes expériences pour lui fournir l'occasion de s'ouvrir un peu plus à certains dimensions de l'action psychoéducative auprès des jeunes en difficulté. Je savais qu'il était très au courant de l'ensemble des problèmes du secteur de la santé publique: médecin lui-même, il a présidé un large comité d'étude sur le sujet et sa réputation n'est plus à faire sur ce plan, même si les décisions auxquelles ont abouti toutes ces études ne font pas l'unanimité. Quant au domaine des jeunes en difficultés psychosociales et éducatives, c'est surtout depuis qu'il est devenu ministre qu'il y est sensibilisé.

Dans un ministère qui regroupe Santé et Services sociaux, la santé a toujours eu la prépondérance. La santé concerne tous les citoyens, riches ou pauvres; les services sociaux sont le secteur des pauvres et, en général, des groupes de peu d'influence. Quant à la prévention psychosociale et éducative et à la réadaptation des jeunes en difficulté, elles en sont un sous-secteur, trop souvent noyé dans l'ensemble des problèmes sociaux de nos sociétés, sauf quand un ministre, un député influent ou un fonctionnaire important a lui-même un proche en difficulté. Une telle situation a pour effet de le sensibiliser viscéralement aux problématiques concrètes de la prévention ou de la réadaptation. C'est extraordinaire ce qu'a pu apporter aux secteurs de l'enfance et de la jeunesse en difficulté une compréhension résultant de l'expérience personnelle de personnes en autorité. Non seulement elle leur a permis de "comprendre" ce que peuvent vivre des jeunes, leurs parents et les professionnels qui les accompagnent, mais elle a valu à ce secteur un soutien officiel et empathique, point de départ de progrès qui auraient été impensables sans ce coup de pouce des autorités.

Il fallait donc éviter que la fermeture de Boscoville ne soit perçue comme une "problématique purement formelle", même si la plupart des technocrates responsables aux divers paliers du gouvernement affectionnent tout particulièrement ce type de langage. La plus grande résistance à cette dimension de la réalité ne viendrait sans doute pas du ministre, mais des fonctionnaires qui l'accompagnent et qui sont souvent portés à tout ramener à leur schéma égocentrique de planification abstraite, seule logique selon eux qui soit indispensable aux décideurs. Eux aussi, ils sont portés à alimenter leurs illusions en pensant sincèrement qu'ils font pour le mieux! Mais, pourquoi ce "faire pour le mieux" n'aurait-il qu'une dimension formelle?

Décidément, ce dernier combat professionnel réveillait en moi beaucoup de choses. Mon défi consistait à bien faire la distinction entre la situation présente et celles du passé, sans renoncer, bien sûr, à mon savoir-être et à mon savoir-faire. Mais après tant d'années sans exercer mes schèmes à l'échelle du grand réseau de la Santé et des Services sociaux, je dois avouer que je me sentais quelque peu "rouillé".

Nous ne savions pas si le ministre allait être seul ou s'il se ferait accompagner. De notre côté, nous étions quatre. Nous avions bien préparé cette rencontre: chacun savait sur quel point il devait insister, compte tenu de ses compétences. Nous avions bien l'intention, autant que faire se peut, d'éviter les redondances.

Il nous fallut attendre quelques minutes, le temps que se termine une autre réunion à laquelle participait le ministre. En mon for intérieur, je me disais que l'un des points à l'ordre du jour de cette réunion devait bien être la préparation de celle qui suivrait, c'est-à-dire la nôtre... Quel ne fut pas notre étonnement de voir arriver le ministre avec six ou sept personnes, dont le directeur général de la Régie de la Santé et des Services sociaux de Montréal-Centre, le supra-organisme duquel relèvent les Centres jeunesse de Montréal. Fallait-il y voir un signe de l'importance qu'il accordait à notre dossier? Ou une volonté de démolir nos arguments? J'eus plutôt l'impression que le ministre était conscient de l'importance du dossier et qu'il voulait en témoigner; par contre, je soupçonnais certaines personnes qui l'accompagnaient de vouloir nous déstabiliser.

Quoi qu'il en soit, la présidente de la CEQ manifesta d'entrée de jeu sa compétence à négocier serré et présenta avec élégance l'objectif de notre groupe. Ce ton me convenait tout à fait et j'eus l'intuition que mes interventions s'intégreraient bien à sa présentation. Comme je l'avais prévu, le ministre précisa les limites de ce que nous pouvions attendre de la rencontre. Puis, vint mon tour de prendre la parole.

D'emblée, je remis copie au ministre de l'avis que j'avais préparé pour les audiences publiques qui auraient lieu au début de la semaine suivante. On ne sait jamais? Si les paroles s'envolent, les écrits demeurent... Bien que les premières soient éphémères, je pris le risque d'émettre quelques idées auxquelles pouvait donner du sens mon statut d'acteur-témoin de l'histoire de la psychoéducation au Québec et qui aideraient à bien situer dans son contexte, passé et actuel, la problématique qui nous réunissait.

«D'entrée de jeu, je voudrais faire savoir aux personnes présentes qui auraient des doutes sur mon ouverture à l'approche milieu parce que je défends ardemment la continuité dynamique de Boscoville, qu'il leur faut chercher ailleurs les motifs de mon implication dans le dossier.

«J'ai toujours eu la conviction, Monsieur le Ministre, que la population du Québec avait une conception bien positive de Boscoville et ce, tout au long de son histoire. Cette institution n'aurait jamais existé sans le soutien dynamique de nombreux clubs sociaux, de politiciens de tous les partis qui ont travaillé à leur niveau à rendre possible sa réalisation, des médias de tout genre qui se sont intéressés à ce que les jeunes y vivaient et à la façon dont les psychoéducateurs accompagnaient ces jeunes qui leur faisaient confiance.

«Je savais que Boscoville avait fait du bon travail, qu'il avait servi de point de repère pour un grand nombre d'organismes et pour leur personnel, tant au Québec qu'en Europe; je savais surtout qu'un grand nombre de jeunes y avaient trouvé un sens à leur vie, que de nombreux professionnels de la psychoéducation, au Québec et ailleurs, y avaient puisé une source d'inspiration.

«Je savais que Boscoville avait été, et était encore jusqu'à ces dernières années, un endroit privilégié par les chercheurs qui voulaient approfondir les perspectives scientifiques de l'action sociopsychoéducative.

«Je savais tout cela, mais jamais je n'aurais pu anticiper des réactions aussi globales, viscérales autant que rationnelles, de la part de tous ces gens. Jamais je n'aurais pensé qu'en toute fin de carrière je serais entraîné, comme malgré moi, au cœur d'un tel tourbillon.

«Tout cela m'a fait comprendre que Boscoville dépasse d'emblée tout ce qu'on a pu y faire comme professionnels, chercheurs ou administrateurs. Que Boscoville est une richesse, bien modeste si l'on veut, mais une richesse quand même du patrimoine du Québec. Que notre identité spécifique tient aussi à de telles réalisations.

«Boscoville a permis de constater que plus de 65 % des jeunes de 14 à 18 ans, en difficulté ou carrément contrevenants, ne sont pas de ces désespérés qu'il faut inévitablement jeter en prison comme le souhaitent la majorité des autres provinces du Canada.

«Boscoville a contribué à faire du Québec une société distincte. Il faut en être fiers!»

On aura compris que ce long "plaidoyer" ne fut pas prononcé d'un trait, et qu'il fut alimenté par des interventions du ministre, intéressé par certains éléments de la problématique sur lesquels les gens de son entourage avaient peut-être négligé d'attirer son attention. Non seulement on n'enseigne à peu près plus l'histoire dans les écoles et les collèges, mais on qualifie sans nuance de "nostalgiques du passé" les personnes qui, pour éviter de refaire des erreurs déjà commises, y font encore référence dans leur recherche de solutions à des problèmes actuels. Pourtant, les pommes ne poussent-elles pas aujourd'hui sur les pommiers plantés hier? Et elles ne sont pas toutes rêches!

La devise inscrite dans nos armoiries n'est-elle pas «Je me souviens»? Mais, au fait, de quoi se souvient-on aux Centres jeunesse de Montréal? Uniquement, semble-t-il, des 35 % de jeunes que Boscoville n'a pas réussi à réhabiliter complètement (comprendre: «qu'il n'a pu empêcher de récidiver»)? Et, pourtant qui fait mieux aujourd'hui?

À leur tour, les deux autres représentants du comité de Boscoville apportèrent des points de vue complémentaires qui situaient la problématique dans le contexte actuel des Centres jeunesse de

Montréal. J'eus alors l'impression de me retrouver plusieurs années en arrière alors que l'on traitait à peu près des mêmes contenus généraux avec des accents qui ressemblaient étrangement à ceux d'aujourd'hui. J'admirais la fougue de ces collègues plus jeunes qui continuaient de défendre les mêmes valeurs mais selon des modalités nouvelles et adaptées à l'époque actuelle: références, langage et ton. Le moteur n'était plus le même, les pistons et la carrosserie étaient différents, mais l'essence qui alimentait le moteur et lui permettait d'entraîner la carrosserie vers l'avenir était toujours de première qualité. Elle était même plus puissante encore.

Au moment même où je me félicitais d'avoir accepté de faire partie du groupe qui se portait à la défense de Boscoville, l'un des fonctionnaires qui accompagnaient le ministre prit la parole pour dire que Boscoville ne pouvait plus aider les jeunes dans son cadre actuel, qu'il y faudrait plus de sécurité extérieure (périphérique) parce que la clientèle a changé et que les jeunes sont aujourd'hui beaucoup plus durs et difficiles, etc.

C'en était trop. Je ne pus me retenir plus longtemps et, fort impoliment je l'avoue, je lui coupai la parole:

> «Monsieur, c'est l'argument que nous ont servi, il y a plus de cinquante ans, ceux qui s'opposaient au système pavillonnaire de Boscoville et à sa philosophie toute nouvelle de responsabilisation des jeunes sous prétexte que ces jeunes de 16-18 ans étaient trop difficiles pour pouvoir bénéficier d'un tel climat.
>
> «Ces jeunes, Monsieur, nous ont en quelque sorte appris notre métier d'éducateurs et nous ont aidés à façonner un système de rééducation dynamique. Ne venez pas me dire que les jeunes d'aujourd'hui sont trop désorganisés et que Boscoville ne peut pas les aider comme il a aidé ceux des générations précédentes. Quand un propriétaire veut se débarrasser de son chien, il dit qu'il a la rage...
>
> «Quand j'entends de tels propos, je sens la rage me monter au cœur. Savez-vous que Boscoville a aidé à se reprendre en main au-delà d'une vingtaine de jeunes qui avaient commis des homicides? Et combien d'autres qui étaient considérés comme des

durs dans leur milieu? Mais pour qu'une institution comme Boscoville puisse en arriver là, il faut qu'on y trouve un programme cohérent, un milieu attrayant, stimulant pour les jeunes. Un milieu auquel on apprend à appartenir, dont on devient fier. Pour cela, Monsieur, il faut non seulement un personnel qualifié, continuellement à la recherche de compétences, mais un milieu qui s'enrichit des expériences de chacun.»

Puis, m'adressant au ministre,

«Hélas! à cause d'un souci de planification technocratique, de recherche d'efficience pour répondre aux besoins d'un plus grand nombre de jeunes et de leurs parents, les autorités des Centres jeunesse détruisent à petit feu l'originalité de Boscoville et lui enlèvent cette autonomie de base dont il a besoin, non pour refuser de répondre aux besoins de l'ensemble des jeunes mais pour le faire à partir de ses possibilités, de ses acquis. Autonomie qui permet à la direction d'être "proche" du personnel et des jeunes pour assurer un climat favorable à la cohérence des interventions et au perfectionnement du milieu.

«Il a fallu plusieurs décennies pour construire cette institution et, en quelques mois, on lui a fait perdre son âme.»

Je retrouvais, en ce moment, toute la ferveur des débuts de ma carrière, toute ma croyance en la possibilité d'une rééducation des jeunes en difficulté. Et pourtant, je savais que Boscoville n'avait pas réussi à empêcher de récidiver tous les jeunes qu'on lui avait confiés. Je me souvenais du choc douloureux imposé à cette même ferveur par les résultats des travaux de Le Blanc (1983). Nous avions cru que plus de 85 %[76] des jeunes qui avaient bénéficié du programme complet de l'institution évitaient de retomber dans la délinquance. Or, 35 % y étaient retombés...

Aujourd'hui cependant, je pense surtout à la majorité qui est venue grossir les rangs des citoyens honnêtes. Je pense à tous ceux qui ont malheureusement récidivé, qui ont fait de la prison et qui, malgré tout, ont réussi à s'en sortir. «Grâce à ce que Boscoville

---

76. Landreville, P. (1967), pp. 337-365.

leur a appris de la vie», me répètent-ils chaque fois que je les croise sur mon chemin.

Cette ferveur enrage certains jeunes technocrates qui l'assimilent à la nostalgie des premiers essais. Elle désespère certains chercheurs qui, statistiques en mains, regrettent une telle perte d'énergie pour une catégorie de jeunes «pour qui il n'y a plus rien à faire». Pourtant, elle stimule encore les éducateurs profondément convaincus que, sans elle, ils se condamnent inexorablement à devenir les simples gardiens d'un ordre qui est lui-même responsable, en grande partie, des difficultés des jeunes qu'on leur confie. Et elle s'auto-alimente comme je le constate en regardant le long chemin parcouru et en analysant les acquis indéniables de l'action sociopsychoéducative au cours des cinquante dernières années.

Je ne saurais dire si la ferveur avec laquelle les membres du comité ont tenté de démontrer la valeur de Boscoville et son utilité pour les années à venir a réussi à semer un doute quant à la justesse de l'équation des Centres jeunesse de Montréal: «Approche milieu = fermeture obligatoire de Boscoville». Je pus constater cependant qu'à la fin de la rencontre le climat était plus chaleureux, alors qu'au début il était surtout caractérisé par la politesse et les civilités. Je m'en rendis compte à la façon dont le ministre me serra la main; j'avais été vrai, sincère, et je sentais dans cette poignée de main de la chaleur, de l'empathie et autant de ferveur qu'un ministre peut se permettre d'en témoigner en pareille circonstance: «Merci, j'ai beaucoup apprécié votre participation...» Il en fut de même du directeur général de la Régie de la Santé et des Services sociaux de Montréal-Centre: «Rencontre très intéressante!», ai-je cru comprendre. Quant aux autres personnes qui accompagnaient le ministre et qui semblaient vouloir rester dans le corridor de la courtoisie, leur regard — ou était-ce le mien? — m'apparut moins indifférent, en tout cas moins impersonnel.

Bien sûr, tout cela n'engageait à rien à brève échéance. Ils laisseraient peut-être entrevoir que, tout en approuvant les décisions des CJM et en respectant leur autonomie toute nouvelle, il faudrait trouver une façon de "sauver Boscoville". Ils auraient peut-être tendance à vouloir sauver la chèvre et le chou. Mais que resterait-il de ce chou que la chèvre était en train de grignoter jusqu'au cœur?

Nous étions tout à la fois heureux de notre "performance" à cette rencontre, et inquiets des résultats: que signifiaient les attitudes observées à la fin de la réunion? Je ne pouvais pas ne pas faire référence (encore une fois!) à des situations analogues vécues antérieurement; je savais très bien que tous les joueurs n'avaient pas participé à la joute-rencontre, et qu'ils s'emploieraient eux aussi, de toute leur ferveur de nouveaux gestionnaires et au moyen d'arguments percutants ($), à faire valoir que la chèvre devait manger le chou en entier. N'avaient-ils pas déjà fait mention d'une «chaire sur la violence des jeunes qui porterait le nom de Boscoville»? Dans le potager des Centres jeunesse de Montréal, il ne resterait plus alors que la trace d'un chou arraché au sol avant qu'il n'ait eu le temps de se développer et d'atteindre à la maturité. Faudrait-il en conclure que ce chou prenait trop de place?

En fait, est-ce qu'on ne voulait pas en finir avec une institution trop "chouchoutée" dans le passé, trop mise en évidence? Aujourd'hui, c'était les Centres jeunesse qu'il fallait mettre en orbite. Les audiences publiques, qui feront l'objet du prochain chapitre, devraient y contribuer. D'ores et déjà, nous pouvons nous demander si, sans la réaction de Boscoville, de son syndicat professionnel, de la population en général et des médias dans leur ensemble, ces audiences auraient eu autant d'audience?

• 7 •

Les audiences publiques: un moment fort du débat!

L'avant-audiences

GILLES GENDREAU

Une fois de plus, Boscoville allait nous servir de tremplin, à moi-même et à d'autres, pour exprimer une philosophie de l'action sociopsychoéducative. Pour ma part, j'insisterais aussi sur la nécessité de sa continuation, de toute la force de mon engagement social envers les jeunes en difficulté. On a dû constater que les événements précédents me stimulaient progressivement à le faire. Mais au-delà de la survie de l'institution et de son rôle dans la réadaptation, j'y voyais une occasion de faire valoir un certain nombre de principes de base que j'appelle des "croyances professionnelles". Principes que certains décideurs et, disons-le avec tristesse, certains chercheurs peuvent juger "dépassés" dans leur totalité parce que, selon eux, en insistant trop sur certains éléments de la réadaptation, j'en aurais négligé d'autres. Principes sur lesquels reposait la réalisation d'un milieu spécialisé comme Boscoville. Malheureusement, même mes derniers travaux, qui ont pourtant donné lieu à trois publications importantes, n'ont pas réussi à donner une image complète de ma conception de l'action éducative spécialisée, de ma conception de l'approche milieu, par exemple. Y parviendrais-je jamais?

S'il est relativement facile, pour ceux qui me connaissent ou qui ont suivi ma carrière, de retrouver les racines de mon engagement affectif et social à promouvoir le développement de Boscoville, il l'est sûrement moins de retrouver les racines de mon engagement à faire la promotion de l'approche milieu, telle que je la conçois. Et pourtant, dans ma conception de l'action éducative spécialisée en tant que système, ce sont là deux volets inséparables. J'invite donc le lecteur à une expédition plus "théorique", mais qui pourrait être utile au débat qui fait l'objet de cette publication.

Le texte qui va suivre présentera donc d'abord quelques-unes de mes "croyances" d'éducateur. Je nomme "croyances" des propositions sur lesquelles repose l'élaboration de ma conception de la sociopsychoéducation[77]. Propositions qui, même si elles s'appuient sur des théories cohérentes, des observations expérientielles analysées avec une relative rigueur, ne peuvent trouver place dans le registre de conclusions tirées des contextes expérimentaux classiques[78]. Le "débat Boscoville" et le "virage milieu" me poussaient donc à une synthèse plus théorique. Un type de synthèse que, dans le feu de l'action, de nombreux praticiens sont malheureusement portés à négliger mais dont je me devais d'esquisser les grandes lignes compte tenu du contexte. Inévitablement, tout cela influencerait le contenu de mon intervention aux audiences publiques.

Cet exercice me permettrait de ventiler quelque peu mon émotivité, tant sur le plan personnel que professionnel. Malgré mes

---

77. La préparation et la présentation d'un avis aux audiences des Centres jeunesse de Montréal me fournissaient une occasion privilégiée de faire un retour sur certaines de mes croyances les plus fondamentales, celles qui m'ont toujours guidé dans l'exercice de ma profession.
78. Lesquelles sont malheureusement, pour une certaine catégorie de scientifiques, les seules qui puissent être quelque peu valables.

efforts pour rester objectif, celle-ci risquait d'être mise à vif par ce bouillonnement que ramenait à la surface le débat sur la fermeture de Boscoville. Un Boscoville qui avait été pour plusieurs professionnels le lieu et le symbole d'efforts déployés à un moment ou l'autre de leur carrière. Efforts issus de poussées intérieures qui s'alimentaient à des principes et dont ils témoignaient avec enthousiasme sans refuser de remettre en question certaines de leurs perspectives. Pour ma part, j'ai toujours mieux accepté le doute que la rigidité. Le premier est créateur quand il est accepté, la seconde fait obstruction à la lumière et entraîne l'obscurité. Je souhaitais de tout cœur énoncer un avis qui soulève le doute sans entraîner la rigidité.

L'utilisation des événements: une compétence que je dois fondamentalement à Boscoville

Je considère l'existence comme une séquence d'événements. Pour les uns, ces événements donnent du sens à la vie; pour d'autres, ils lui en enlèvent. Je retiens de mon éducation de base que chaque événement de mon existence a un sens. Un sens qui pourrait devenir évident si je prenais le temps de situer chaque événement dans son contexte; un sens, par ailleurs, que pourraient déformer mes perceptions émotives: «Quand tu es en colère...»; un sens qui pourrait m'apparaître mystérieux, indéchiffrable. Un même événement pourrait même avoir ces trois sens à la fois, mais il serait toujours porteur d'un potentiel d'expériences, de connaissance de soi, des autres et de l'environnement.

Plus tard, mon expérience de Boscoville me permit d'ajouter un corollaire à cette croyance: certains des événements qui me concernent sont issus en quelque sorte de la planification et de l'organisation que j'anime dans mon environnement. Il en va de même pour les jeunes et pour leurs éducateurs. À partir de là, je tentai plus systématiquement de les rendre bénéfiques pour moi et pour les autres, sans jamais être tout à fait certain qu'ils puissent le devenir.

C'est ainsi que, tout au long de ma carrière, je me suis efforcé de développer ce que je considère comme l'une de mes compétences: l'utilisation des événements. Ceux que mon activité avait pu provoquer ou orienter, comme ceux qui me semblaient n'avoir aucun lien avec ce que j'avais pu faire ou être. Utiliser les événements pour prendre conscience de la qualité de mes interactions avec l'environnement, mais aussi pour approfondir le sens que ces interactions pouvaient prendre pour moi ET pour les autres.

Je ne prétends pas avoir toujours réussi à donner à cette opération toute la qualité désirée mais, quand j'acceptais l'effort exigé par cet exercice, je sentais que je construisais mon univers intérieur et qu'en assimilant pour ainsi dire les différents éléments de mon environnement, je pouvais mieux les apprécier. Il me semblait que je parvenais alors à donner du sens à mes interactions non seulement dans l'ici et le maintenant, ce qui a toujours été fondamental pour moi, mais également pour le futur, immédiat ou plus lointain. «Mieux relativiser l'événement pour en découvrir le potentiel d'apprentissage, au sens large du terme!»

Ce que je viens de décrire à partir de mes expériences personnelles, la grande majorité des psychoéducateurs pourraient le faire avec d'autres images, d'autres mots. Ils décriraient à leur façon l'une des compétences professionnelles des psychoéducateurs les plus reconnues. Au Québec, Boscoville a été l'un des lieux qui a le plus favorisé le développement de cette compétence si essentielle à celui qui veut accompagner des jeunes en difficulté dans leur réadaptation. Entrevues sur-le-champ-même-des-événements, ici et maintenant; rencontres hebdomadaires individuelles à partir d'un vécu partagé; analyses post-situationnelles, réunions de groupe, dites "réunions civiques"; journées d'étude du personnel pour analyser des portions d'année, de programme, etc. Toutes ces opérations avaient un seul et même objectif général, à tous les niveaux: utiliser les événements pour prendre conscience du rôle des acteurs dans tel contexte, dans la suite de tel événement, pour obtenir un nouvel éclairage sur les comportements individuels ou collectifs soit des jeunes, soit des professionnels, et pour les orienter en conséquence. Voilà qui poussait les uns et les autres à un apprentissage continu.

Boscoville est un tout à la fois affectif et cognitif

Plusieurs de mes anciens étudiants se souviendront sans doute d'un autre principe guide qui a toujours été fondamental dans mon enseignement: "Toute conduite humaine est le produit des perspectives affectives ET cognitives qui guident l'individu"[79]. Ce principe demeure l'une des croyances de base qui m'aident à comprendre les comportements humains.

Je ne voudrais donc pas laisser croire, quand je fais référence à la compétence en "utilisation" des psychoéducateurs, qu'ils utilisent les événements "à froid", en se laissant guider par une logique purement rationnelle. Oh! que non! L'émotivité est aussi de la partie. Je dirais même que c'est elle qui motive au point de départ certaines tentatives de lucidité. Quant à moi, mes efforts pour être lucide m'ont souvent permis à leur tour de donner sa véritable place à une émotivité tellement décriée par la majorité des scientifiques et pourtant tellement essentielle à l'intervenant. Présence, mais non dominance! Ce que je nomme «les réussites de l'équilibration». Ce furent mes plus grandes satisfactions sur le plan professionnel. Je remercie celles et ceux qui faisaient équipe avec moi et qui y ont contribué par leur empathie respectueuse et stimulante et par la rigueur de leur propre démarche. Je constate que je viens de décrire le climat général de Boscoville et l'une des causes de son rayonnement.

La préparation de l'avis que je présenterais aux Centres jeunesse de Montréal serait un autre événement que j'allais utiliser pour analyser plus clairement mes motivations professionnelles en même temps que certains de mes fondements théoriques. On a vu

---

79. On sait les liens établis entre ces deux perspectives et les aspects à la fois biologiques, physiologiques, sociaux et moraux sur lesquels s'appuient les hypothèses d'une conduite qualifiée de "totale".

dans les six chapitres précédents que chaque épisode de ce débat m'a fait me réapproprier certains événements de mon histoire professionnelle. Les audiences publiques, je le répète, allaient m'aider à faire une synthèse de mes conceptions théoriques et surtout pratiques de l'action psychoéducative. D'une part, Boscoville, creuset de mes premières expériences et théorisations, allait pour moi revivre son passé pour me permettre d'y puiser encore quelques richesses pour l'avenir. D'autre part, les hypothèses (!) formulées par les Centres jeunesse de Montréal m'obligeaient à aller au-delà de ce passé, si dynamique qu'il fût pour moi et pour bien d'autres. Saurais-je exprimer avec congruence et disponibilité ces deux dimensions de ma recherche d'une adaptation équilibrée?

Comme nous ne disposions que de quelques jours pour préparer ces avis, tout se bousculait dans mon esprit et dans mon vieil organisme: l'affectif, le cognitif, et tout le reste. L'affectif était piqué au vif par un jugement de la direction des Centres jeunesse de Montréal que je qualifiais de "biaisé". En effet, d'après un texte publié dans un journal et signé par le directeur, Boscoville serait «mort depuis trente ans au moins». Je fulminais! Moins dynamique, moins flamboyant depuis quelques années, oui, et pour cause![80] Mais mort? Je devais donc me calmer et «ne pas répondre au contenu», comme nous disions quand un jeune exprimait une émotion ou un jugement qui nous blessait. Ne pas répondre au contenu, c'était parfois faire de l'*ignorance intentionnelle*; notre connaissance du jeune, le contexte et la relation établie entre lui et nous permettaient d'anticiper qu'il abandonnerait de lui-même un comportement non approprié. Ne pas répondre au contenu, ce pouvait être aussi intervenir de façon adaptée en ayant recours à l'humour ou encore en rappelant au jeune certains éléments de la réalité qu'il aurait pu oublier.

Dans la situation, le meilleur moyen pour éviter de répondre au contenu, ce fut de confier à mon ordinateur une de ces "tempêtes d'idées" qui soulage et que l'on peut jeter plus tard dans la "poubelle"... J'aurais souhaité pouvoir le faire toujours avant

80. Voir plus loin ma rencontre avec des éducateurs de Boscoville.

d'écrire un texte qui risquait d'être interprété comme une sorte de réponse à un contenu provocant. Qu'on se rassure — ou qu'on s'inquiète — je n'ai quand même pas jeté toutes mes idées dans la poubelle de mon Macintosh! En voici quelques-unes découlant de ma connaissance de la problématique, du contexte particulier dans lequel elle se situait et de certaines relations professionnelles de qualité que j'avais établies avec l'un ou l'autre membre de la direction et du personnel actuel des Centres jeunesse de Montréal.

1. Dans l'un des textes préliminaires où elle expose ses positions fondamentales, la direction des Centres jeunesse de Montréal affirme que "le degré de satisfaction de la clientèle" doit constituer l'un des objectifs spécifiques prioritaires du virage milieu.

   Or, au cours des dernières semaines, toute la population du Québec, et surtout celle de Montréal, les anciens de Boscoville et l'ensemble des médias ont témoigné d'un haut degré de satisfaction par rapport aux services rendus par Boscoville. Mais la direction des Centres jeunesse de Montréal y a vu surtout une nostalgie bien compréhensible, mais surtout bien futile... car Boscoville «était en fait mort depuis 30 ans» (*La Presse*, 22 avril 1997).

   Tiendra-t-on compte de la satisfaction de la clientèle uniquement si cette satisfaction s'inscrit dans l'esprit des «propositions de transformation liées à l'approche milieu»?

2. La nécessité «de l'adhésion et de la mobilisation de l'ensemble du personnel» représente l'une des conditions de succès de la mise en œuvre d'un projet, et les documents des Centres jeunesse de Montréal en font mention.

   Le moins que l'on puisse dire c'est que, n'eût été la levée de boucliers suscitée par la fermeture de Boscoville, l'ensemble du personnel des Centres jeunesse de Montréal n'aurait participé à aucune étude préalable, à aucune recherche de solutions. Or, en réadaptation comme en gestion, la congruence est une attitude de base qui contribue à bonifier toutes les «propositions de transformations», qu'elles soient liées ou non à l'approche milieu.

3. Dans le dernier document officiel publié avant les audiences, on mentionne que 3803 jeunes sont suivis dans leur milieu naturel.

   N'aurait-il pas été plus utile de décrire la clientèle dont il s'agit et les façons dont est fait ce suivi? Il est relativement facile de présenter des statistiques; il est beaucoup plus long et ardu de décrire une clientèle et des façons de faire. Et pourtant, c'est là que le virage pourrait prendre tout son sens. On invoquera sans doute l'urgence de la situation pour expliquer cette absence! L'urgence est-elle toujours bonne conseillère?...

   Une description de la clientèle pourrait empêcher de confondre "besoins du milieu" et "besoins d'éducation spécialisée du jeune" en tant que personne; de confondre les besoins des jeunes de 14-18 ans avec ceux des 0-36 mois ou, plus généralement, des 0-10 ans, ou encore de la zone grise des 10-12 ans.

4. Dans ce même document, on insiste sur la nécessité d'intensifier l'intervention en milieu naturel afin de la rendre plus efficace.

   Il serait également important de faire mention que, même dans un milieu spécialisé où l'intervention est forcément plus intensive, il faut toujours respecter le rythme du jeune et de ses parents. Combien de psychoéducateurs ont dû se rendre à l'évidence que "trop à la fois" n'est pas plus utile que "rien du tout". Ce qui ne veut pas dire qu'il faille éterniser l'intervention!... Attention au ***toutourianisme!***[81]. L'important est de découvrir quelle clientèle peut bénéficier d'une intervention brève et quelle autre a besoin d'une intervention plus longue, de distinguer celle qui a besoin momentanément de changer de milieu de vie et celle qui n'en a aucunement besoin. Il faut reconnaître aussi qu'il y a des handicapés psychosociaux (les enfants carencés et négligés se retrouvent sans doute plus souvent dans cette catégorie) comme il existe des handicapés physiques qui auront toujours besoin d'une intervention à plus long terme ou d'une quelconque prothèse psychosociale.

---

81. Mon expression favorite pour désigner l'expression disjonctive si néfaste à l'accompagnement éducatif des jeunes en difficulté ***tout ou rien***, d'où le terme ***toutourianisme***.

5. Toujours dans ce document, on insiste en général sur la nécessité de réviser les pratiques professionnelles.

   Il faudrait surtout insister sur un approfondissement de ces mêmes pratiques. Changer les lieux de la pratique psychoéducative ne change pas sa nature. Jouer au *baseball* sur du gazon naturel ou jouer sur du gazon artificiel, c'est toujours jouer au *baseball*. Pourquoi ne pas se servir des acquis de l'action psychoéducative en milieu spécialisé pour intervenir en milieu naturel? Entre autres, des acquis de Boscoville? Il y a là un manque d'utilisation des forces que je ne comprends pas!

6. Toujours dans le même document, on annonce un "virage milieu".

   L'approche milieu doit être considérée comme un élargissement de l'action éducative spécialisée, et aucunement comme un "virage". Élargissement de l'intervention en amont pour éviter certains placements, élargissement des mesures de placement en aval pour les rendre plus efficaces. La route n'est-elle pas toujours celle de la prévention et de la réadaptation?

7. L'un des objectifs spécifiques prioritaires dont fait mention le document est de mettre en place des moyens d'évaluation.

   Or, Boscoville a été la première institution au Québec dont on a pu évaluer les résultats, parce que l'intervention y était systématisée. Certains se servent de cette évaluation non pour faire progresser l'institution comme le souhaitaient les chercheurs, mais pour justifier sa fermeture[82]. Ce n'est certes pas une façon de promouvoir la «mise en place de moyens d'évaluation systématique».

8. Le passé professionnel des membres de la direction des Centres jeunesse de Montréal devrait encore avoir du sens pour eux.

---

82. Un communiqué envoyé à l'ensemble des députés de l'Assemblée nationale en fait spécifiquement mention en extrapolant hors texte un élément de la recherche de Le Blanc (1983) qui risque de trahir la pensée même de l'auteur. Voir l'avis de Le Blanc aux audiences des CJM, le 14 mai 1997.

Jusqu'à tout récemment, certains ont dirigé des internats dont la philosophie reposait sur plusieurs des concepts que j'avais aidé à implanter. Peuvent-ils avoir jeté tous ces concepts par-dessus bord depuis leur nomination à de nouveaux postes? À moins qu'ils n'aient tous subi l'influence des anti-Boscoville? À moins que Boscoville ne soit devenu un symbole à détruire à cause de ce qu'il représente, comme les statues de Lénine dans l'ex-URSS? Ou pour le rayonnement trop flamboyant de son passé qui pourrait servir de référence aux résistants à la "nouveauté" (!)?

Les psychoéducatrices et psychoéducateurs, impliqués à différents niveaux de la direction des Centres jeunesse de Montréal, n'ont certes pas perdu tout ce qui constituait leur identité professionnelle d'avant l'organisation des Centres jeunesse. La relation professionnelle qui s'était établie entre nous — j'avais l'impression d'avoir été le mentor de plusieurs d'entre eux — ne s'était quand même pas évanouie avec la décision qui provoquait tant de tension dans le réseau montréalais. Il doit bien en rester quelque chose de valable, malgré qu'ils aient à prendre des positions différentes des miennes. Pourquoi ce malaise que je percevais? Pourquoi ces personnes me fuyaient-elles comme si je n'étais plus celui qu'elles ont connu, comme si j'étais devenu un adversaire et non plus un allié?

Et m'engager dans la défense de Boscoville, n'est-ce pas donner l'impression aux éducateurs des autres institutions avec qui j'ai construit des liens tout aussi solides, que je mets en doute la qualité de leur travail? Au Québec, il ne faut pas monter trop haut, car ça jette de l'ombrage sur les autres. D'autres institutions ont été fermées et l'on n'a pas fait tant d'histoires: «Encore les gens de Boscoville qui montent sur leurs grands chevaux...!»

Il est évident que plusieurs des idées de cette tempête virtuelle pourraient être interprétées comme une réaction émotive et non comme le résultat d'une démarche rationnelle. Comment être congruent si je masque mon émotivité? Comment faire valoir ce qu'il peut y avoir de rationnel et de conceptuel dans mon apport? En d'autres termes, comment faire en sorte que tout puisse servir à bonifier des décisions qui ont elles aussi leur part de vérité rationnelle et leur dose d'émotivité? Les nouvelles générations de professionnels veulent laisser leur marque. Je dois me souvenir qu'à certaines périodes de ma vie, j'ai eu la même ambition. Et on a dû penser souvent que je jouais au méchant loup avec le passé!... Aujourd'hui, certains pensent que je le fais avec le présent!...

Le fait d'avoir tenté de traduire en mots quelques-unes de mes idées devrait m'aider à ne pas trop répondre à un contenu que j'étais porté à qualifier de "jugements téméraires" sur l'histoire de Boscoville.

Des racines solides oui! Mais, hélas, des bourgeons fragiles!

Le lecteur qui connaît l'évolution de Boscoville et de la psychoéducation au Québec trouvera tout naturel que je me retrouve impliqué dans le combat pour sauver et faire progresser Boscoville. J'ai tellement investi dans ce centre, dans cette approche de "milieu spécialisé"; j'y ai été tellement identifié de 1944 à 1971 qu'il était tout naturel que je ne demeure pas insensible à ce qui arrivait à l'institution.

Des gens me disaient: «Tu dois être tout à l'envers avec ce qui arrive à Boscoville...» Je l'ai déjà dit, j'avais pris mes distances par rapport à ce qui s'y passait ces dernières années. Boscoville a été pour moi et ma famille un lieu où nous avons beaucoup investi et il est l'objet de «résonances qui se propagent plus ou moins loin dans l'épaisseur de l'affectivité», de mon affectivité professionnelle surtout pour laquelle la mise à distance est en quelque sorte plus facile. Même si, comme le dit Saint-Exupéry, «on est responsable pour toujours de ce que l'on a apprivoisé», et j'ajouterais «de ce qui nous a apprivoisés».

Bien sûr, je trouvais triste qu'on soit en train d'éteindre les quelques braises qui restaient du feu que nous avions allumé. L'organisme n'avait plus le leadership qu'on lui avait toujours reconnu. Je crois encore cependant à la valeur de certains aspects fondamentaux de la tradition et, selon moi, tout ne méritait pas d'être éteint par le torrent impétueux du virage milieu. J'aurais voulu profiter de l'occasion pour y voir un peu plus clair dans les facteurs potentiellement responsables de ce recul apparent. Mais le contexte d'urgence dans lequel se situait ma démarche m'obligeait à me contenter de certaines perceptions, de certains écrits sans chercher à aller plus loin. Décidément, j'étais en train de prendre le *beat*, le rythme du réseau.

Je décidai donc de me mettre au parfum de ce que vivaient les éducateurs en sollicitant une rencontre avec certains d'entre eux, encore en poste à Boscoville. Plus d'une dizaine répondirent spontanément à mon invitation même si la rencontre avait dû être fixée à un très mauvais moment, on en conviendra, soit un vendredi, en fin d'après-midi.

D'entrée de jeu, je leur demandai si ma perception d'un "Boscoville en *burn-out*" était juste. Je n'aurais même pas eu besoin de formuler ma question, si j'avais seulement observé les professionnels qui étaient avec moi. Malgré leurs efforts pour rester le plus objectifs possible, les faits qu'ils relataient et l'analyse qu'ils en faisaient n'avaient rien de particulièrement stimulant. Je rapporte en vrac l'essentiel de leurs commentaires: «il n'y a plus de vie à l'institution»; «seules nos relations avec les jeunes sont encore qualitatives»; «il n'y a plus d'activités rassembleuses»; «il n'y a plus de supervision professionnelle, plus de perfectionnement, plus de..., plus de..., etc.» «C'est la première fois, depuis des mois et des mois, que nous avons l'occasion d'échanger avec quelqu'un qui peut comprendre ce que nous vivons en tant que professionnels; trouves-tu que cela a du sens?»

La rencontre dura plus de deux heures. Je découvrais ici une solitude professionnelle analogue à celle que j'avais déjà identifiée, lors d'analyses de milieux en crise, dont certaines écoles de milieux défavorisés de Montréal, où les directions n'avaient plus ni contacts réels, ni relations professionnelles de qualité avec le personnel et où le sens de l'appartenance ne voulait plus rien dire. Il restait au moins à ces directions suffisamment de lucidité pour vouloir comprendre ce qui se passait dans leur milieu et pour chercher avec le personnel des pistes de solution en demandant une analyse du milieu qui soit le plus objective possible.

Malgré toutes leurs frustrations professionnelles, les éducateurs qui avaient accepté de me rencontrer croyaient encore à l'importance de leur travail, à la qualité qu'il exigeait. Ils avaient foi en leurs racines et ma seule présence faisait surgir le souvenir de jours meilleurs; ils se rappelaient l'heureux temps où leur travail était tellement plus efficient et, malgré leurs doléances sur le présent, ils étaient encore convaincus de la valeur de ce travail. Malheureusement, leur espérance semblait s'effriter... De toutes les crises de l'histoire de Boscoville, aucune n'avait encore réussi à ébranler ainsi les fondements de l'espérance chez les éducateurs. D'où leur peu d'attentes par rapport aux audiences qui se préparaient.

Cette visite à Boscoville, cette rencontre avec un groupe de professionnels, dont plusieurs étaient de mes anciens étudiants à l'Université, me fit beaucoup réfléchir. Il y avait encore chez eux une grande richesse humaine et professionnelle mais, hélas! elle était en quelque sorte étouffée par un sentiment d'impuissance devant la tournure apparemment irrévocable des événements. Quel pouvoir avaient-ils à part celui de présenter des avis? D'exprimer, par la voix de leur syndicat, leur vision d'un Boscoville vivant? La direction ne comprenait pas ce qu'ils vivaient comme professionnels; elle ne s'y intéressait que pour la forme, car le cœur, de toute évidence, n'y était plus. Elle n'avait plus qu'un objectif: fermer l'institution pour effectuer le virage milieu. Comme si ce virage ne pouvait se faire autrement!

L'approche milieu: côté cour, côté jardin!

Je savais que l'équipe de Boscoville avait fait des expériences fort dynamiques dans une perspective de "soutien au milieu naturel": intervention dans des écoles, centre de jour, unité de relance, collaboration intensive avec les parents des jeunes, etc. On me le rappela. Dans le groupe, deux ou trois éducateurs étaient particulièrement sensibles à cette approche complémentaire de l'intervention en internat. Je ne pus résister à la tentation de leur rappeler à mon tour que, selon moi, l'institution avait lamentablement manqué le bateau quelques années auparavant alors qu'elle aurait pu assurer le progrès et le rayonnement de l'action psychoéducative dans le milieu naturel des jeunes. À cette époque, sachant que les structures rendaient encore la chose possible, j'avais soumis à quelques éducateurs un projet de recherche-action dans le contexte même de l'environnement naturel (Rivière-des-Prairies et Montréal-Nord) pour favoriser la collaboration entre Boscoville et certains organismes, et entre les différents intervenants engagés dans la prévention et la réadaptation. «À mon avis, leur confiais-je, Boscoville a perdu là une occasion en or d'approfondir son expertise et d'adapter son leadership au rythme des années 2000. Je regrette de n'avoir pas réussi, à cette époque, à déclencher de l'intérieur un mouvement suffisamment mobilisateur pour amorcer une micro-réalisation en milieu naturel. Ma conception de l'intervention en milieu naturel était-elle assez claire? Les concepts sur lesquels s'appuyait le passage de l'action psychoéducative du milieu spécialisé au milieu naturel constituaient-ils des bases assez solides? Je ne saurais le dire. Mais je regrette amèrement ce rendez-vous manqué par nous tous, y compris par moi.»

Un bref survol de mes principaux écrits, de mes conférences et de mes interventions à différents congrès permet de conclure que ma conception de l'approche milieu s'applique surtout à des milieux spécialisés, plus spécifiquement à des internats pour jeunes en difficulté. Il est vrai que les exemples utilisés dans mon enseignement provenaient bien souvent de ma pratique en internat; que mes interventions publiques ont porté très souvent sur des thèmes reliés à des problématiques vécues en internat; que mon influence d'éducateur a été plus importante dans les internats que partout ailleurs. Une centration sur le "côté cour" de ma conception de l'approche milieu, c'est-à-dire sur son point de départ, empêcherait de constater son évolution.

En fait, je suis identifié comme éducateur en internat spécialisé. Et j'en suis fier! De plus, j'ai toujours refusé d'adhérer à certains courants reliés à la loi du balancier voulant que les internats soient le symbole d'une conception arriérée de l'intervention spécialisée. Ce qui ne m'a pas empêché d'être lucide sur les vulnérabilités et les limites de ce type d'institution, et de critiquer certaines de leurs traditions obsolètes. Ayant participé activement à la création de Boscoville, je suis convaincu des forces de son approche. Mais je n'ai jamais eu l'impression de lui enlever quoi que ce soit en mettant le doigt sur quelques-unes de ses faiblesses: par exemple, la perception négative des parents des jeunes et même la tendance à les condamner qu'on y a entretenues trop longtemps; la difficulté d'allier dans un tout dynamique un "retrait" du milieu naturel devenu nécessaire compte tenu de certaines conditions perturbantes, et une "intégration" tout aussi nécessaire dans ce même milieu naturel; la lente mais dramatique dévalorisation du rôle des activités, pourtant irremplaçables dans un processus de réadaptation à base d'actions éducatives; la quasi incapacité d'accepter sereinement la critique et le doute à la fois inéluctable et utile au progrès de toute expérience humaine parce qu'on y voit surtout des attaques contre ce qui se fait d'approprié dans le milieu ou qu'on perd toute confiance en ses moyens; l'enfermement de plusieurs professionnels dans une rigidité qui transpire l'insécurité et la non-disponibilité au progrès... Évidemment, depuis quelques années déjà, c'est de l'extérieur que je me fais une opinion, laquelle risque d'être tout aussi déformée que les perceptions provenant d'un point de vue de l'intérieur. Quoi qu'il en soit, je continue de croire en la nécessité de ce type d'organismes pour une certaine catégorie de jeunes en difficulté.

Je suis moins connu pour mes tentatives d'implication dans ce que j'appelle les milieux naturels, le "côté jardin" de l'action éducative spécialisée par comparaison avec les milieux spécialisés qui en seraient le "côté cour". J'ai pourtant dirigé et réalisé, pendant mes nombreuses années au Centre de Psycho-Éducation du Québec, beaucoup d'études de milieux dans plusieurs écoles de milieu urbain, dans différentes ressources des régions du Bas-Saint-Laurent et de la Côte-Nord. En collaboration avec la Ville de Montréal, j'ai également dirigé deux études auxquelles participaient des psychoéducateurs et des étudiants de maîtrise en psychoéducation à l'Université de Montréal: l'une dans le quartier Centre-sud, l'autre plus à l'ouest dans le quartier Saint-Henri. Enfin, au Centre des Quatre Vents, mes travaux avec des familles dans le milieu naturel des jeunes ont donné lieu à des publications interrompues, hélas! par la dispersion du groupe de recherche que j'animais conjointement avec Jean-Pierre Cormier.

On aura compris que ma conception d'un **milieu** a dû s'accommoder de perspectives qui, selon les perceptions généralement acceptées par l'ensemble des intervenants psychosociaux et éducatifs, n'ont rien de commun avec l'internat spécialisé. Et pourtant, mon modèle de la structure d'ensemble (la "toupie de Gendreau") s'est révélé tout à fait adéquat pour analyser ces différents milieux de même que le travail avec les familles. Pourquoi? Parce que, selon ma conception, tout milieu de vie est fondamentalement un ensemble d'interactions entre un certain nombre de composantes (dix)[83]. Ces interactions sont certes porteuses de contenus fort diversifiés selon qu'elles se situent dans un milieu familial, une école, un environnement urbain ou rural, un foyer de groupe ou un internat. Cette diversité ne modifie cependant pas la nature des interactions[84]. Il s'agit toujours d'interactions entre personnes, jeunes et adultes, à propos d'objectifs à atteindre et de moyens pour y arriver dans un contexte spatio-temporel donné.

Dans mes écrits, j'insiste sur les compétences; par contre, l'approche de "milieu spécialisé" projette l'image que le placement dans un tel milieu entraîne l'étiquetage des jeunes et monte en épingle leurs pathologies psychosociales, celles de leur famille et de leurs parents... Il peut sembler contradictoire que je parle de compétences alors que ma formation théorique de base en psychologie (à partir de 1948) a été influencée par certains auteurs mettant en valeur des paradigmes de la psychopathologie freudienne relativement nouveaux à l'époque et auxquels on référait trop sou-

83. Gendreau, G. (1978 et 1984). *L'intervention psychoéducative* (chapitre 3); Gendreau et coll. (1993). *Briser l'isolement*, p. 35.
84. Rappel: jouer au baseball sur du gazon naturel ou sur du gazon synthétique, c'est toujours jouer au baseball.

vent sans nuance[85]. J'avoue, sans remords aucun, que ma centration d'alors n'était pas la soi-disant pathologie des jeunes inadaptés, comme on les appelait.

Bien évidemment, j'ai dû être fasciné comme tout le monde par cet apport nouveau à la connaissance du comportement humain. Mais heureusement, j'avais aussi découvert que les conditions dans lesquelles je vivais, en tant que personne et en tant qu'éducateur, et dans lesquelles je permettais à des jeunes de vivre, nous stimulaient tous à réaliser des choses auxquelles nous n'aurions même pas pensé en d'autres circonstances. Je faisais souvent référence à mes huit étés au camp de Boscoville, à ce que jeunes et moniteurs y avaient vécu. Et plus tard, quand Boscoville fut devenu "permanent", donc à partir de 1948 et surtout de 1954, j'ai pu observer que, pour la majorité des jeunes, leur séjour à Boscoville n'avait pas ce caractère infamant sur lequel insistait tant la littérature socioéducative alors à la mode. Au contraire, en découvrant progressivement ses compétences, le jeune acceptait mieux ses vulnérabilités. J'ai d'ailleurs toujours préféré le terme «vulnérabilités» à tous ceux provenant d'une classification des pathologies psychiatriques.

Quoi qu'il en soit, je me méfie, sur ce point aussi, des effets du fameux ***toutourianisme*** dont découle une centration exclusive soit sur les compétences, soit sur les vulnérabilités. Évidemment, tout bon intervenant désireux de tenir compte des paradigmes actuels affirmera qu'il a une position "équilibrée". Théoriquement peut-être, mais en pratique? Il est tout aussi néfaste de gommer les vulnérabilités que d'ignorer les compétences. On peut bien insister sur les compétences de certains jeunes mais, si on ne tient pas compte des vulnérabilités de tel milieu familial ou scolaire, de telle interaction non appropriée de l'un ou l'autre acteur, peut-on se targuer de clairvoyance? Des acteurs qui auraient eux-mêmes besoin d'un soutien spécial pour découvrir leurs compétences risquent d'être rapidement dépassés par les problèmes des jeunes, et ces derniers

85. Tentation à laquelle résistait Noël Mailloux, mon premier maître en la matière, en bon thomiste qu'il était.

par leur désarroi. Reconnaître les vulnérabilités des personnes, des milieux, ce n'est pas refuser de voir leurs compétences; c'est savoir identifier ce qui les étouffe et les empêche de se manifester. C'est aussi savoir "s'équiper", qu'on soit éducateur professionnel ou naturel, pour faire face aux inévitables crises engendrées par tout processus de rééducation ou de réadaptation: «Ta crise ne nous fait pas oublier toutes tes compétences, tous les progrès que tu as faits depuis que nous travaillons ensemble...» Pouvoir le dire, c'est déjà un grand pas. Faire vivre intérieurement et de façon appropriée des événements de cette nature exige plus que de la bonne volonté; ça exige aussi certaines conditions dans le milieu même, conditions que n'offre pas toujours le milieu naturel. Mais chaque fois que c'est possible, pour un jeune et sa famille, n'hésitons pas à privilégier le milieu naturel.

Je reconnais avec fierté que je suis devenu très sensible aux expériences dynamiques auxquelles a pu donner lieu l'action psychoéducative auprès de certaines catégories de jeunes et de leurs parents, en milieu naturel. Je pense particulièrement aux carencés psychosociaux et à leur famille, à la clientèle "petite enfance" négligée par des parents qui ne savaient plus où donner de la tête et du cœur tellement ils étaient écrasés par leurs conditions de vie. Je pense à certains cas dits "de protection" qui ont pu être accompagnés de façon appropriée dans leur milieu naturel.

Deux psychoéducatrices, à qui j'offre un soutien particulier pour les amener à développer leur savoir-écrire dans le cadre de la collection que je dirige, ***D'un risque à l'autre***, aux Éditions Sciences et Culture, m'amènent à analyser de nombreuses observations qui illustrent la qualité de ce qui peut être fait pour les jeunes et leurs familles en milieu naturel. Une recherche de grande qualité, menée dans la ville de Québec par l'équipe de Jean-Pierre Piché, est une autre source de stimulation pour l'intervention en milieu naturel. Et j'espère qu'on en assurera le rayonnement!

Si je n'étais pas déjà converti à l'approche milieu, j'aurais mille et une raisons de me poser des questions. Mais aucune expérience réalisée du "côté jardin" de la prévention et de la réadaptation ne réussira à me faire rejeter le "côté cour" où je situe les milieux spécialisés. La direction des Centres jeunesse de Montréal semble être d'accord avec moi sur ce point. Mais alors **pourquoi avoir planifié la fermeture de Boscoville?** La réponse à cette question ne me viendra qu'après les audiences, dans un communiqué envoyé par la direction des Centres jeunesse aux députés de l'assemblée nationale[86]. Une réponse nettement insatisfaisante, à mon avis.

Prêt pas prêt, j'y vais!

Dans *La psychologie de l'intelligence*, Piaget dit quelque part que, rendu au niveau de la logique opératoire concrète, le jeune se rend compte progressivement qu'il n'est pas agréable d'être pris en flagrant délit de contradiction; ça devient même intolérable à l'adolescence, stade de la pensée formelle. Imaginez ce que ça peut être pour un professeur d'université, fût-il à sa retraite!

J'avais bien l'intention de ne pas «répondre au contenu», mais aurais-je le temps de bien équilibrer l'affectif et le rationnel? Je savais que le peu de temps alloué pour une présentation aux audiences publiques (dix minutes) m'obligerait à être concis et à insister sur l'essentiel, à savoir **Boscoville pourrait être un atout pour comprendre et expérimenter l'approche milieu!** Pourrais-je relever un tel défi avec satisfaction? En aurais-je la force? Relever un défi, c'est s'exposer à des réactions. Est-ce que je n'en avais pas déjà suffisamment provoqué au cours de ma carrière? Enfin! Une dernière fois... Pourvu que je sois cohérent!

86. Voir au chapitre 11 un extrait de ce document et mes commentaires.

Huitième événement: Mai 1997

Mis à part le court laps de temps dont avaient disposé les éventuels intervenants pour préparer rigoureusement leur intervention, l'organisation logistique de ces audiences publiques était vraiment remarquable. L'aménagement de la salle était fonctionnel malgré l'écho qui empêchait parfois de bien saisir certaines interventions; le fait que les membres de la direction et le conseil d'administration des Centres jeunesse de Montréal soient placés en demicercle alors que certains membres du personnel prenaient place derrière eux donnait à l'assemblée des allures de commission parlementaire. Des copies de la plupart des textes de présentation étaient laissées à la disposition des journalistes qui furent remarquablement attentifs au déroulement des travaux. Le président de l'assemblée animait avec beaucoup de doigté et faisait preuve d'un grand respect envers les personnes venues présenter leur avis. Ce fut particulièrement évident quand des anciens de Boscoville, des parents, de jeunes éducatrices et éducateurs osèrent exprimer leur point de vue. À part les inévitables frustrations découlant de la durée des interventions, limitée à vingt petites minutes incluant la période réservée aux questions des administrateurs, tout se déroula dans un climat remarquable. Ce qui ne veut pas dire qu'il n'y a pas eu des moments d'extrêmes tensions pendant certaines interventions.

Cela étant dit, les membres du conseil d'administration et la direction des Centres jeunesse de Montréal donnaient l'impression d'être confortablement installés dans leur processus de décision et de ne rien chercher d'autre que des arguments pouvant renforcer leurs hypothèses, lesquelles prenaient de plus en plus des allures de décisions bien arrêtées. C'était évident, à tout le moins, en ce qui concernait la fermeture de Boscoville. Les arguments qui mettaient en doute la pertinence de cette fermeture coulèrent sur eux comme une pluie froide sur le dos de canards avant leur migration.

On trouvera ci-dessous le texte de ma présentation officielle. Après avoir lu tout ce que j'ai écrit dans le présent chapitre, le lecteur pourra comparer le chemin parcouru à celui que je voulais parcourir. Sans doute faut-il voir là l'image de toute une carrière, de toute une vie? L'image et le symbole de Boscoville aussi, qui n'a pas toujours réussi à être tout à fait ce qu'il souhaitait.

Extrait de la communication de Gilles Gendreau

Monsieur le Président,

Dans l'horaire des audiences publiques, les Centres jeunesse de Montréal m'identifient comme membre fondateur de Boscoville et j'en suis bien fier. Pour éviter d'être accusé de nostalgie et de pensée "boscocentrique", j'ajouterai que mon expérience ne se limite pas à Boscoville et autres internats. J'ai supervisé des professionnels de différents milieux d'intervention. J'ai aussi travaillé avec des groupes communautaires, dans des écoles (avec des professeurs et directeurs), dans des pénitenciers et avec des groupes de policiers. Comme on le mentionne dans l'avis, des travaux de recherche-action sur la collaboration avec les parents ont alimenté mes dernières publications et les réflexions sur l'approche milieu que je viens partager avec vous.

J'insisterai particulièrement aujourd'hui sur l'*approche milieu*[87] et sur la *clientèle des 14-18 ans*[88]. Je présenterai également une proposition globale susceptible de bonifier la recherche de solutions à l'ensemble des questions suscitées par les propositions de transformations qui font l'objet de ces audiences publiques[89].

87. Formule plus appropriée, à mon sens, que celle de *virage milieu*.
88. J'hésite à parler des 12-14 ans, car ce n'est pas surtout avec eux que j'ai acquis mon expérience professionnelle.
89. Voir annexe 1.

L'approche milieu

L'approche milieu doit s'appuyer sur une conception claire des finalités de l'action sociopsychoéducative spécialisée. La finalité ultime de cette action est le développement harmonieux des potentialités des jeunes en difficulté et de leurs parents, en tant qu'éducateurs naturels, en vue d'accroître leur autonomie de croissance, de penser et d'agir (inspiré de Legendre, 1988, p. 276). L'*approche milieu* est l'une des façons générales d'aborder l'action sociopsychoéducative spécialisée et d'atteindre sa finalité ultime. Elle prend en considération l'appartenance à un ensemble et l'interdépendance du système **jeune en difficulté** avec les autres systèmes que constituent sa famille, son école et son environnement social et culturel.

Toute action sociopsychoéducative spécialisée qui se respecte doit s'exercer à partir des compétences du jeune, de ses parents et, en général, de son environnement social naturel. Pour une proportion X de jeunes en difficulté de 14-18 ans et de leurs parents, l'intervention spécialisée dans le cadre du milieu naturel est suffisante. Les questions que l'on doit se poser systématiquement sont principalement de trois ordres:

- Premièrement, qui sont ces jeunes et ces parents?
- Deuxièmement, que signifie concrètement l'intervention éducative spécialisée en milieu naturel?
- Enfin, troisièmement, quelle formation, quel perfectionnement et quel encadrement seront nécessaires pour que les professionnels de la psychoéducation puissent développer des moyens appropriés pour les aider?

L'approche milieu s'applique aussi aux institutions

Paradoxalement, il peut arriver que, pour redécouvrir leurs compétences respectives, les systèmes **jeune, parents et environnement social** aient besoin que le jeune fasse un séjour dans un milieu spécialisé pendant une période plus ou moins longue, selon les cas. Le document de consultation des Centres jeunesse de

Montréal en fait d'ailleurs état. Or, dans les documents officiels, dans l'organigramme et surtout dans la quotidienneté, l'institution spécialisée (ex.: Boscoville) semble avoir perdu l'identité qui faisait sa force comme "milieu de vie" où les jeunes et leurs parents pouvaient trouver des réponses spécifiques à leurs besoins.

Chaque milieu institutionnel, en effet, doit avoir une âme, une philosophie et des objectifs spécifiques qui tiennent compte des objectifs généraux de l'ensemble du réseau. En même temps, il doit élaborer des moyens qui sont SES façons, à la fois originales et respectueuses des politiques d'ensemble, de répondre aux besoins des jeunes et de leurs parents ainsi qu'à ceux de l'environnement social. Chaque milieu doit donc développer ses caractéristiques propres et ses compétences, en évitant de s'enfermer dans une sorte de cocon pour protéger ses acquis en oubliant les défis que représentent les réponses réelles aux besoins de l'ensemble d'une clientèle donnée. Mises à part la nécessité de répartir équitablement les budgets et l'obligation de voir à ce que des jeunes et leurs parents ne soient pas laissés sans services adéquats, il serait suicidaire pour les Centres jeunesse de vouloir niveler toutes les institutions. Ce n'est pas parce qu'elles reçoivent toutes des jeunes "en encadrement intensif", ou "en services globalisants", ou encore en "services spécialisés"[90] qu'elles doivent toutes avoir les mêmes méthodes ou mettre en place les mêmes programmes. Ne pas avoir une "approche milieu" qui soit originale et dynamique pour chaque institution spécialisée, c'est en quelque sorte la brancher au respirateur artificiel[91].

La conception d'un "milieu spécialisé" n'empêche aucunement la concertation à l'intérieur de structures plus larges, ni le partenariat avec l'ensemble des acteurs du milieu naturel. Avoir une telle

90. Vocabulaire qui n'est pas sans rappeler la "langue de bois" technocratique.
91. On comprendra qu'il serait possible et utile de s'attarder beaucoup plus longuement sur ce sujet, mais ce serait hors d'ordre. Je déplore qu'après avoir favorisé l'euthanasie et annoncé la mort d'un de ses centres les plus renommés, mort qui semble quelque peu mystérieuse et surtout prématurée, la direction des Centres jeunesse de Montréal ne permette pas qu'on en fasse l'autopsie.

conception, c'est tout simplement avoir compris que tel système, tel milieu spécialisé doit, tout en poursuivant les finalités du réseau et ses objectifs généraux, avoir la possibilité de choisir des objectifs intermédiaires et spécifiques centrés sur des façons d'être et de faire particulières qui permettront aux jeunes et à leurs parents de s'approprier leur propre rôle. La première condition pour atteindre ces objectifs est sans contredit la qualité du personnel. Au cours des quinze dernières années notamment, l'ensemble des institutions a fait sur ce plan un bond considérable; il est important de le mentionner[92].

Un personnel de qualité est un personnel créateur, un personnel qui se perfectionne d'abord à partir de ses expériences pour s'enrichir ensuite de celles des autres. Tout en évitant la fuite en avant dans les comités et les discussions cliniques, il reconnaît l'importance d'une supervision professionnelle animée par des mentors respectueux de la réalité de l'ici et du maintenant et des personnes qui ont à la vivre.

On réduit trop souvent l'action sociopsychoéducative à l'influence de la relation dyadique (jeune <-> éducateur), sans toujours comprendre que cette relation prend naissance lors d'activités éducatives partagées, grâce à la compétence d'éducateurs capables de stimuler le groupe et chacun à une "production" à sa mesure, grâce aussi à la qualité des interventions sur-le-champ, dans l'ici et le maintenant. C'est dans ce contexte que les rencontres et les entrevues peuvent prendre toute leur signification et s'inscrire dans une action éducative spécialisée. Cela permet de mieux saisir la nécessité d'avoir des programmes d'activités éducatives qui "accrochent" l'ensemble du milieu d'intervention, chaque groupe et chaque individu, et qui contribuent ainsi à créer un sentiment d'appartenance. Sentiment d'appartenance qui procure au personnel, aux jeunes et à leurs parents une certaine fierté d'être reliés à ce milieu.

---

92. L'hypothèse de la fermeture de l'institution, qui a ouvert la voie à une recherche systématique de la qualité chez le personnel, ne constitue-t-elle pas un message ambigu?

Avec certains types de jeunes, ce sentiment est suffisamment fort pour qu'ils n'aient pas besoin de mesures périphériques de sécurité autres que la présence attentive des éducateurs. Car les jeunes sont aussi créateurs et se découvrent des compétences avec leurs pairs: les jeunes ont besoin d'appartenir à un groupe où ils peuvent se réaliser, prendre des responsabilités qui soient utiles au milieu. L'atmosphère de chacun des groupes et de l'ensemble institutionnel est d'une importance capitale, principalement pour les jeunes en difficulté de 14-18 ans qui vivent alors une période où ils ont particulièrement besoin d'appartenir à un groupe significatif. Et c'est tout cet ensemble qui donne son sens à la relation entre un jeune en difficultés spécifiques et ses éducateurs accompagnateurs.

Ce qui est tragique, entre autres, c'est que les principes de base qui ont fait la force de Boscoville fassent sourire et soient classés automatiquement parmi les "nostalgies" de vieux éducateurs en mal d'écrire leurs mémoires. Afin de mieux identifier les professionnels et les usagers aux Centres jeunesse de Montréal, objectif fort louable théoriquement, les institutions ont été transformées en "sites". Pour atteindre cet objectif, on a cru nécessaire de réduire au minimum, sinon d'éliminer carrément, les activités susceptibles d'alimenter un sentiment d'appartenance réelle à Boscoville.

Au moment où le ministère de l'Éducation tente de renforcer l'identité spécifique de chaque milieu scolaire, il semble qu'on ait opté pour une tout autre orientation en réadaptation, aux Centres jeunesse de Montréal en particulier; c'est du moins la perception globale qui se dégage de certains textes ou de certaines interventions de la direction à la télévision ou à la radio. Il est bien regrettable que tous n'aient pu prendre le temps de réfléchir plus longuement à l'importance, pour chaque milieu de réadaptation, d'avoir une identité qui lui soit propre. Serait-ce que l'on cherche à réduire l'importance des milieux spécialisés ou, pis encore, à établir une politique de «terres brûlées», pour reprendre une expression qui s'est malencontreusement glissée dans certaines interventions verbales?

La clientèle

Les travaux de recherche-action que j'ai dirigés depuis plus de dix ans ont révélé comment des parents[93] pouvaient se sentir écrasés, démunis, coupables et tout à fait dépassés par les comportements de leur jeune en difficulté (14-18 ans), à la maison et à l'école. Ces parents nous faisaient comprendre qu'ils ne voulaient pas abandonner leur jeune, mais qu'il leur fallait retrouver des raisons d'espérer. Pour eux, le milieu spécialisé représentait un espoir.

Le document de consultation des Centres jeunesse de Montréal, s'appuyant sur le fait qu'on a tendance au Québec à faire plus de placements institutionnels qu'ailleurs, insiste sur la nécessité d'en diminuer le nombre[94]. S'agit-il d'une nécessité absolue ou surtout applicable à l'enfance et à la petite enfance? Pour ma part, je ne saurais affirmer avec certitude qu'il faille nécessairement diminuer le nombre de placements chez les 14-18 ans. Certains prétendent même qu'il serait tout à fait inutile d'intervenir auprès de cette clientèle puisque les dégâts observés sont alors devenus irréversibles. Mais l'avenir de l'être humain individuel ne peut s'enfermer dans une logique formelle ou dans un monde virtuel. Certains États ont payé bien cher pour l'avoir oublié en fermant systématiquement la majorité de leurs institutions pour adolescents ayant des difficultés graves.

Au Québec, une très vaste étude a donné lieu à un rapport au titre évocateur: *Un Québec fou de ses enfants*. Il y a lieu plus que jamais de s'inquiéter pour la jeunesse du Québec (12-18 ans), car le **Québec a terriblement mal à sa jeunesse**: grand nombre de suicides, décrochage familial et scolaire, itinérance, etc. Vite! un groupe de travail pour les jeunes du Québec, car ils sont en très grande difficulté!

---

93. Il nous aurait fallu d'autres moyens pour en arriver à des données quantitatives. Voir aussi l'avis de parents de Boscoville au chapitre 9.
94. Aux États-Unis et dans les provinces anglo-canadiennes, il semblerait qu'on diminue les placements en envoyant beaucoup de jeunes de 14-18 ans en prison. Et bravo pour l'approche "quantitative" de certains gestionnaires!

Il serait très souhaitable qu'un groupe d'étude se voie confier le mandat, par exemple, de préciser quels jeunes ont vraiment besoin d'un séjour plus ou moins prolongé, et parfois répété, en milieu spécialisé. Et combien il faut prévoir de places dans les prochaines années pour une population comme celle de Montréal. Même s'il peut être risqué d'anticiper les besoins futurs d'une région, un tel effort de planification pourrait sans doute apporter aux décideurs un éclairage plus utile que ne le fait le texte suivant:

> «la nécessité d'accroître l'intervention dans le milieu (par des modalités qui soient tout aussi encadrantes (?) et intensives (?) que les modalités d'intervention avec hébergement par la réduction des services avec hébergement»[95].

Notons ici qu'il eût été préférable de faire mention du nombre et des principales caractéristiques des jeunes susceptibles de profiter de l'approche milieu. Quant à laisser entendre que l'intervention dans l'approche milieu peut être aussi encadrante et intensive que l'intervention en milieu spécialisé... Il y a lieu de se demander si on n'est pas porté à confondre “milieu d'hébergement” et “milieu spécialisé”.

En résumé: prévention et réadaptation

On ne peut pas ne pas être pleinement d'accord avec «l'approche milieu» pour des interventions en amont poursuivant des objectifs de prévention. En effet, des chercheurs insistent pour démontrer la priorité de la prévention à la petite enfance: «La source des comportements semble se trouver dans les 36 premiers mois après la fécondation» (Tremblay, R.E.).

Il ne faut cependant pas se centrer uniquement sur les besoins des clientèles de 0 à 36 mois et ignorer celle des 14 à 18 ans.

Qui bénéficie d'une intervention dite «de prévention» auprès des 0-36 mois si ce n'est les parents? Et qui sont ces parents?

95. Extrait de l'annexe 2 du Document de consultation CJM.

Peut-être les 14-18 ans qu'on aurait négligés! Dès lors, qu'est-ce qui est en amont et en aval? La réadaptation des adolescents en difficulté ne devient-elle pas une intervention en amont?

Certains chercheurs mettent en doute l'efficacité de l'intervention auprès des adolescents en difficulté. Comment croire alors que l'intervention auprès des parents, encore adolescents ou jeunes adultes, qui est au centre de l'approche milieu et de la prévention à la petite enfance saurait être plus efficace?

Il faut donc être prudent dans le choix des priorités de l'action sociale et éducative, surtout dans un contexte de restrictions budgétaires. Aucune société ne peut centrer ses priorités sur une seule partie de sa population sans engendrer des conséquences sociales irréparables. Il s'agit là d'un choix social qui doit être débattu socialement. L'hypothèse de la fermeture de Boscoville aura aidé à amorcer ce débat.

Donc:

1. D'accord avec "l'approche milieu" si l'on intensifie le support aux parents, aux écoles et aux organismes de loisirs quand des problèmes de comportement exigent une intervention qui va au-delà de la prévention.
2. D'accord avec "l'approche milieu" pendant le séjour du jeune dans une mesure spécialisée et durant le suivi après ce séjour.
3. D'accord pour ne jamais oublier que "l'approche milieu" s'applique **aussi** dans la conception même de la mesure spécialisée: un système ne peut avoir d'interactions appropriées avec les autres systèmes et jouer son rôle auprès du jeune qu'à la condition d'**être vu comme un tout** et de **faire réellement partie d'un tout.**

Pourquoi avoir ciblé Boscoville?[96]

Parce que cette institution est un **symbole** pour la réadaptation et qu'en la fermant on donne à l'ensemble de la population et des intervenants ce message on ne peut plus clair que l'adolescence n'est plus une priorité?

Parce que Boscoville ne peut plus apporter de contribution spécifique à la prévention, à la réadaptation et, en particulier, à une mise en application plus intensive de l'approche milieu, qu'il n'est plus qu'un monument dont la vente pourra renflouer les finances du réseau?

Parce que Boscoville coûte trop cher aux Centres jeunesse de Montréal? Alors pourquoi ne pas approfondir l'hypothèse d'un centre supra-régional?

Boscoville n'a-t-il pas été pour la réadaptation des 14-18 ans en difficulté l'équivalent de l'Institut de cardiologie de Montréal? Peut-on imaginer qu'on puisse seulement songer à fermer l'Institut de cardiologie, même dans un contexte de compressions budgétaires? Alors, pourquoi Boscoville? Serait-ce parce que, depuis trois ou quatre ans, on a presque réussi à l'étouffer dans des structures statiques qui lui ont fait perdre son originalité? (Voir propositions concrètes à l'annexe 1.)

Conclusion

Les Centres jeunesse de Montréal se proposent d'apporter une attention spéciale au degré de satisfaction de la clientèle. Or, en ce qui concerne Boscoville, les dernières semaines ont été révélatrices sur ce point. En effet, un grand nombre d'anciens bien établis «prenant le risque de révéler en public après 10, 20, 30 ou 40 ans, une période trouble de leur jeunesse»; des professionnels et chercheurs réputés mettant de côté certaines critiques du Boscoville des trois ou quatre dernières années; la presque totalité des médias

96. Je poserais la même question à propos des foyers de groupe pour les jeunes mères en difficulté.

exprimant spontanément leur indignation à l'hypothèse de la disparition de l'institution; c'est toute la population du Québec qui, d'une façon ou d'une autre, a été touchée profondément par l'hypothèse de la fermeture de Boscoville et qui s'est dite très satisfaite des services rendus par cette institution. Les Centres jeunesse de Montréal ne peuvent prétendre que Boscoville est mort et rejeter du revers de la main cette manifestation spontanée de solidarité sans perdre beaucoup de leur crédibilité. Les jeunes et leurs parents, la population en général ont besoin de savoir que l'ensemble de la direction des Centres jeunesse de Montréal est crédible pour que puisse s'établir un climat de confiance.

Il est important de prendre conscience que le Québec a plus que jamais besoin de ses symboles, non pour s'y accrocher mais pour les faire vivre en les dépassant. Dans le domaine de l'action éducative spécialisée, de la rééducation, de la réadaptation des jeunes en difficulté, **Boscoville est un symbole**. On l'a vu au cours des dernières semaines, au grand étonnement d'un certain nombre de décideurs. La réaction de la population à la fermeture de Boscoville n'enlève rien au mérite des autres institutions; au contraire, cela devrait les réconforter. Si on reconnaît que Boscoville a été une inspiration et un modèle pour un grand nombre d'institutions, au Québec et même dans d'autres pays, pourquoi ne pourrait-il pas continuer de l'être en participant à la recherche de solutions pour les années 2000? Comment croire que les Centres jeunesse de Montréal réussiront à mobiliser d'autres institutions sociales s'ils ne peuvent même pas, dans leur virage milieu, mettre à profit de façon appropriée une institution dont ils sont responsables?

Stéphane Baillargeon écrivait dans *Le Devoir* (26 avril 1997):

> «Une institution, ça sert à instituer. C'est-à-dire que ça sert à fonder une chose nouvelle et durable. Le TNM[97] est donc une institution. Depuis près d'un demi-siècle, sa scène a tout simplement vu et fait s'épanouir le théâtre au Québec. Quatre générations de professionnels des planches s'y sont succédé... (...) Le TNM est une institution mais c'est aussi un lieu de mémoire cul-

97. Théâtre du Nouveau-Monde.

turel, un concentré de réalisations auquel les amoureux de la scène ne peuvent songer sans un petit je-ne-sais-quoi de gratitude.»

N'est-ce pas qu'il est facile de faire des liens avec l'histoire de Boscoville? Combien de citoyens honorables, de professionnels, de cadres du réseau et de chercheurs compétents s'y sont succédé? Boscoville est un concentré de réalisations, avec des imperfections certes, auquel les professionnels de l'action psychoéducative «ne peuvent songer sans un petit je-ne-sais-quoi de gratitude».

Référons à la conclusion d'un texte du directeur de l'Association des Centres jeunesse du Québec: «...Boscoville, de toute façon, mérite mieux qu'une survie qui ne se justifierait que par ses "services rendus" et son statut de monument historique[98].» Et c'est sans doute dans cet esprit que le ministère de la Culture du Québec, même en période difficile, a mis de l'avant la reconstruction de l'édifice abritant le Théâtre du Nouveau-Monde. Pourquoi le ministère de la Santé et des Services Sociaux n'en ferait-il pas autant avec ***Boscoville*** qui, lui, n'a pas besoin d'être reconstruit mais bien d'être reconnu comme centre à vocation supra-régionale et donc financé en conséquence? Aux Centres jeunesse de Montréal de s'approprier leur rôle et de faire valoir cette proposition!

Quand le lecteur a pris connaissance de mon avis officiel aux audiences publiques, il a dû constater que je me suis inspiré de certaines de mes expériences, même si je n'ai pu les approfondir; qu'il en est d'autres que je n'ai pas réussi à exprimer clairement et quelques-unes enfin que j'ai nettement oubliées ou négligées alors que je n'aurais pas dû. Je pense, par exemple, aux fondements théoriques sur lesquels reposait la question suivante: «Pourquoi ne se servirait-on pas davantage des acquis de l'action psychoéducative en milieu spécialisé pour intervenir en milieu naturel?»

---

98. Voir texte, chapitre 4.

Combien de fois, au cours de ma carrière, n'ai-je pas passé de longues heures, avant de m'endormir ou alors que je me réveillais au mitan de la nuit, à "mijoter" ce que j'aurais dû ajouter à telle ou telle intervention, à tel ou tel écrit déjà expédié à son destinataire? Tous mes «j'aurais donc dû...» ont sans doute constitué un terreau propice au développement de mon hypertension artérielle chronique. C'est peut-être, hélas! l'envers de la médaille, la contrepartie de mon habileté à utiliser les événements...

Je suis porté à penser, malgré tout, que cette dépense d'énergie, en apparence inutile, m'a souvent servi de préparation éloignée à d'autres interventions de même nature. La récupération, ça ne vaut pas seulement pour les déchets! Pourquoi un compost d'idées ne deviendrait-il pas un fertilisant pour l'action? N'est-ce pas là l'un des rôles du débat suscité par la question de Boscoville?

Comme toujours cependant, je me demande si j'ai réussi à faire passer l'essentiel de mon message. Quels sont les indices qui peuvent m'apporter des semblants de réponses? Les quelques faits épars qui me portent à croire que des personnes ont pu être touchées? Les réactions plus officielles qui me confirment plutôt que les "décideurs" ne se sont guère approprié ce message?

• 8 •

Communications de groupes de professionnels et d'universitaires aux audiences publiques

Redonnez ses ailes à Boscoville!

AVIS DE LA CENTRALE DE L'ENSEIGNEMENT DU QUÉBEC[99]

Introduction

Nous tenons d'abord à remercier le Conseil d'administration des Centres jeunesse de Montréal (CJM) d'avoir consenti à suspendre ses décisions concernant la réorganisation des services offerts aux jeunes en difficulté afin de tenir ces audiences publiques. C'est avec plaisir que nous y apportons notre contribution.

Notre organisation, la Centrale de l'enseignement du Québec (CEQ), compte 130 000 membres, dont la vaste majorité travaille

99. Mémoire présenté au Conseil d'administration des Centres jeunesse de Montréal dans le cadre de la consultation sur la proposition de transformations liées à l'approche «milieu», par la Centrale de l'enseignement du Québec, mai 1997.

quotidiennement auprès des jeunes, dans toutes les régions du Québec. On les retrouve surtout en éducation, mais plusieurs travaillent dans des établissements du secteur de la santé et des services sociaux, notamment dans les centres de réadaptation pour jeunes en difficulté d'adaptation (CRJDA).

Les membres de la CEQ connaissent fort bien la réalité des jeunes d'aujourd'hui, leurs difficultés et leurs besoins. Ils vivent également les conséquences désastreuses des compressions budgétaires qui, année après année, s'abattent sur les services publics. Même si les problèmes sont de plus en plus nombreux et complexes, on leur demande toujours de faire plus avec moins, ou encore, ce qui semble devenu la panacée, de «faire autrement».

De là, les multiples «virages» auxquels on nous convie. Comme si les difficultés provenaient toujours d'une mauvaise organisation des services, de méthodes de travail désuètes, ou encore d'une résistance au changement de la part du personnel, mais non pas d'une augmentation des besoins ou d'une pénurie de ressources résultant d'un financement insuffisant.

C'est en nous appuyant sur ces expériences que nous avons analysé la proposition de transformations mise en débat par les Centres jeunesse de Montréal. Nous traiterons d'abord du projet dans son ensemble, y compris de l'approche «milieu» qui est préconisée, du maintien des services offerts ainsi que des compressions budgétaires qui semblent être considérées comme une fatalité. Par la suite, nous commenterons un dossier qui nous tient particulièrement à cœur: l'avenir de Boscoville. Enfin, nous formulerons des recommandations qui, croyons-nous, s'inscrivent dans votre souci d'offrir les services de façon à ce qu'ils répondent le mieux possible aux besoins, tout en permettant de réaliser des économies.

Le projet dans son ensemble

L'orientation «milieu» déjà adoptée par les CJM et sur laquelle s'appuient les transformations proposées est, à première vue, fort généreuse. En effet, qui pourrait s'objecter à des principes tels que l'accessibilité rapide aux services, la proximité des services, l'adaptabilité et la diversité des services, la sous-régionalisation ou encore le maintien optimal du jeune dans son milieu, la responsabilité du jeune et de ses parents et la continuité dans la relation d'aide?

Nous pourrions y souscrire d'emblée, si nous n'avions déjà vécu l'expérience de l'intégration des élèves handicapés ou en difficulté d'adaptation ou d'apprentissage dans les classes régulières, de la désinstitutionnalisation des malades psychiatriques, du maintien à domicile des personnes âgées et du «virage ambulatoire». Le «virage du succès» qui nous est annoncé pour le réseau scolaire, qui veut ramener le pouvoir de décision au niveau de l'école et confier plus de responsabilités à la communauté, est d'ailleurs de la même farine.

Les réorganisations dans les services publics

Tous les projets de réorganisation de services que nous avons connus depuis une décennie ont plusieurs points en commun. D'abord, ils apparaissent invariablement dans un contexte de compressions budgétaires. Ils s'appuient sur des principes très nobles qui correspondent généralement, du moins en partie, à des revendications légitimes, par exemple ne pas marginaliser les personnes souffrant de maladie mentale, intégrer les handicapés à la société, garder les personnes âgées le plus longtemps possible dans leur milieu, etc. Ils s'accompagnent de promesses selon lesquelles de nouveaux services adaptés aux besoins de chacun seront offerts à la maison, à l'école ou dans la communauté. Enfin, ils sont soutenus par un discours culpabilisant à l'endroit des personnes ou des organisations qui osent manifester des réserves ou des objections: on les accuse d'être dépassées, d'être corporatistes, d'être réfractaires aux changements et quoi encore.

Dans la pratique, lors de ces réorganisations, on démantèle des institutions qui ont fait leurs preuves par la qualité de leurs services. On met au rancart du personnel qualifié détenant une vaste expertise pendant que ceux qui restent sont surchargés de travail.

Les artisans des services n'ont pratiquement jamais voix au chapitre. Les ressources promises dans le milieu ne se concrétisent pas et celles qui existaient déjà sont de plus en plus accaparées par la recherche de financement en raison des compressions budgétaires. On confie à des organismes communautaires ou encore à des représentants de la communauté des responsabilités qui dépassent leurs capacités réelles (disponibilité, formation, ressources humaines et matérielles), ce qui favorise le développement, dans les administrations publiques, d'une bureaucratie toute-puissante mais dépourvue de toute compassion.

En corollaire, les familles, et généralement les femmes — que l'on cherche incidemment, par toutes sortes de mesures, à retourner sur le marché du travail — doivent assumer pratiquement seules la charge de personnes lourdement handicapées, malades ou en perte d'autonomie. Parallèlement, se développe une panoplie de services privés que, naturellement, seules les personnes les plus fortunées peuvent s'offrir. Exit l'égalité des chances! Les choix de société que le Québec avait faits au tournant des années soixante d'assumer collectivement des responsabilités telles que l'éducation, les soins de santé et l'aide aux personnes âgées ou en difficulté cèdent le pas à la responsabilité individuelle et à la charité privée.

Les transformations proposées par les CJM

Les transformations proposées par les CJM s'appuient sur le postulat suivant: l'augmentation et l'intensification des services dans le milieu freineront les besoins d'hébergement en internat ou en foyer de groupe. Ceci permettrait, dit-on, de réduire le nombre de places en internat et le nombre de places en foyer de groupe, en foyer-appartement et en appartement supervisé.

Nous aimerions pouvoir y croire. Cependant, les membres de la CEQ sont témoins tous les jours des problèmes qu'engendrent le chômage endémique et l'accroissement de la pauvreté. Ce qu'ils observent chez les jeunes, ce n'est pas une diminution, mais une augmentation de la toxicomanie, de la violence, de la criminalité et de la désespérance. Comment imaginer que le personnel libéré par la fermeture d'établissements et redéployé dans le milieu naturel des jeunes pourra suffire à réintégrer avec succès ces jeunes dans la famille qui les a négligés ou abusés, dans l'école qu'ils ont abandonnée et dans la communauté qui les a rejetés? Comment croire qu'il pourra réellement prévenir ces problèmes? Dans de telles conditions, les objectifs de «réponse rapide, intensive et de qualité aux besoins de la clientèle» (p. 5) et de «mise en place de plans de services individualisés (...) et de réalisation, pour tous les jeunes desservis, d'un plan de vie stable, clair, sécurisant et normalisant» (p. 6), tout louables qu'ils soient, sont purement utopiques.

Deux projets de résolutions sont en débat concernant la réorganisation des services offerts par les CJM. Le premier est relatif à la Direction des services territoriaux (p. 22), l'autre, à la Direction des services régionaux (p. 23).

Pour ce qui est du premier projet de résolution, nous ne parvenons pas à comprendre comment «l'intervention dans le milieu et sans hébergement» pourrait être «tout aussi encadrante et intensive que l'intervention avec hébergement» (1er considérant), à moins d'affecter en permanence un éducateur à chacune des familles où se trouve un jeune en difficulté... Or, le 2e considérant indique bien que l'accroissement de l'intervention dans le milieu devra se faire sans ajout de ressources. Nous ne croyons vraiment pas que l'intervention dans le milieu telle que décrite dans le document de consultation, avec la liste de services qui seraient soi-disant développés pour les jeunes et leur famille (p. 10), puisse vraiment se réaliser avec le niveau de ressources actuel. Le cas échéant, elle ne saurait pallier la fermeture des installations pour mères en difficulté et la fermeture de 19 foyers de groupe pour enfants et adolescents. Les jeunes qui sont référés à ces services le sont parce que la famille, l'école et la communauté ont épuisé les moyens à leur disposition pour résoudre le problème et qu'un retrait momentané du jeune de son milieu d'origine s'avère nécessaire.

Le second projet de résolution (relatif aux services régionaux) prévoit réduire la durée de l'hébergement et diminuer le nombre de réadmissions en favorisant une plus grande continuité relationnelle (éviter les transferts d'unités), en développant l'insertion sociale graduelle et en associant plus étroitement la famille et le milieu d'origine. *A priori*, les intentions paraissent louables et nous pourrions convenir que cette approche mérite d'être expérimentée.

Ce sont les applications de ce principe telles que proposées qui nous inquiètent. D'abord, la direction propose de fermer Boscoville et de relocaliser deux de ses unités au Mont Saint-Antoine et les quatre autres à Cité-des-Prairies. Nous y reviendrons au prochain chapitre.

La restructuration proposée implique également que l'on réduise de 680 à 642 le nombre de places en internat, alors qu'il existe en permanence des listes d'attente pour de tels services. De plus, on réunirait dans un même centre des jeunes de 12 à 18 ans qui connaissent des difficultés majeures (puisque les autres seraient laissés dans leur milieu). Nous nous interrogeons sur la pertinence de regrouper ainsi des pré-adolescents et des jeunes adultes. À ce sujet, il faut signaler que les écoles polyvalentes, qui regroupent des élèves considérés comme «normaux» de 12 à 16 ans, tendent de plus en plus à séparer le premier cycle (12, 13 et 14 ans) du second (15 et 16 ans), ce qui facilite l'encadrement des élèves et améliore le climat général de l'école. Enfin, on retrouverait dans un même centre des adolescentes et des adolescents présentant des difficultés graves d'adaptation. La mixité sur les sites n'est pas sans poser des défis importants au personnel clinique.

En somme, nous ne rejetons pas le principe du «virage milieu». Cependant la prudence veut que les virages soient annoncés suffisamment à l'avance, que l'on ralentisse avant de s'y engager et que l'on prenne toutes les précautions nécessaires pour garder la route... C'est pourquoi nous insistons pour que le Conseil d'administration procède avec le plus grand soin aux transformations qui seront requises, avec la préoccupation de maintenir le niveau de services nécessaire pour répondre aux besoins (en s'assurant notamment que les ressources dans la communauté seront vraiment disponibles avant toute fermeture de services à d'autres niveaux) et avec le souci constant d'impliquer le personnel et les organismes partenaires à toutes les étapes du processus.

Le projet de fermeture de Boscoville

Les transformations envisagées incluent la fermeture du site de Boscoville. Cette annonce a soulevé un mouvement de protestations qui ne doit pas être ignoré sous le prétexte qu'il s'agirait de personnes nostalgiques attachées à un établissement qui n'existe plus et qui, de toute façon, ne correspondrait plus aux besoins d'aujourd'hui. Les témoignages d'attachement à Boscoville ne sont pas le fait uniquement de personnes qui ont fréquenté l'institution durant les années 50. Lors des retrouvailles du 20 avril, par exemple, nous avons pu constater que des jeunes au début de la vingtaine revoyaient avec autant d'émotion que les hommes d'âge mûr l'institution qui leur a permis de devenir des citoyens responsables menant une vie tout à fait honorable et productive. Pour notre part, nous considérons que les jeunes de Montréal et de la région ont encore besoin de Boscoville.

Une riche expérience, y compris avec le milieu

Le personnel clinique de Boscoville étant syndiqué à la CEQ, nous nous sommes intéressés à l'histoire de cette institution de réputation internationale. Nous savons que, dès ses débuts, Boscoville a développé une approche de rééducation des délinquants fort différente de ce qui était pratiqué dans les écoles de réforme du temps. Il a innové par son éducation à la liberté et à la responsabilité, des valeurs qui sont toujours essentielles.

Tout en poursuivant sa mission de réadaptation auprès des adolescents, Boscoville s'est préoccupé de la formation continue de son personnel; il a été un lieu remarquable de développement des connaissances; il a même permis la naissance d'une science humaine spécialisée, la psychoéducation pour l'intervention de réadaptation auprès des jeunes mésadaptés socio-affectifs et des délinquants.

Ce qui est moins connu, c'est que dès le milieu des années 70, donc bien avant que l'on parle de «virage milieu», Boscoville a entrepris d'orienter ses services vers la communauté. Ainsi, au cours des années 70 et 80, Boscoville a développé des collaborations en milieu scolaire, puis en milieu communautaire (harmonisation interculturelle et prévention de la violence). En 1990, il a réorganisé ses services pour accentuer le support offert aux familles. L'année suivante, il créait un centre de jour offrant un accompagnement scolaire et un support psycho-social à des jeunes du quartier dont les besoins ne justifiaient pas un placement.

Ces activités ont presque complètement disparu à Boscoville. Non pas parce que le personnel aurait jugé qu'elles étaient devenues moins importantes et s'en serait désintéressé, mais bien parce que la direction unifiée, à la suite de la création des Centres jeunesse de Montréal, a aboli ou rendu inopérants la plupart de ces programmes. Il est étonnant de constater que la direction des CJM — qui en est à son troisième plan de réorganisation en quatre ans — propose maintenant de fermer Boscoville sous le prétexte d'opérer un «virage milieu».

Redéfinir la mission de Boscoville et réaliser des économies

L'expertise du travail avec la famille, l'école et la communauté est toujours présente à Boscoville et le personnel souhaite justement pouvoir poursuivre, en l'adaptant lorsque nécessaire, le travail qui avait été entrepris avant 1992. Il faut redonner à Boscoville les moyens de poursuivre son action en ce sens.

Nous estimons également que Boscoville doit être maintenu comme centre de réadaptation offrant des services en internat. Il est illusoire de prétendre fermer Boscoville et le recréer ailleurs du simple fait que son personnel serait relocalisé dans d'autres établissements ou affecté au travail dans le milieu. Boscoville, c'est, bien sûr, un personnel compétent et dévoué, mais c'est également un milieu ouvert et chaleureux, un environnement favorable, des installations matérielles adaptées, des méthodes de travail éprouvées et une culture qui s'est transmise au fil du temps. Supprimez l'un de ces éléments et Boscoville n'existe plus.

Le transfert des unités de réadaptation de cet établissement vers le Mont Saint-Antoine et vers Cité-des-Prairies ne nous semble pas non plus une solution appropriée. Il existe toujours une clientèle qui a besoin d'un encadrement plus structuré que celui que peuvent offrir la famille et l'école régulière, même avec des psychoéducateurs travaillant dans la communauté. L'internat devient alors une solution. Cette clientèle n'exige pas nécessairement un milieu «sécuritaire» comme Cité-des-Prairies mais n'est pas automatiquement capable d'évoluer dans un grand ensemble comme le Mont Saint-Antoine. À la diversité des besoins doit correspondre une diversité de services. Nous croyons fermement que Boscoville doit faire partie de l'éventail de services disponibles pour les jeunes en difficulté.

Dans un contexte de rareté des ressources, nous appuyons la volonté de la direction des CJM d'économiser sur le béton plutôt que sur les ressources humaines. Cependant, comme l'a démontré le Syndicat du personnel clinique de Boscoville (CEQ), il serait possible de réaliser des économies en déplaçant des bureaux administratifs et du personnel, donc des adultes, plutôt que des jeunes en difficulté. Si le site de Boscoville n'existait pas déjà, la situation budgétaire nous empêcherait sans doute de songer à le construire. Mais, comme il est là, il serait vraiment dommage que, pour des motifs d'ordre économique à court terme, on prive les jeunes de cet outil qui a permis et permet encore à notre société d'éviter des coûts beaucoup plus élevés à long terme.

Nous croyons également que Boscoville, qui a déjà une longue expérience dans le domaine de la recherche et de l'innovation, doit demeurer un site de recherche et d'expérimentation de nouvelles approches cliniques. Doté d'une vocation universitaire dans le domaine de la recherche-action, Boscoville pourrait être désigné comme centre suprarégional pour des fins de recherche, d'enseignement et de perfectionnement et, s'il y a lieu, de prise en charge de cas spéciaux requérant une intervention spécialisée.

L'idée d'en faire un centre suprarégional mérite d'être envisagée d'autant plus que ce centre permettrait de répondre à des besoins criants notamment en Montérégie et dans les Laurentides. Pour ce qui est de la Montérégie, en mars dernier, la Commission des droits de la personne et des droits de la jeunesse indiquait qu'en janvier 1997, 207 enfants signalés au Directeur de la protection de la jeunesse comme pouvant voir leur sécurité ou leur développement compromis attendaient une évaluation de leur cas, la majorité depuis plus d'un mois. Dans la même région, 175 autres enfants dont la sécurité ou le développement avaient été reconnus comme compromis attendaient aussi, la majorité depuis plus de trois mois, que puissent leur être assurés la protection et les services dont ils avaient besoin. Au même moment, la Commission demandait au DPJ de la région des Laurentides de retirer une directive qu'il avait acheminée à son personnel l'enjoignant à ne plus retenir les signalements d'adolescents de 16 et 17 ans, sauf dans les cas de danger physique immédiat pour eux-mêmes ou pour autrui.

La vocation universitaire et le statut de centre suprarégional pourraient justifier un financement qui ne soit pas assumé uniquement par les Centres jeunesse de Montréal, mais partagé avec d'autres instances régionales, universitaires ou gouvernementales, permettant ainsi aux CJM de réaliser des économies tout en profitant des services et du rayonnement de Boscoville.

Une telle réorientation de Boscoville mérite une étude approfondie. C'est pourquoi nous demandons un moratoire sur le projet de fermeture de Boscoville et la mise en place d'un groupe de travail chargé de redéfinir sa mission. Nous sommes d'ailleurs disposés à participer à un tel groupe de travail.

Conclusion

Nous reconnaissons la nécessité d'adapter les services aux nouvelles réalités. Cependant, nous contestons l'approche qui consiste à démanteler des services qui ont fait leurs preuves sous prétexte de «virages» qui servent en réalité à justifier une diminution des ressources.

L'avenir de notre jeunesse est trop important pour qu'on le sacrifie sur l'autel du déficit zéro en l'an 2000. C'est pourquoi nous demandons au Conseil d'administration des Centres jeunesse de Montréal de ne pas se cantonner dans un rôle d'exécutant docile et silencieux des coupures exigées par le Conseil du trésor.

Compte tenu des listes d'attente qui existent toujours pour des services en internat pour les jeunes en difficulté, il est raisonnable de croire qu'il n'existe pas trop de places. C'est pourquoi le Conseil d'administration devrait refuser de procéder à une réduction massive du nombre de places. Qu'ils soient enfants, adolescents ou jeunes mères en difficulté, tous ont besoin d'une aide professionnelle adaptée à leur situation. Une aide qui peut prendre la forme de prévention et d'intervention dans le milieu, mais qui exige souvent davantage.

Pour ce qui est de l'avenir de Boscoville, nous demandons instamment aux Centres jeunesse de Montréal de ne pas poser de geste irrévocable entraînant la fermeture de cet établissement. Nous demandons que soient étudiées soigneusement toutes les possibilités de redéfinir sa mission et d'élargir sa vocation afin qu'il demeure cet établissement audacieux et innovateur qui a rendu jusqu'à maintenant des services immenses à la jeunesse et à la société québécoises.

Le président du Syndicat du personnel clinique de Boscoville (CEQ), Patrick J. Turcot, affirmait récemment: «Il est navrant de constater que ceux qui ont coupé les ailes de Boscoville lui reprochent maintenant de ne pas voler assez haut et utilisent ce prétexte pour tenter de justifier sa disparition.» La connaissance que nous avons de la réalité des jeunes de même que ce que nous savons de l'histoire de Boscoville et de ses possibilités nous incitent à vous dire:

IL NE FAUT PAS FERMER BOSCOVILLE,
IL FAUT PLUTÔT LUI REDONNER SES AILES!

Recommandations

La Centrale de l'enseignement du Québec recommande:

1. Que les Centres jeunesse de Montréal refusent d'appliquer des compressions budgétaires entraînant une diminution des services offerts aux jeunes en difficulté.
2. Que, tout en favorisant des mesures de prévention et d'intervention dans le milieu naturel des jeunes, les CJM s'assurent de maintenir un nombre suffisant de places en internat afin de répondre aux divers types de besoins.
3. Que les CJM étudient toutes les possibilités de déplacer des centres administratifs, des services de documentation et de recherche et autres bureaux occupés par des cadres ou des intervenants adultes au lieu de déplacer des unités de réadaptation pour les jeunes.
4. Que, tout en y préservant des unités de réadaptation, Boscoville soit maintenu comme site de recherche et d'expérimentation d'approches cliniques nouvelles.
5. Que soit reconnue à Boscoville une vocation universitaire dans le domaine de la recherche-action, celle-ci pouvant se spécialiser dans certains domaines.
6. Que Boscoville soit désigné comme centre suprarégional doté d'une administration autonome s'il y a lieu, pour des fins de recherche, d'enseignement, de perfectionnement et, au besoin, de prise en charge de cas spéciaux requérant une intervention spécialisée.
7. Que les travailleuses et travailleurs des Centres jeunesse et les organisations syndicales qui les représentent, de même que les organismes partenaires (tels que les écoles, les CLSC et les groupes communautaires) soient associés à toutes les étapes du processus de réorganisation des services.

Boscoville, l'âme et le cœur d'un véritable virage milieu[100]

AVIS DE L'ASSOCIATION DES PSYCHOÉDUCATEURS DU QUÉBEC
PRÉPARÉ PAR MONIQUE BLEAU, VICE-PRÉSIDENTE.
ADOPTÉ À LA SÉANCE DU COMITÉ EXÉCUTIF, 7 MAI 1997.

Préambule

Suite à toute la polémique générée par la fermeture éventuelle de Boscoville, l'Association des psychoéducateurs du Québec s'inquiète du fait que cette situation révèle une problématique sous-jacente majeure, soit l'**absence d'une politique globale de l'enfance et de la jeunesse**. La problématique de la fermeture de Boscoville, tout autant que celle d'autres centres et de foyers de groupes, nous interpelle et nous préoccupe dans le sens qu'elle n'a été traitée que dans une approche sectorielle par la direction des Centres jeunesse.

Nous appuyons et prônons depuis longtemps le «virage milieu» annoncé. Pour nous, cependant, le «milieu » englobe tout autant le centre résidentiel que la famille naturelle, la famille reconstituée, le quartier, l'école, la famille d'accueil ou le foyer de groupe, ceci dans une perspective de continuum des services et de nature des besoins.

Nous concevons que le «virage milieu», dans son essence même, doit se vivre en **collaboration** avec les autres interlocuteurs de ce milieu dans toutes les phases de son implantation, c'est-à-dire: choix des assises théorique et philosophique, planification, opérationnalisation. Or, tous les documents élaborés par les Centres jeunesse nous démontrent l'absence totale de **partenariat**. Les milieux éducatifs, commissions scolaires et écoles, le

100. Avis déposé par **l'Association des psychoéducateurs du Québec** aux audiences publiques, le 14 mai 1997, sur les «propositions de transformations liées à l'approche milieu», propositions présentées par les Centres jeunesse de Montréal.

milieu communautaire, maisons de quartier et organismes communautaires, les instances policières (police de quartier) ne furent pas mises à contribution. Ils apparaissent uniquement comme des interprètes d'un scénario auquel ils n'ont pas contribué.

Nous nous insurgeons contre les prémisses du document «CJM de l'an 2000», prémisses préconisant la «destruction créatrice de systèmes», «sans parachute aucun», «geste d'anarchie éthique» que nous jugeons immorales et dont les auteurs n'ont pas mesuré la dangerosité pour la collectivité et les effets pernicieux irréversibles sur les individus et les architectures relationnelles personnelles ou communautaires.

Par contre, nous accueillons avec soulagement la prévision de «filets de sécurité» que nous retrouvons dans le texte des *Propositions de transformations liées à l'approche milieu* et sommes fort aises du passage de la «théorie du chaos» à celle préconisant «l'accessibilité, la continuité, l'adaptabilité et la diversité des services et le maintien optimal du jeune dans son milieu».

Propositions structurelles et organisationnelles

Boscoville, de par son historique avant-gardisme, grâce à son autorité morale mondialement reconnue, à une action éducative d'une qualité exceptionnelle, demeure un établissement qui pourrait encore être un lieu d'expertise en réactivant les liens avec les universités et le monde de la recherche. Ce centre, dispensateur de services élargis à la communauté, pourrait faire le lien avec le passé tout en étant garant d'un avenir plus prometteur pour nos jeunes en grande détresse.[101]

À partir de cette assertion, nous désirons contrer le geste de télescopage historique que s'apprêtaient à poser les Centres jeunesse de Montréal en détruisant un des lieux «réservoirs d'intelli-

101. Duclos, Germain, «Enfants négligés: un cri d'alarme», *Enfants Québec*, février-mars 1997, pp. 30-40, 73-77.

gibilité pour situer les événements révolus et éclairer ceux qui surviendraient».[102]

Nous proposons le maintien de Boscoville, comme **maître d'œuvre** d'un projet mobilisateur. Boscoville deviendrait le **collimateur d'un faisceau de services** s'inscrivant dans les nouvelles approches et pourrait devenir un **modèle généralisable** et **multiplicateur** de concepts et de schèmes d'intervention nouveaux.

Phase préparatoire

Tenant compte que la concertation et la gestion participative sont l'essence même d'un «virage milieu» autant dans ses prémisses, dans sa réalisation concrète que dans les phases évaluatives et de relance, il sera primordial de n'enclencher l'action qu'à la suite d'une **démarche de concertation préalable** avec tous les partenaires. Un virage milieu ne peut être sans le milieu puisqu'il doit s'opérer **avec**, **dans** et **pour** le milieu.

Le solage de l'édifice doit être ancré dès l'amorce du projet et non subséquemment. Cette phase implique que les autres agents actifs dans la vie du jeune édifient ensemble la structure s'ils veulent ensuite y cohabiter harmonieusement et efficacement. Il serait impensable que les passagers d'une croisière ne franchissent la passerelle qu'au quai d'arrivée; le pilote aurait réalisé un «ego-trip» technocratique aux incidences catastrophiques.

L'émergence d'une nouvelle **culture de réseau**, **culture interactive participative**, implique que tous démarrent le voyage ensemble. Cette culture à créer nécessite le **partenariat**, créateur d'un **lieu de convergence**.

Conjonction des virages (Annexe 2)

Afin de réaliser le virage milieu, les Centres jeunesse qui ont le statut d'Institut de recherches universitaires devraient utiliser Boscoville comme chef de file et asseoir, en comité de production

102. Dumont, Fernand (1995). *L'avenir de la mémoire*, Québec: Nuit blanche Éditeur/CEFAN.

proactive intensive, certains interlocuteurs et partenaires représentatifs des autres virages liés au leur.

Les secteurs petite enfance, enfance et jeunesse (0-21 ans) sont les secteurs les plus névralgiques de notre société actuellement et nous ne pouvons pas nous permettre de dérapages. Ils auraient des impacts irréparables tant sur le plan humain que financier dans les années futures. Le «virage milieu» est conditionnel à l'inter-réseau, sinon les risques d'échecs et de «pelletage» des problèmes et des coûts deviendront insupportables pour les autres partenaires. La ville, le quartier, la famille, l'école ne pourront assumer sans dangers existentiels les impacts d'une désinstitutionnalisation à outrance et surtout d'une action «déconnectée». Ce virage ne doit pas être l'apanage d'un appareil technocratique, mais construit avec tous les associés touchés.

Modèle de services (Annexe 3)

Nous recommandons un modèle de **«parapluie de services»**, modèle normalisant et en interaction constante grâce à son déploiement, son redéploiement, son mouvement circulaire autant excentrique que concentrique et sa réversibilité.

Ce modèle généralisable dont les Centres jeunesse de Montréal seraient l'initiateur et le chef de file, en conjonction avec les milieux de recherches universitaires, et par l'extension du mandat d'Institut de recherche des Centres jeunesse, aurait l'avantage, tout en intégrant les autres réseaux et en harmonisant les divers virages, de demeurer **centré sur les besoins des jeunes** au lieu des structures, de répondre dans le temps et dans l'espace à toute **la gamme** et à toute **l'amplitude** de leurs **besoins** tout en évitant:

- le «pelletage» dans les autres réseaux dont les commissions scolaires, qui ont charge d'élèves de 5 à 21 ans, le municipal, les organismes communautaires pauvres et instables;
- le dangereux virage carcéral pour les jeunes de 16 ans et plus par la disparition quasi totale de structures intermédiaires humanisantes et rééducatives nécessaires, et en permettant une **réadaptation qualitative** garantie par:

– l'accessibilité rapide;
– l'adaptabilité;
– la flexibilité;
– la diversité;
– la continuité.

Boscoville: site de l'Institut de recherche des Centres jeunesse de Montréal

Considérant que les handicapés visuels, auditifs, physiques, intellectuels et les personnes affectées de psychopathologies bénéficient:

- d'instituts, tels que l'Institut Nazareth et Louis-Braille, l'Institut Raymond-Dewar, l'Institut Philippe-Pinel;
- de grands centres de réadaptation et d'écoles suprarégionales ou régionales ultra-spécialisées dispensant tous des services internes, externes, d'itinérance directe et indirecte,

nous préconisons qu'à l'instar de ces établissements

- qui coopèrent avec les centres universitaires et de recherche;
- qui reçoivent des subventions de recherche;
- qui profitent de stagiaires en stages pratiques ou en recherche pure ou appliquée,

Boscoville soit voué à la **recherche-intervention** pour l'ensemble des problématiques liées à la jeunesse:

– violence;
– délinquance;
– négligence;
– itinérance;
– alcoolisme/toxicomanie et autres dépendances;
– suicide;
– prostitution;
– grossesse;
– sida;
– etc.

dans une approche non structurale, mais de réponse aux besoins des jeunes.

Dans cette optique, nous recommandons qu'un autre centre, couvrant la clientèle 5-12 ans, soit désigné au même titre.

Modalités de services (Annexe 3)

Ce modèle parapluie permet l'implantation et l'activation de services concertés aux niveaux:

- préventif;
- rééducatif de première ligne,
  deuxième ligne,
  troisième ligne;
- intégratif et réintégratif,

allant des services ponctuels aux services continus dispensés dans le milieu naturel du jeune autant que dans un milieu intermédiaire ou résidentiel, services ancrés dans ses milieux de vie habituels: quartier, école, loisirs, etc.

Les services prennent la couleur d'interventions **directes** auprès de lui tout autant que d'interventions **indirectes** auprès de ceux qui l'entourent: famille, intervenants scolaires, sociaux, communautaires, services policiers, de garde (0 à 12 ans), etc., sous de multi-formes:

- soutien-conseil;
- formation, information, animation;
- suivis.

Ces modalités de services interactifs devraient se retrouver dans un modèle identique développé dans un centre désigné pour les 0-12 ans et en conjonction avec tous les partenaires décrits à l'annexe 2.

Planétarisation des autres centres et extension régionale

- Le modèle décrit aux annexes 2 et 3 devrait se transposer dans tous les autres centres qui bénéficieraient des retombées de l'Institut de recherche des Centres jeunesse de Montréal. Ce modèle permettrait une réponse sous-régionale concertée en réseau aux besoins criants et en progression des jeunes de 0-21 ans: sous-alimentation, problèmes de santé physique et mentale, problèmes socio-affectifs, problèmes neuro-cognitifs, psychopathologies, troubles de la conduite et du comportement, négligence, violence, délinquance, criminalité, etc.

- Les régions Montérégie et Laval-Laurentides-Lanaudière, parents pauvres historiquement et héréditairement quant aux structures universitaires et institutionnelles diverses, pourraient profiter des retombées de l'Institut de recherche. Comme parties d'un grand système cohérent, ces régions pourraient participer sous une forme satellitaire aux intrants et extrants de ce projet tant au scolaire qu'au municipal, communautaire, services sociaux et Centres jeunesse[103].

Rentabilisation de Boscoville

En période de coupures et de réajustements budgétaires, les décisions que l'on doit prendre doivent être judicieuses afin de ne pas générer des coûts exorbitants par effet «boomerang» à moyen et long terme. Nous avons assez hypothéqué nos jeunes financièrement et humainement.

Nos propositions évoquent une rentabilisation stratégique du Centre de recherche Boscoville, lui conférant le statut d'Institut de recherche générant:

- des subventions de recherche;
- des activités lucratives de contrats de services:

  – formation;
  – soutien-conseil;
  – animation des milieux.

---

103. Si cette réorganisation massive s'opérait dans l'anarchie, elle s'avérerait infructueuse et coûteuse à moyen et long terme, et produirait une déstabilisation stérile. Les virages divers ne peuvent se faire de façon aléatoire; ils doivent s'orchestrer puisqu'ils visent une seule et même personne, **un jeune**. Il faut éviter de prendre des décisions dans un état d'urgence.

Ce statut est renforcé par la réputation et la reconnaissance universelle de Boscoville.

- Maximisation de l'usage des installations physiques incomparables:
  - Institut de recherche;
  - stagiaires universitaires;
  - internat plein temps;
  - internat temps partiel à l'année longue;
  - localisation des services professionnels d'intervention directe et indirecte.
- Revenus des contrats de services avec les partenaires publics ou privés (écoles privées spécialisées, etc.)
  - services directs,
  - services indirects,
  - formation,
  - animation.
- Proposition de jumelage de toutes les fondations des Centres jeunesse pour une maximalisation des revenus et services offerts.
- Proposition de développement du mécénat et du mentorat.
- Création d'un immense campus intégré avec Cité-des-Prairies et usage des terrains à des fins récréatives, de loisirs, de sports pour la communauté limitrophe ou à des fins utilitaires pour les autres partenaires.

Offre de services de l'Association des psychoéducateurs du Québec

L'Association pourrait jouer un rôle de médiateur, de rassembleur, d'intermédiaire pour soutenir les Centres jeunesse dans leur virage milieu. Boscoville a donné naissance à la psychoéducation et a contribué à sa renommée mondiale.

Les psychoéducateurs ont démontré par le passé qu'ils pouvaient être à l'avant-garde. Ils peuvent encore devenir les leaders du «virage» en s'associant les autres professionnels des sciences humaines et en misant sur Boscoville comme incubateur de changement.

Conclusion

Il est facile comme société ou organisme de stigmatiser des mouvements ou de les déifier. Il y eut les horreurs de l'institutionnalisation à outrance, et l'univers commence à vivre les horreurs de l'idéalisation de la désinstitutionnalisation outrancière.

Euchariste Paulhus, un des fondateurs de la psychoéducation, évoque les dangers de l'effet du balancier en assimilant l'intégration à une forme d'idéologie égalitaire[104]:

> «L'intégration serait un mouvement politique; le danger réside ici dans le changement d'idéologie selon les militants en place. On pourrait tout aussi bien prôner l'emprisonnement des jeunes délinquants et la peine de mort chez les mineurs.» ...
>
> «C'est le danger: plus nous acceptons d'intégrer tout le monde en tout, sans exception (j'ajouterais ou presque), plus nous risquons que des gens (dont les autorités en place) réclament le pire ou se fassent justice à eux-mêmes » (escadrons de la mort, tribunal adulte pour jeunes, peine de mort).
>
> « Acceptons les limites de l'intégration. On ne peut intégrer tout le monde.»
>
> «Pour sauver l'intégration, il faut supprimer ce qui pervertit l'intégration. Il faut, au nom même de l'intégration, être prêt à refuser certaines intégrations.»

L'internat sera donc pour certains et pour plusieurs **un mal «bien» nécessaire** qu'il s'agit de conjuguer au pluriel avec plusieurs personnes et organismes, avec toute une hiérarchie des services allant du totalement intégré à l'internat sécuritaire, en réservant plusieurs paliers d'intervention entre les deux.

---

104. Paulhus, Euchariste (1990). *Les enfants à risques*, Paris: Fleurus.

Fernand Dumont, analyste philosophique et sociologique brillant et intègre de notre société en mutation, qui nous a quittés récemment, disait dans son volume *L'avenir de la mémoire*:

> «C'est grâce à la culture que l'humanité se déprend de la répétition monotone à laquelle est vouée la condition animale... la culture est donc un héritage. Voilà en quoi elle pose, comme enjeu primordial, le problème de la mémoire.»
>
> «Nos sociétés seraient-elles devenues impuissantes devant l'avenir parce qu'elles ont perdu la mémoire? La référence au passé s'étant égarée, nous ne savons plus affronter le futur.»

Donc, c'est en continuité avec notre histoire que nous devons amorcer un débat de société sur les services à «notre» enfance et à «notre» jeunesse et Boscoville en est un point d'ancrage dans cette mémoire collective.

Avis face aux propositions de transformations liées à l'approche «milieu» des Centres jeunesse de Montréal

AVIS DU REGROUPEMENT DES UNITÉS DE FORMATION UNIVERSITAIRE EN PSYCHOÉDUCATION (RUFUP)[105]

Le RUFUP est le regroupement des unités de formation universitaire en psychoéducation. En font partie l'École de psychoéducation de l'Université de Montréal, le Département d'éducation spécialisée de l'Université de Sherbrooke, les Départements de psychoéducation des Université du Québec à Hull et à Trois-Rivières, ainsi que le Département des sciences du comportement de l'Université du Québec en Abitibi-Témiscamingue. La plupart des unités du RUFUP ont régulièrement des étudiants en stage au sein des CJM. De plus, plusieurs de nos professeurs ont conduit ou conduisent actuellement des recherches en collaboration avec l'Institut universitaire des CJM. Pour ces diverses raisons, nous nous considérons comme faisant partie des partenaires des CJM.

105. Personnes déléguées au RUFUP par les universités:
Université de Montréal
Claude Gagnon, directeur de l'École de psychoéducation et président du RUFUP
Sylvie Normandeau, professeure responsable du programme de maîtrise
Yolande Tanguay, professeure responsable du programme de baccalauréat
Lucille David, responsable des stages
Université de Sherbrooke
Jean Toupin, directeur intérimaire du Secteur de psychoéducation
Josée Arpin, responsable de la formation pratique et des stages
Université du Québec à Trois-Rivières
Jacques Rousseau, directeur du Département de psychoéducation
André Plante, responsable du Module de psychoéducation
Université du Québec à Hull
Jacques Dionne, professeur, Département de psychoéducation
Université du Québec en Abitibi-Témiscamingue
Dominique Trudel, responsable de la formation pratique en psychoéducation, Département des sciences du comportement

En raison de l'importance des changements prévus au sein des CJM et des impacts potentiels de ces changements sur les jeunes du Québec, ainsi que sur la formation des étudiants de psychoéducation placés en stage dans votre organisme, notre regroupement tient à exprimer sa position face aux "Propositions de transformations liées à l'approche «milieu»" (CJM, avril 1997).

Nous souhaitons que nos critiques et questionnements puissent être reçus comme étant des commentaires et des suggestions visant à bonifier les propositions à l'étude au conseil d'administration des CJM.

Toutefois, d'entrée de jeu, nous tenons à vous exprimer notre inconfort face aux différentes contraintes organisationnelles du processus de consultation. Parmi ces différentes contraintes, mentionnons la période de consultation très courte, l'objet de consultation très limité, les règles restrictives imposées aux partenaires pour être entendus aux audiences publiques. Nous déplorons aussi que le document remis pour consultation ne comprenne aucune information sur les contraintes budgétaires auxquelles doivent faire face les CJM, alors qu'il nous est demandé de tenir compte de cet élément.

Nous appuyons le virage milieu que veulent intensifier les CJM

Une des thèses qui est soutenue par les CJM est qu'il faut maintenir le jeune dans sa famille et que cela suppose le développement d'une nouvelle pratique en dehors des murs de l'institution. Notre groupe estime qu'une approche préventive pour solutionner les problèmes est incontournable.

Il ne faut toutefois pas confondre les moyens et les résultats attendus, ni croire que nos souhaits seront tous exaucés. Le maintien du jeune dans sa famille est un moyen, certes le plus écologique et le plus rentable financièrement, mais ce n'est pas un but en soi, particulièrement dans les cas de jeunes abusés ou négligés. De même, si la prévention des mésadaptations psychosociales est une visée extrêmement valable, nous savons que même les meilleurs programmes de prévention laissent filtrer un nombre significatif de jeunes et de familles dont la situation continue à se détériorer.

Récemment, dans un texte publié dans *La Presse*, le directeur des Centres jeunesse de Montréal, Monsieur Guérard, signalait que, pour un certain nombre de jeunes, l'hébergement dans un cadre institutionnel continuera d'être un moyen nécessaire et indispensable. Notre groupe est pourtant très inquiet: selon les chiffres publiés, des 278 places dans les foyers de groupe pour les plus jeunes des Centres jeunesse de Montréal, il n'en restera, après le virage, que 63 (22,7 %). Mais alors, pourquoi, surtout dans un contexte de prévention, ne pas aussi emprunter le virage chez les adolescents, alors que seulement 5,6 % des places seront éliminées (38 sur 680 places). Cet écart important entre le traitement proposé pour les enfants et les adolescents laisse perplexe. Il n'y a pas d'explication crédible permettant d'établir que les besoins des enfants et des adolescents seront mieux desservis par la proposition des CJM.

Nous avons des réserves sur les propositions de transformations des CJM, en raison des coupures budgétaires.

Il y a une première inconnue qui nous intrigue, c'est l'ampleur des coupures budgétaires que le gouvernement et la Régie régionale exigent des CJM. Si, comme certaines rumeurs l'ont propagé, les coupures budgétaires sont la raison majeure des changements proposés, ainsi que de la très forte accélération du rythme des changements, il serait bon de le rendre public et de ne plus prétendre que ce qui importe, c'est l'accentuation du virage milieu. Nous trouverions dommage d'en être rendus là socialement et de devoir admettre que nous n'avons plus les moyens de bien nous occuper de nos jeunes les plus mal pris, mais la réalité étant claire, nous pourrions y faire face. Il ne faudrait pas que la notion virage milieu soit une façon de camoufler d'autres choix, comme celui des coupures budgétaires imposées par le gouvernement. Il ne faudrait pas oublier qu'il y a quelques années, c'est au nom d'un autre virage qu'on a fermé les institutions psychiatriques, alors que l'objectif réel en était un de réduction de budget. L'effet principal de ce virage fut l'augmentation des cas d'itinérance au centre-ville. Il serait important de ne pas répéter la même erreur avec les services aux jeunes.

De plus, dans l'hypothèse où les coupures budgétaires étaient la première des priorités, il serait temps que le conseil d'administration des CJM ainsi que la Régie régionale s'interrogent sur l'effet domino des diverses coupures budgétaires qui risquent d'empêcher un réel virage milieu. Ainsi, les coupures de budget dans les autres organismes comme les commissions scolaires risquent de réduire les services aux jeunes en difficulté dans les écoles. Les coupures dans les hôpitaux risquent d'affecter les services en pédopsychiatrie. On peut alors se demander si les éducateurs des CJM qui iront intervenir dans la communauté seront un ajout pour aider les jeunes en difficulté, ou s'ils ne seront qu'une mince compensation pour l'ensemble des ressources qui auront été coupées dans les autres organismes. Ainsi, comment serait-il possible d'atteindre l'objectif d'intensifier l'intervention à l'école et dans la communauté pour les jeunes de 6-11 ans tel que proposé à l'annexe 2, si le milieu scolaire réduit ses propres services de psychoéducation et d'éducation spécialisée pour ces jeunes?

Collectivement, au-delà de la situation des CJM, nous tenons à exprimer notre inquiétude face à l'absence apparente de préoccupations chez les administrateurs publics quant aux effets combinés des coupures budgétaires sur la qualité des services aux jeunes en difficulté. Les intervenants des différents milieux déplorent actuellement l'alourdissement des problématiques vécues par les enfants, les adolescents et les jeunes mères en difficulté. Si les services en milieu scolaire, en centre jeunesse et en pédopsychiatrie et si l'aide aux organismes communautaires diminuent tous en même temps en raison des coupures budgétaires, assisterons-nous à une augmentation des cas de suicide, des cas de grossesses prématurées, des cas de négligence, d'absentéisme et de renvois scolaires, des phénomènes de gang, de délinquance et de violence sur l'île de Montréal? Il serait paradoxal d'arriver à de tels résultats alors que, par le virage milieu, les CJM veulent mieux prévenir et contrer ces phénomènes.

Nous avons des réserves en raison du rythme des changements qui risque de ne pas permettre l'établissement des partenariats solides que nécessite le virage milieu.

Quand nous lisons le document de consultation, il y a certes une résolution concernant l'établissement des partenariats nécessaires. Mais nous ne retrouvons pas de temps prévu et d'actions précises visant la concertation avec les organismes communautaires qui devraient devenir les partenaires de cette opération, et cela nous inquiète. Est-ce que les CJM, avant d'accélérer leur virage-milieu, se sont assurés que leurs principaux partenaires institutionnels (écoles, CLSC, hôpitaux) et communautaires étaient prêts et auraient les budgets et ressources nécessaires pour collaborer à ce virage milieu?

Dans les services en enfance et en petite enfance des CJM, le virage milieu est déjà amorcé depuis quelques années. Pour effectuer cette première phase du virage milieu, il y a eu du temps consacré à l'établissement de nouveaux partenariats avec les organismes institutionnels et communautaires... Comment les CJM tirent-ils profit de cette expérience de la première phase du virage pour mieux planifier la prochaine phase?

Plusieurs membres de la direction des CJM ont eu l'expérience de la mise sur pied de tels partenariats et savent bien que l'articulation de milieux institutionnels comme les CJM avec des milieux communautaires d'intervention est d'ordinaire une opération très délicate qui demande du temps et du doigté si l'on veut que des milieux ayant des cultures organisationnelles aussi différentes puissent en venir à collaborer. Les milieux communautaires n'aiment généralement pas se faire dire «quoi faire» et «comment le faire» par les organismes institutionnels. Peut-être, comprenons-nous mal le plan soumis, mais nous n'y retrouvons aucune action précise et aucun temps prévu pour établir ces partenariats et cette collaboration inter-organismes quant à la clientèle des enfants, des adolescents et des jeunes mères qui devront être aidés au sein de la communauté en comptant sur les énergies et la collaboration de certains organismes communautaires.

Nous avons des réserves en raison du caractère irréaliste des propositions relatives à la formation des intervenants.

La situation des intervenants qui devront changer de contexte d'intervention nous préoccupe beaucoup. Un éducateur habitué depuis plusieurs années à intervenir dans une unité de vie ou dans un foyer de groupe fait face à un très grand défi quand on lui demande d'aller intervenir en milieu naturel. La plupart des éducateurs placés dans cette situation auront besoin d'une formation de qualité et d'un soutien suivi pour y parvenir. Les CJM ont anticipé cette difficulté et le plan prévoit un certain temps de formation entre les mois de mai et septembre. Nous nous interrogeons quant au réalisme de cet échéancier, si l'on tient compte des vacances du personnel qui seront prises entre les mois de juin et septembre. Il faut aussi ne pas oublier que, durant ce temps, les équipes restantes devront consacrer la majeure partie de leur énergie à maintenir les services immédiats aux jeunes. Dans un tel contexte et à l'intérieur d'un temps aussi réduit, comment sera-t-il possible de donner aux intervenants la formation intensive dont ils auront besoin pour effectuer un tel changement de pratique professionnelle?

Nous avons des réserves quant au nombre prévu de fermetures d'installations pour mères en difficulté.

Nous sommes d'accord avec l'implantation d'une intervention plus intensive et diversifiée dans la communauté pour les mères en difficulté. Nous reconnaissons qu'il est vrai que, dans la région de Montréal, l'hébergement est beaucoup plus utilisé pour cette clientèle que dans les autres régions. Mais, il serait bon de rappeler qu'il y a à Montréal certains besoins très différents de ceux qu'on retrouve dans d'autres régions. Il faudrait donc en tenir compte. C'est pourquoi, nous suggérons que la période des mesures de transition prévue à la page 11 du document soit prolongée d'une année pour évaluer ces besoins d'une façon plus rigoureuse.

Nous avons de fortes objections à la proposition de relocalisation des services de Boscoville.

Un groupe d'anciens usagers et d'amis de Boscoville ont rédigé récemment une lettre d'opposition à la fermeture de Boscoville et à la relocalisation de ses équipes éducatives. Dans cette lettre, il est suggéré d'établir un moratoire face à cette décision et de mettre sur pied un comité d'experts pour faire des suggestions innovatrices quant à l'utilisation maximale du potentiel de ce milieu. Nous sommes d'accord avec ces propositions et nous sommes prêts à y contribuer.

Différents arguments militent en faveur du report de la proposition de la relocalisation des effectifs de Boscoville. Nous tenons à exprimer un de ces arguments que nous n'avons pas entendu jusqu'ici dans ce débat. Dans l'histoire des institutions appelées «Écoles de réforme» ou «Centres de correction pour délinquants», le fait que des anciens pensionnaires ou résidents se lèvent pour défendre leur ancienne institution constitue un événement unique, à notre connaissance. On ne devrait pas en mésestimer l'importance. Si un tel geste était posé par des anciens d'une université, on applaudirait et on louangerait leur geste. Pourquoi, dans le cas d'anciens délinquants, réduirions-nous la portée de ce geste à une manifestation de nostalgie? Selon nous, il y a plus que de la nostalgie dans cette opposition, il y a là quelque chose à comprendre de la part des chercheurs et des administrateurs. Il serait paradoxal, alors que les CJM veulent accentuer dans les évaluations des services l'usage du critère de la satisfaction des usagers, de ne pas tenir compte d'une expression aussi forte de satisfaction exprimée par une catégorie d'usagers. Pourquoi fermer un service dont les usagers se disent satisfaits et qu'ils sont prêts à défendre en descendant dans la rue? Nous ne comprenons pas. L'utilisation du terme «relocalisation» nous apparaît inappropriée, car la division des équipes éducatives et leur insertion dans un autre milieu ne peuvent avoir d'autres effets que la fin du projet éducatif qui a caractérisé ce milieu.

Nous avons de grandes inquiétudes quant à la qualité de la formation des stagiaires de psychoéducation qui seront placés au sein des CJM au cours de la prochaine année si le rythme des changements est aussi rapide que celui préconisé.

Nous trouvons important que les futurs psychoéducateurs et les futures psychoéducatrices reçoivent un accompagnement de qualité par un professionnel compétent quand ils ou elles sont en milieu de stage. Les équipes des différents campus des CJM ont jusqu'à maintenant été reconnues pour la qualité de l'accompagnement qu'elles accordaient aux stagiaires. Par contre, si le rythme des changements s'accentue, il est à craindre que certains stagiaires ne puissent bénéficier de cette qualité d'accompagnement au cours de la prochaine année. Ainsi, par exemple, comment des éducateurs parachutés à faire de l'intervention à l'externe pourront-ils accompagner un étudiant d'une façon compétente alors qu'ils seront dépassés par un tel défi professionnel?

Conclusion

En terminant, nous aimerions utiliser la métaphore du virage. Tout conducteur expérimenté sait très bien que, lorsqu'il pleut, il doit réduire la vitesse pour prendre une courbe avec un angle prononcé. S'il n'a pas cette prudence, son auto dérapera et il se retrouvera dans le fossé. Il en est de même pour les CJM et le virage milieu. Les compressions budgétaires et les décisions de réorganisation du ministère de la Santé et des Services sociaux sont comme une pluie abondante qui tombe sur la chaussée de la courbe virage-milieu. C'est tout un obstacle dont doivent tenir compte ceux qui conduisent le véhicule des CJM.

Le RUFUP endosse l'orientation du virage milieu pris par les CJM. Mais il fait appel à la prudence et demande que le rythme des changements soit ajusté afin d'éviter un dérapage sévère qui pourrait entraîner des effets irrémédiables chez les jeunes, chez les intervenants des CJM et chez ceux en formation. Le rapport Bouchard prônait ce virage milieu dans la mesure où il était inspiré par un amour inconditionnel des adultes du Québec pour leurs enfants. Est-ce que nous faisons tous ces changements en étant réellement «fous de nos enfants et adolescents»? Nous nous devons tous de bien réfléchir pour prendre des décisions qui ne perturberont pas davantage les plus démunis parmi les jeunes de notre société. C'est dans cette perspective que le RUFUP a tenu à faire connaître ses réflexions aux autorités des CJM.

Le 9 mai 1997

BOSCO

la tendresse

EN IMAGES

Une place où il fait bon vivre.

Il était une fois une poignée
d'hommes
devenus en ce coin de pays
bâtisseurs d'une cité
d'espérances partagées...

Cette poignée d'hommes –
ils sont une douzaine – non sans peine
crée un milieu – un fragile lieu
où s'invente une capacité collective
de parler aux esprits et aux cœurs.

CHAPITRE 5

Ils substituent une mission à des ambitions!

Boscoville est différent en soi puisqu'on en devient citoyen. Nous ne sommes pas juste un jeune en arrêt d'agir ou en retrait de son milieu, mais bien quelqu'un qui démontre un intérêt marqué pour son évolution au sein même de la cité.

Amis de Boscoville
CHAPITRE 9

Signature d'un nouveau citoyen dans le livre d'or de Boscoville (1955).

La Cité a ses BANLIEUES,
se donne une PLACE au soleil,
quelques chemins croisent un CARREFOUR
à l'intérieur de ses LIMITES.
Il y a une MONTÉE donnant sur un PLATEAU
à quelques pas d'une TERRASSE.

CHAPITRE 5

PHOTO : NORMAND BLOUIN

PHOTO : NORMAND BLOUIN

Toutes les activités au niveau du quartier et de la cité, telles que les événements culturels et sportifs, ont des fonctions bien précises. Elles ont été établies afin de favoriser le développement, l'intégration et l'évaluation du jeune.

CHAPITRE 11

PHOTO : NORMAND BLOUIN

La productivité n'est pas un but fixé par Boscoville. En effet, derrière un calendrier et un horaire bien remplis, se cache le vrai rôle de Boscoville : soit l'évolution du jeune dans sa démarche personnelle.

CHAPITRE 11

Les premières armes de Michel Forget
au théâtre de Boscoville.

PHOTO : NORMAND BLOUIN

Un milieu où il fait bon vivre.

PHOTO : NORMAND BLOUIN

Vécu partagé
éducateur
et jeune.

Un moment important pour le milieu : les jeux olympiques.

La tendresse... c'est aussi avoir
la possibilité de «lâcher son fou».

• 9 •

Communications d'ex-citoyens de Boscoville et de parents aux audiences publiques

Boscoville a marqué nos vies

AVIS PRÉSENTÉ PAR DE JEUNES EX-CITOYENS DE BOSCOVILLE[106]

Préambule

Nous, les anciens de Boscoville, tenons expressément à vous faire part d'un avertissement sérieux face à vos désirs d'implantation du nouveau programme des Centres jeunesse de Montréal, à savoir le virage «milieu». Notre mémoire se divisera en quatre sections:

- La première partie portera sur l'importance du placement.

106. Daniel Champoux (1977 - 1979); Pierre Bousquet (1982 - 1984); Stéphane Lemieux (1985 - 1986); Sébastien McQuade (1985 - 1986); Gilles Prud'homme (1985 - 1986); Yannick Ratel (1992 - 1994)

- Le deuxième volet portera sur les vrais besoins des jeunes face à un placement et les conditions permettant d'en maximiser la réussite dans un cadre institutionnel.
- La troisième partie portera essentiellement sur nos critiques face à l'approche milieu.
- Nous terminerons avec une section «Pourquoi Boscoville?» où nous tenterons de vous convaincre que Boscoville est un centre différent des autres et que son cadre particulier favorise réellement la réhabilitation d'un jeune qui ne demande qu'à s'épanouir.

L'importance du placement

Vous voulez retourner les jeunes le plus rapidement possible dans leur milieu familial. Ce cadre est l'un des cadres les moins utilisés par les jeunes. Le vrai cadre, celui où le jeune évolue le plus, c'est celui de ses amis et de l'école. Alors vous vous trompez lorsque vous dites que c'est le cadre familial qui restaurera les choses. Si les parents s'engagent dans un cheminement en tant que parents, est-ce vraiment en gardant le jeune dans sa famille que l'on favorisera un processus de réconciliation?

De plus, les intervenants qui seront appelés à intervenir dans une situation de crise ne pourront plus compter sur leur formation ni sur leurs acquis. Ils seront plutôt appelés à utiliser un «extincteur» pour éteindre des mini foyers d'incendie.

Par ailleurs, si nous poussons l'ironie jusqu'au bout, nous parlerons d'une intervention rapide... 30 minutes ou c'est gratuit, comme chez Mike's. Est-ce possible, est-ce réaliste considérant l'ensemble du territoire du Montréal métropolitain?

Il est curieux de voir que les Centres jeunesse de Montréal croient en la possibilité d'estimer le temps d'une rééducation alors que, bien souvent, ils ne savent absolument pas ce dont le jeune a besoin.

Avant, la mentalité était «tu vas sortir lorsque tu seras prêt»... Aujourd'hui, c'est «tu sors au plus vite, prêt, pas prêt...». Les placements sont maintenant de moins de six mois: le jeune fait deux mois à Cartier, quatre mois à Bosco. Comment peut-il embarquer dans une démarche lorsqu'il ne lui reste que quatre mois d'ordonnance? Boscoville avait le plan de démarche idéal qui nous permettait de voir une solution, de nous sentir avancer. Le plan de démarche se divisait en quatre étapes: acclimatation, contrôle, production, personnalité. Aujourd'hui, avec un placement à court terme, un jeune aurait à peine le temps de se rendre à l'étape «contrôle» alors que l'étape la plus cruciale est celle de la production. Pourquoi? Ce stade apprend à un jeune à se fixer des objectifs et à les réaliser. N'est-ce pas le but que visent les Centres jeunesse de Montréal de rendre ces jeunes productifs?

Nous proposons que la durée d'un séjour à Boscoville s'échelonne jusqu'à l'étape production, ce qui représente un séjour d'au moins un an.

Le besoin des jeunes face au placement

L'encadrement professionnel soutenu est la clé pour un jeune embourbé dans les méandres de l'adolescence et du développement de son MOI. Lorsque les liens ont été créés entre l'éducateur et son jeune, de très belles choses peuvent être réalisables.

Lorsqu'un jeune commence à s'ouvrir, c'est qu'il apprend à développer des sentiments d'appartenance et à reconnaître ce milieu comme étant le sien. Dans le même ordre d'idée, le jeune apprend à connaître et à intégrer de vraies valeurs sociales et il les applique directement dans son nouveau milieu. Valeurs qu'il conservera en lui toute sa vie même si, sur le terrain, le jeune n'a pas intégré toutes ces valeurs; cela lui aura permis d'avoir une forme d'idéal à atteindre. Tôt ou tard, lorsque le jeune se souviendra du cadre où il était, il développera lui-même les outils pour en arriver à se réaliser et ce, sans l'aide de personne. Les anciens tiennent à souligner ce passage, car tous le vivent aujourd'hui.

Le retrait d'un jeune en difficulté de son milieu est loin d'être mal en soi, à moins qu'on perçoive les choses seulement sous l'angle économique.

L'approche milieu

Il semble bien, messieurs les gestionnaires, que nous n'avons pas les mêmes points de vue en ce qui a trait à la notion de «milieu». Notre expérience démontre clairement que le retrait d'un jeune en difficulté de son milieu naturel est bénéfique et contribue d'une façon évidente à l'amorce d'une démarche dans un milieu différent de celui qui a engendré les problèmes.

À l'exemple d'un alcoolique refusant l'aide d'un intervenant des AA et qui continue de fréquenter les bars, est-ce qu'un jeune pourrait recevoir l'aide adéquate s'il était maintenu dans son milieu à problèmes?

Qu'est-ce qu'un intervenant externe pourrait avoir comme poids face à des parents dont la marge de négociation avec le jeune est déjà épuisée? Comment cet intervenant pourrait-il s'assurer de l'efficacité et du suivi de son intervention? Comment l'intervenant pourrait-il imposer de la discipline à un jeune qui doit avoir au moins dix bons amis qui le sollicitent et l'influencent? Comment l'intervenant, après avoir éteint le foyer d'incendie, saura-t-il ce qui se passe et ce que fait le jeune? De toute évidence, on peut s'apercevoir qu'il manque une chose, c'est-à-dire un encadrement. Si on s'attend à ce que les parents deviennent des éducateurs instantanément et si on s'imagine que le jeune va immédiatement s'ouvrir à ses parents, c'est qu'on est bien naïf. Les parents comme le jeune auront une démarche à entreprendre. Un travail personnel à accomplir avant de recommencer à être capables de vivre en interaction sans friction. Un temps d'arrêt est ici nécessaire.

Lorsque le jeune est retiré de son milieu, qu'il est pris en charge dans un milieu ordonné et structuré, il apprend à prendre conscience de ses actes. Pour les parents, c'est la même chose. Ils doivent, durant l'absence de leur enfant, faire une démarche, rencontrer des intervenants, se vider le cœur et tout recommencer, c'est-à-dire voir leur enfant d'une façon différente. Le jeune réapprend à percevoir autrement ses parents durant les temps de visite et autres rencontres prévues dans le cadre de la réunification familiale. C'est seulement dans cet environnement structuré que nous pouvons parler de modifications rapides et surtout efficaces.

Dans un autre ordre d'idée, que les autres centres d'accueil greffent à leur structure la démarche expérimentée par Boscoville, nous ne pouvons qu'en être heureux. Mais le fait d'éliminer le vaisseau-mère risque de faire disparaître une épopée où la rééducation était bien vivante. Le milieu est la source d'inspiration par laquelle un individu puise sa motivation face à ses démarches de changement. Auprès de ces jeunes, on se doit de favoriser une alternative autre que le maintien absolu dans le milieu naturel.

Pourquoi Boscoville?

Pourquoi Boscoville a-t-il été et sera-t-il toujours différent? Pour commencer, il y a le milieu, l'endroit physique et l'espace. Boscoville offre présentement un décor enchanteur par la présence de la nature. Le cadre éloigné de la ville offre une coupure idéale dans une société agitée comme la nôtre. Le fait de se retrouver dans ces lieux de paix et de sérénité permet aux jeunes de reprendre contact avec la nature et avec eux-mêmes. De plus, comparativement aux autres centres d'accueil, Boscoville n'a rien d'un «bunker» de béton et de barbelés. L'étalement de la cité, les champs qui l'entourent et le décor font que Boscoville est unique en son genre. Ce qui permet bien souvent à des jeunes de milieux défavorisés de vivre un séjour dans un coin de verdure, cadre auquel ils ne sont pas habitués. Les Centres jeunesse de Montréal se trompent lorsqu'ils tentent par leur virage milieu de faire croire qu'en déplaçant le personnel, le type de structure et les jeunes de Boscoville, on pourra retrouver le sentiment d'appartenance qu'un jeune développe lors de son séjour à Boscoville.

Le cadre de vie à Boscoville

Le système d'étapes que nous avons connu à Boscoville nous faisait comprendre dès le départ le cheminement par lequel nous serions appelés à grandir.

Voici une brève description de ces étapes:

- La première se nomme «acclimatation». Elle permet au jeune de visiter la cité avant son arrivée et de vivre tout processus d'intégration au régime de vie de Boscoville. Être accueilli chaleureusement dans son quartier favorise l'appartenance au quartier.
- La seconde étape est le «contrôle». Elle permet au jeune d'intérioriser les règles et le régime de vie proposés par le quartier. De plus, à cette étape, le jeune obtient ses droits de citoyen, ce qui lui permet de rejoindre les autres et de participer pleinement à la vie sociale de Boscoville. La citoyenneté offre des privilèges tels que le droit de circuler seul dans la cité, le droit de téléphoner, etc.
- La troisième étape, «production», est l'étape la plus cruciale. En effet, elle situe le jeune par rapport à la démarche qu'il a déjà accomplie et, de là, il apprend à se fixer des objectifs et à trouver des moyens pour mener à terme sa rééducation.
- À la quatrième étape, «personnalité», le citoyen de Boscoville a complété sa démarche. Il a un jugement moral définitif. C'est un pôle de référence pour les plus jeunes.

Nous, les anciens, ne pouvons concevoir une démarche complète sans l'atteinte du niveau «production». C'est ici que les placements à court terme se révéleront inefficaces, car notre expérience démontre clairement que le temps est un facteur-clé dans tout le processus de rééducation.

Les activités

Toutes les activités au niveau du quartier et de la cité, tels les événements culturels et sportifs, ont des fonctions bien précises. Elles ont été établies afin de favoriser le développement, l'intégration et l'évaluation du jeune. Nous ne pourrions parler de rythme sans aborder plus spécifiquement la semaine. En effet, la semaine à Boscoville se divise en deux volets bien précis. Du lundi au vendredi, le rythme est à la production et les efforts des citoyens sont axés sur l'apprentissage. La fin de semaine, par contre, a un caractère plus familial et plus détendu.

La productivité n'est pas un but fixé par Boscoville. En effet, derrière un calendrier et un horaire bien remplis, se cache le vrai rôle de Boscoville, soit l'évolution du jeune dans sa démarche personnelle. En plus d'avoir des rencontres avec son éducateur parrain chaque semaine, le jeune participe à des rencontres de groupe où les différentes facettes de la vie de quartier sont discutées de vive voix. Ceci est notre quartier, donc une répartition des responsabilités et des objectifs fixés par le groupe vient appuyer les démarches proposées par les éducateurs. Ceci permet donc à un jeune de participer activement au plan de vie du quartier et par le fait même lui permet de s'intégrer totalement.

En quoi Boscoville est-il différent?

Boscoville est différent en soi puisqu'on en devient **citoyen**. Nous ne sommes pas juste un **jeune en arrêt d'agir** ou en retrait de son milieu, mais bien **quelqu'un** qui démontre un intérêt marqué pour son évolution au sein même de la cité.

En donnant un pouvoir relatif à un citoyen, Boscoville n'est plus juste un centre administré par une quelconque administration mais se rapproche plutôt d'un modèle de coopérative. Pour nous, ceci se traduit par le désir du jeune devenu citoyen d'appartenir à ce système tout en poursuivant ses propres démarches de rééducation. Le tout devient palpable lorsqu'on voit le sentiment de fierté et d'appartenance que les citoyens y développent à tous les jours. Cet important sentiment d'appartenance se retrouve parmi les anciens qui ne coupent jamais totalement les liens avec Boscoville. Nous pouvons constater qu'aujourd'hui les anciens reviennent, se mobilisent et se réunissent pour défendre quelque chose qui a marqué leur vie: **BOSCOVILLE**.

La dénaturation de Boscoville

Malheureusement, ce qui se passe, c'est qu'on change la forme originale de la démarche que nous avons connue, qui a fait ses preuves. Ces changements ont eu pour conséquence de rendre Boscoville semblable aux autres centres d'accueil rendant inefficace la spécificité de Boscoville.

En 1993, les Centres jeunesse de Montréal prenaient la gestion de Boscoville, intervenant directement dans le choix de la clientèle ainsi que dans son approche auprès des jeunes. Ce faisant, le but visé par les Centres jeunesse de Montréal était d'uniformiser l'ensemble des centres d'accueil. N'est-ce pas ce qu'on appelle niveler par le bas?

Boscoville a rejoint le rang des autres centres d'accueil et c'est pour cela qu'aujourd'hui les gestionnaires pensent pouvoir fermer cette maison d'éducation qui est rendue comme les autres.

Boscoville, dans sa forme originale, n'a rien d'un centre d'accueil comme les autres. Et c'est sans hésiter que nous pouvons affirmer qu'il n'y a que dans sa forme initiale que Boscoville remplira les mandats qui lui sont confiés.

Boscoville ce n'est pas un problème, c'est une solution

AVIS PRÉSENTÉ PAR D'EX-CITOYENS DES ANNÉES 60[107]

Dans un premier temps, j'aimerais expliquer que l'Association des anciens de Boscoville a été créée il y a plusieurs années par des anciens qui avaient pris conscience du rôle important que Boscoville avait joué dans leur vie. Au début, le groupe se contentait de retrouvailles occasionnelles mais, avec le temps, il a semblé logique de mettre sur pied une forme de «centre de référence» et d'établir un lieu quasi familial entre tous les anciens résidents, éducateurs, employeurs ou amis ayant eu, à un moment ou à un

107. Jean Pealy et Réjean Vaudreuil.

autre, des contacts avec Boscoville. Un des objectifs de ce regroupement était de combler une lacune constatée par la plupart des jeunes lors de leur départ de Boscoville, LA TRANSITION.

La transition est en effet la période la plus difficile lorsque l'on quitte ce genre d'incubateur privilégié qu'est Boscoville. Nous nous rendions bien compte de l'importance de supporter les nouveaux qui avaient à s'intégrer au monde cruel de ceux qui n'ont pas de formation en psychopédagogie. Il faut bien l'avouer, Boscoville n'était pas parfait...

(...) Ajouter à Boscoville sans en affecter ce qui existait nous semblait aller tout à fait dans l'esprit évolutif qui nous avait été inculqué à l'époque.

(...) Par la suite, plusieurs d'entre nous ont eu vent de changements importants dans le fonctionnement de l'institution. La durée des séjours, l'abandon des sentences indéfinies cadrant bien avec l'esprit de responsabiliser par lui-même le résident, sont des points importants, dont les contraintes des lois ou de l'administration n'ont pas tenu compte. Malgré notre désaccord sur plusieurs points, nous n'avons pas pris de mesures pour faire valoir notre point de vue auprès des autorités. Je le regrette, car nous aurions dû réagir dès ce moment. Forts de l'image ancienne de Boscoville, nous avons fait confiance aux dirigeants et voilà où ça nous mène... Un «virage milieu» révolutionnaire qui va réparer tout ça en prenant bien soin de raser une institution solide, et basée sur du long terme, qui apparaît dépassée et trop onéreuse.

Aujourd'hui, nous nous retrouvons ici devant ce conseil d'administration, devant des gens qui auraient le pouvoir de fermer Boscoville et de prendre quelques autres mesures très discutables contre lesquelles nous ne pouvons nous objecter adéquatement parce que nous n'avons pas la compétence nécessaire. Par contre, pour ce qui est de Boscoville, personne n'est mieux placé que nous pour comprendre à quel point c'est important qu'il ne ferme pas et qu'il reprenne sa véritable place dans la rééducation, dans la formation d'éducateurs compétents, et qu'il redevienne le guide directeur qu'il a été.

On nous demande d'accorder une confiance inconditionnelle à des dirigeants qui ont laissé réduire la force de Boscoville, qui ont laissé «dépérir» Boscoville à ce point qu'on pense à le fermer au lieu de profiter de l'énorme potentiel accumulé pour continuer de multiplier les succès. Il y a des jeunes qui peuvent être efficacement suivis dans leur milieu, mais il y en a beaucoup d'autres pour qui c'est très important d'en être retirés temporairement et d'être bien encadrés dans le système établi par Bosco. Il est évident que plusieurs autres institutions se sont inspirées de ce système pour mettre sur pied des approches très valables mais aucune n'a les racines de Boscoville; le défaut de la copie, c'est souvent qu'on perd des parties très importantes de l'original, voire son sens premier.

Combien d'anciens des autres institutions sont venus faire des représentations POUR ou CONTRE le «virage milieu»?

On pourrait peut-être pousser l'absurde jusqu'à se dire «mais au fait, pourquoi avons-nous retiré les jeunes de leur milieu s'il faut par la suite les ajuster de nouveau à ce milieu pour qu'ils puissent fonctionner normalement? N'aurions-nous pas été mieux de les traiter dans ce milieu? Voilà une économie importante, créons le «virage milieu». C'est génial, pas besoin de les réintégrer et pas besoin de réduire encore les durées de séjour en institution; en fait, pas besoin de Boscoville qui coûte cher!

Il ne reste plus que les éducateurs à domicile (sur appel) et les jeunes en difficulté. Les éducateurs, on en a besoin mais juste parce qu'on a des jeunes. S'il n'y avait pas les jeunes?... En fait, est-ce qu'on en a vraiment besoin des jeunes? Zut, c'est vrai, il faut faire avec... C'est plate parce qu'on aurait sans doute sauvé beaucoup.»

Quand je pense que, si les éducateurs de Boscoville en 1960 avaient eu ce genre de politique, je serais sans doute en prison et ça, c'est seulement si personne ne m'avait tué au cours d'un vol ou d'un règlement de compte...

Quand nous étions résidents, les éducateurs de l'époque étaient devenus notre famille manquante et Boscoville notre maison familiale. Combien d'entre nous sont revenus à Boscoville en période de crise ou simplement à l'occasion pour revoir des éducateurs ou pour montrer à leur future femme l'objet de leur fierté. Jamais un éducateur n'aurait pensé dire à un ancien qu'il ne pouvait pas s'occuper de lui, qu'il n'avait pas de budget ou qu'il était trop tard. Combien ont recentré leur énergie et redémarré sur des bases qu'ils avaient simplement oubliées dans leur confusion.

Ce que vous proposez ici, avec un virage milieu qui impliquerait la fermeture de Boscoville, c'est de «casser maison» et de détruire une tradition très importante pour les milliers de jeunes qui y ont séjourné et qui y croient, et pour des dizaines de milliers de jeunes qui en auront besoin dans les années à venir. Pour un ancien de Bosco comme moi, un séjour à Boscoville est la meilleure chose qui puisse arriver à certains jeunes à un moment de leur vie où ils se sentent «mélangés». Boscoville doit continuer son œuvre et l'étendre à toutes les régions. Boscoville, ce n'est pas un problème, c'est une des solutions, croyez-moi.

(...) Comment peut-on croire, après l'échec des dirigeants à préserver l'essence même de Boscoville, que les mêmes dirigeants, les responsables, seront meilleurs avec les virages et les belles recommandations qu'ils nous proposent? Admettront-ils seulement avoir manqué le virage ou s'ils en proposeront un nouveau qui, lui, «règlera tous les problèmes»? Que ferez-vous s'ils se sont trompés et si, en plus, Boscoville n'existe plus?

Quels sont les pouvoirs qui nous resteront? Changer les dirigeants?.... La belle affaire... Même si les dirigeants et leur conseil d'administration seront pointés du doigt et poursuivis, c'est maintenant qu'il faut agir.

Le conseil d'administration a donné quelques jours de grâce pour permettre à des gens de faire des représentations afin de sauver la vie de Bosco, mais c'est tout de même un comble de traiter Boscoville comme Carill Chesman et/ou Charles Manson devant la chambre à gaz. Où est-ce que l'on va? Ressaisissez-vous!

Si le projet de «virage milieu» est réellement meilleur, vendez-nous des performances et des résultats aussi solides que ceux de

Boscoville et faites un référendum au besoin, mais ne brûlez pas vos bateaux avant d'en avoir construit des nouveaux.

En terminant, je me demande comment le conseil d'administration peut endosser une telle recommandation. Est-il bien assuré d'avoir toutes les données? Avez-vous seulement assisté à cette rencontre mémorable organisée à Boscoville par des anciens résidents et pour laquelle je vous ai personnellement livré, à chacun d'entre vous, une invitation? Il ne s'agit pas de décisions à la légère et ce serait à votre honneur d'avoir eu le souci de bien évaluer les POUR et les CONTRE de chaque côté.

Il est inacceptable, autant pour le gouvernement que pour la société, que Boscoville ferme pour des questions d'argent. Même s'il ne restait plus un sou dans la caisse, il faudrait que Bosco subsiste, simplement par mesure d'économie. Chacun des gars qui n'a pas la chance de faire un séjour adéquat à Boscoville et de profiter au maximum du programme que nous avons connu risque de coûter plus cher à notre société que le budget annuel de cette institution et sans même que vous soyez en mesure de l'évaluer.

De toute manière, il faut conserver, améliorer et développer Boscoville qui est aussi un important centre de formation pour intervenants et un laboratoire de recherche nécessaire pour se tenir au fait des besoins du milieu. Si la formule a été affectée par toutes sortes d'exigences n'ayant pas pour objectif premier de répondre aux besoins véritables des usagers, il faut revenir en arrière et y remédier. Il est de la responsabilité et de l'intérêt de tous d'y voir aujourd'hui. Même si les raisons de fermer Boscoville pouvaient être valables à court terme, elles doivent demeurer inacceptables compte tenu des enjeux à long terme.

Je ne peux que vous souhaiter de faire vivre cette expérience unique qu'est le Boscoville que j'ai connu au plus grand nombre possible de délinquants à la recherche de modèles. Je sais qu'à leur tour ils passeront, comme je l'ai fait, les étapes d'acclimatation, de contrôle, de production et de personnalité pour mieux s'intégrer à un monde pas toujours facile. Qui sait, ils deviendront peut-être à leur tour, comme mon ami Réjean Vaudreuil (ancien des années

60), des éducateurs, des pères de famille de qualité et des citoyens accomplis, en tout cas des gens fonctionnels et des humains responsables de leur bonheur en société.

L'approche «milieu» peut être valable sous certains aspects pour des interventions particulières, mais il est important de conserver Boscoville pour ceux qui ne peuvent pas fonctionner dans leur famille. Dans certains cas, on peut dire sans trop se forcer qu'il n'est pas approprié de rétablir un alcoolique à la brasserie. Pour nous, simples anciens de Boscoville, l'image de la situation semble limpide.

Boscoville possède un dossier solide et impressionnant depuis plus de 50 ans mais, depuis des années (qui coïncident justement avec l'arrivée des Centres jeunesse), Boscoville ne répond plus aux critères des Centres jeunesse... Je m'excuse mais il y a peut-être ici quelques questions qui demandent une réponse.

- Comment en sommes-nous arrivés là?
- Qui en sont les véritables responsables?
- Quelles sont les personnes compétentes qui veulent éliminer Boscoville, et pourquoi?

J'ai cité dans un texte précédent une phrase célèbre: «Il faut mille hommes pour construire un pont; un seul peut le détruire...», mais qui est le responsable?

- Pourquoi?
- En si peu de temps, mais qu'est-ce qui s'est passé?
- Comment se fait-il qu'on laisse faire des choses comme ça?
- Serions-nous complices?

Il y a environ deux ans, Réjean et moi avions eu écho que les Centres jeunesse projetaient de fermer Boscoville. Curieux d'en savoir plus long, nous sommes venus assister à un conseil d'administration, ici même, dans une salle réservée à cet effet.

Quel choc! Quelle soirée étrange nous avons passée à écouter les «spécialistes» venir à tour de rôle faire leurs exposés sur les méthodes avec les clients, les cas, les groupes, les jours de délais, les contraintes, les conflits d'horaire, les exigences légales, la réduction de barèmes, le milieu...; des termes, des mots, des grandes décisions sur des mots qui n'ont rien à voir avec le seul mot véritablement important: le JEUNE.

Pas une seule fois, je n'ai entendu quelqu'un parler du jeune, de ses vrais besoins. Tout un nouveau dictionnaire étourdissant et anesthésiant fait que l'on néglige L'IMPORTANT. Je ne vous mens pas, nous étions aussi perdus que le néophyte qui veut s'acheter un ordinateur dans un Club Price.

Je comprends votre panique devant l'augmentation du suicide chez les jeunes, l'augmentation des *gangs* de rue, les motards criminalisés, le décrochage, le taxage, la drogue, la prostitution, la violence conjugale, les prisons remplies, etc. Il faut faire quelque chose, c'est évident. Pas nécessairement la première chose qui nous est proposée, pas faire quelque chose à tout prix... pour faire quelque chose. Mais rappelons-nous que Bosco avait relevé une partie du défi. Au lieu de lui mettre des bâtons dans les roues, il aurait mieux valu multiplier les supports pour permettre son rayonnement. Son intervention ne se limitait pas à caser le jeune dans des programmes; elle l'aidait à re-canaliser son énergie, à transformer son énergie négative en énergie positive au service de sa propre vie.

Personne ne vient au monde mauvais, ça s'apprend faute de mieux.

Nous sommes, avec quelques milliers d'autres des cinq dernières décennies, une des preuves du succès de Boscoville, ce centre qui a su inculquer à des jeunes en déroute passagère le sens des responsabilités. Un coup de maître fait en toute humilité! Grâce à ces éducateurs généreux, nous, les anciens, nous nous réalisons dans la société et chacun de nous applique quotidiennement les bases multiples apprises à Boscoville, dans le respect du rythme de chacun. Nous sommes devenus productifs et nous faisons notre part, autant que d'autres, dans la société.

Michel Forget, homme d'affaires et comédien bien connu par la télévision qui s'est présenté en défenseur de Boscoville, n'est pas seul. Je voudrais que l'on sache que beaucoup d'autres ont eux aussi très bien réussi. Ils ont des entreprises, des emplois — importants ou très simples — mais ils ont avant tout réussi leur vie. Ce n'est pas une mince affaire, croyez-moi, et ce n'était pas du tout évident à l'époque pré-Bosco.

En terminant, nous aimerions remercier les responsables des audiences publiques et nous excuser pour le manque de fini de certains de nos propos. Notre but n'était pas de blesser des personnes mais de faire en sorte que les jeunes à venir aient accès à des services aussi extraordinaires que ceux dont nous avons bénéficié, et même meilleurs encore, puisque Boscoville est un symbole d'évolution constante.

Permettez-moi aussi de remercier ici, publiquement, des gens comme Gilles Gendreau, Jeannine Guindon, feu le Père Roger et de nombreux éducateurs généreux qui ont fait qu'aujourd'hui je suis avec vous pour participer à une activité comme celle-ci.

Boscoville a sauvé des fils, des familles, parfois des couples

AVIS PRÉSENTÉ PAR DES PARENTS[108]

Objectif

Réagissant dans un premier temps à la fermeture de Boscoville, les parents veulent surtout affirmer certains repères très importants qui doivent être pris en considération dans les décisions concernant le «virage milieu». Ils veulent que d'autres profitent de ce qui les a aidés.

Ils veulent aussi partager certains questionnements qui pourront s'avérer des balises pour élaborer les modalités propres à

108. Des parents de Boscoville se sont spontanément réunis pour faire connaître leurs opinions concernant les récentes orientations des CJM (avril 1997). Certains ont rédigé un avis qu'ils ont présenté aux audiences publiques. Ce sont Madame et Monsieur Fraser (1993-1994); Madame et Monsieur Perreault (1996); Madame Marie Nadeau (1997).

répondre aux besoins et aux préoccupations des parents qui feront appel aux services des CJM.

Angle d'approche

Compte tenu des délais et de l'information disponible, les parents n'ont pu avoir une vision globale de la proposition en regard des besoins, des ressources de l'organisation et des contraintes. La situation leur apparaît très complexe et difficile à cerner pour qui n'est pas du milieu.

De ce fait, les remarques émises ne peuvent bonifier directement les détails des changements anticipés. Les parents osent espérer cependant que leurs affirmations ne soient pas considérées comme de vagues principes généraux plus ou moins inspirants mais davantage comme des repères essentiels, bien que sans doute incomplets, qui guideront l'élaboration des modalités d'aide plus adéquates.

Dans un premier temps, les parents présenteront le cheminement type qu'ils ont vécu. Puis quelques considérants découlant de ce vécu.

Un résumé du cheminement des parents

- Un scénario s'établit entre l'enfant et les parents au fil des années. Pour une famille, il s'amorce alors que leur enfant hyperactif a deux ans; pour une autre, des difficultés sont identifiées avec l'enfant de huit ou dix ans. Mais de façon généralisée cependant, on constate que, bien que la situation s'envenime de mois en mois, les parents continuent de composer avec leur enfant, s'enferrant dans un *modus vivendi* de plus en plus infernal. Le couple et la fratrie sont secoués au point que l'ensemble de la famille bat de l'aile régulièrement. Les parents sont d'avis que l'enfant problème a des sensibilités spécifiques qui en font une personne «à part», «différente».
- Les états d'âme que vivent les gens impliqués vont de la colère au découragement le plus total; de l'inquiétude folle des

parents quand ils patrouillent la moitié de la ville à la recherche de leur enfant jusqu'à des questionnements sur leur propre santé mentale; de la culpabilité déchirante à la honte vis-à-vis les voisins quand la police surgit à la maison, vis-à-vis la famille élargie, etc.[109]

- On traduit que la subtilité du scénario qui s'établit fait en sorte que plus les parents sont désespérés et désemparés, plus ils continuent de s'enfoncer dans ce qui est en train de les tuer à petit feu. La vue de leur fils en perdition semble mobiliser des énergies qui curieusement prolongent le calvaire de tout le monde: un cercle vicieux de naufrage en naufrage. Un parent séparé souligne que la séparation du couple ajoute à la dynamique des individus et au scénario, retardant d'autant la prise de conscience du vécu difficile et augmentant les illusions d'une possible résorption du problème. Jamais les parents n'ont pensé qu'ils étaient rendus à placer leur enfant. N'acceptant pas en définitive que leur fils en soit là, les parents continuent de se battre non pas jusqu'à leurs limites, mais jusqu'au «bout de leur sang». C'est la ressource extérieure qu'ils consultent qui suggère l'affaire et leur premier mouvement est de l'envoyer au balai. L'acceptation de cette alternative est vécue comme un déchirement innommable qu'on surmonte en s'abandonnant, surtout sans trop y penser, à un expert. Les mères constatent que cet attachement à leur enfant est sans borne et se questionnent sur ce phénomène qui les fait passer par une sorte de renoncement où il leur semble que leur fils n'est plus leur enfant. Les tabous sociaux renforcent la honte et la culpabilité en renvoyant l'image populaire du «jeune placé» qui a nécessairement de mauvais parents ou des parents qui veulent se débarrasser de leur enfant.

109. Encore aujourd'hui, l'évocation de ces moments soulève chez tous les parents plein d'émotions. Le besoin de redire ce "trop-plein" est bien présent et rapproche instantanément des personnes qui ne se connaissaient pas par ailleurs. On s'étonne de constater combien les histoires s'entrecroisent.

- Le placement représente une coupure qui, dans un premier temps, soulève des émotions contradictoires: soulagement et culpabilité. D'autant plus que leur enfant pousse à fond le scénario du chantage émotif: «Vous n'êtes plus mes parents... je vais me suicider... vous ne me verrez plus jamais... je vais devenir un bandit là où on va me placer...» Bref, une autre gamme d'émotions est relancée (conviction qu'ils auraient pu essayer autre chose, peur de *perdre* leur fils, confirmation de l'échec/honte, peur que leur enfant se retrouve avec des jeunes pires que lui, etc.). Notamment, les parents s'inquiètent du milieu où on va placer leur fils, ils se demandent entre quelles mains il sera. Les mères verbalisent leur vécu des premiers moments du placement: «C'est comme si on m'enlevait un organe... si on me le tirait du ventre»; elles demeurent convaincues qu'elles ont un lien particulier avec leur enfant.

- Mais unanimement, on exprime que cette coupure du vécu partagé (le placement) permet aux parents de saisir dans quel enfer la famille vivait; le décalage avec le calme retrouvé dans la maison permet de constater finalement l'ampleur du problème. Il semble que ce soit l'expérience de ce vécu nouveau à la maison qui permettra de dire par après, lors du travail pour défaire les scénarios: «Plus jamais ça, je ne revivrai plus jamais ça!» Unanimement aussi, les parents traduisent qu'à un certain moment l'adolescent saisit que ses parents ne reviendront pas en arrière et que c'est là qu'il commence à son tour à changer des choses. Curieusement dans les exemples présentés, que le jeune soit volontaire ou non dans la mesure placement, ce dernier a mis... 9 mois pour retourner à la maison; un autre s'est *reviré de bord* en l'espace d'un mois. Et on affirme clairement et fermement que ce n'est pas seulement le fils qui change des choses, mais chacun des individus-parents, le couple (on laisse sous-entendre qu'il y a du matériel là-dedans...) et la famille (fratrie).

- Une pierre angulaire dans le rétablissement de la relation parent-fils: la confiance en soi pour le fils et la confiance mutuelle. Une autre est le vécu de groupe où des pairs peuvent traduire un *feed-back* similaire à celui des parents quant à certains changements que le jeune doit entreprendre (propreté, modalités de contact, partage des tâches, etc.). La responsabilisation par les tâches et la valorisation par le succès des activités semblent des outils intéressants pour stimuler un changement d'attitudes et d'habitudes. Ceci inspire aussi les parents à composer différemment avec leur enfant.

- L'après-placement apporte aussi son lot d'émotions. Les parents constatent qu'ils restent fragiles quand surgit un écart de conduite: la vision de l'enfer revient vite. Ils se sentent usés et vulnérables; ils ont hâte de *prendre leur retraite* de leur rôle actif de parents. Leur fermeté —*jamais-plus-l'enfer*— qui leur confère une certaine assurance, relève parfois autant de l'intolérance liée au découragement qu'à une condition de survie. Quelques mois ou quelques années ayant passé, ils sont capables de pointer certaines lacunes ou irritants qu'ils évaluent cependant mineurs par rapport au *modus vivendi* antérieur, l'essentiel à leurs yeux étant sauvegardé. D'ailleurs, ils sont d'avis que le scénario est encore présent et se rejoue à l'occasion sans gravir les derniers échelons. Les parents reprennent la séquence de vie conflictuelle pour tenter de comprendre, de saisir ce qui s'est passé; ils repassent la «cassette» inlassablement plus ou moins consciemment, illustrant ainsi un besoin profond de redire leur histoire comme pour trouver un sens à une souffrance qui perdure malgré tout.

- Les parents observent qu'ils n'est pas évident de jaser de leur expérience avec d'autres personnes, si ce n'est avec des parents qui ont vécu quelque chose de similaire. Ils estiment que les éducateurs et éducatrices ont été des aides déterminants pour défaire les scénarios et les encourager à adopter des attitudes différentes. Que le placement à Boscoville a sauvé leur fils, leur famille et pour certains, leur couple.

Réflexions concernant le «virage milieu» et la fermeture de Boscoville

- Des parents se demandent si les choses auraient pu changer s'ils avaient eu de l'aide alors que leur fils avait 10 ans.

  Des parents ont été aidés, supportés, suivis pendant 12 ans à raison de consultations, de thérapies bi-hebdomadaires, de rencontres avec toute la gamme d'intervenants *psy* (médication incluse), pour leur fils hyperactif. Quand l'enfant a 10 ans, il est encore *contrôlable*, ce qui écarte un placement. Mais à l'adolescence, le placement est devenu inévitable. Est-ce à 6 ou 8 ans qu'il aurait fallu le placer?

- Des parents font une *patrouille* dans la ville pour retrouver leur adolescent. Ils le localisent enfin. Quand ils réfèrent à la police pour qu'il soit intercepté, on leur répond qu'on n'a pas les effectifs nécessaires...

  Quand la CUM a pris le virage *police de quartier*, l'effectif pour le même territoire est passé de six à deux agents. On a profité de cette restructuration pour effectuer aussi une compression budgétaire. La même chose risque-t-elle de se produire pour le *virage milieu*?

  On voit que le virage ambulatoire dans les hôpitaux/service à domicile remet en fait davantage de tâches à la famille. Qu'en est-il de l'autre virage?

- Le travail en amont et dans le milieu naturel n'apparaît pas évident pour les parents. Ils voient difficilement comment des rencontres, tout aussi fréquentes qu'elles puissent être, d'un intervenant avec le jeune et/ou ses parents, sa famille, pourront défaire l'illusion de tout le monde que «c'est pas si pire, qu'il y en a des pires que nous». Comment les parents pourront-ils réaliser l'enfer s'il n'y a pas de coupure permettant le rétablissement du calme? Comment le jeune réussira-t-il à couper lui aussi avec les habitudes, son groupe d'amis, pour réaliser qu'il doit mettre de l'eau dans son vin avec ses parents? Enfin, le groupe de pairs, dont on a souligné l'apport dans une démarche en centre, ne pourra agir positivement ou contrecarrera l'action entreprise.

- Une mère rapporte comment elle fut agréablement surprise de constater le suivi soutenu dans l'intervention suite au signalement à la DPJ. Elle a pu évaluer aussi le potentiel de danger pour son fils d'après les délais de l'intervention qui a été prompte.

  Par contre, le suivi post-hébergement s'est limité à une visite d'une travailleuse sociale dans le mois, alors qu'il y a eu des événements importants en rapport avec les motifs du placement. Le transfert de l'aide ne semble pas évident.

- Dans le scénario décrit plus haut, le placement est essentiel pour réaliser une coupure. Cette coupure est indispensable pour que les parents réalisent l'ampleur du problème et l'enfer dans lequel toute la famille vivait, notamment le fait du cercle vicieux, d'un nœud qui se répète.

  À cet effet et malgré les explications et les lectures de documents, les parents ne comprennent pas qu'on puisse *réduire les places à cause de coupures* alors que les problèmes de la jeunesse semblent augmenter. Si on place plus au Québec, on semble ailleurs envier nos possibilités; ne coupons pas nos acquis et notre avance.

- Le placement décidé, les parents restent très préoccupés par l'endroit où leur enfant sera placé et par les gens qui l'encadreront. Toutes sortes de fantaisies les habitent. La première impression en approchant le milieu de Boscoville a été un baume dont on ne soupçonne pas toute la portée. L'aménagement du site et l'atmosphère qui s'en dégage rejoint une dimension particulière dans ce qui s'amorce. À ce chapitre, la sérénité et la beauté des lieux de Boscoville invitent à une démarche véritable comme quand on fait une retraite (apaisement, prise de conscience, ressourcement...).

- Si les premières fois, la distance ajoute au poids du placement pour certains, elle est devenue un atout pour actualiser davantage la nécessaire coupure décrite plus haut, tant pour le fils que pour les parents. L'éloignement de Boscoville contribue à actualiser davantage la nécessaire coupure et pour le jeune (son coin/ses habitudes/ses amis qui rôdent autour), et pour les parents (qui pourraient associer cela à la fréquentation de l'école du quartier). Dans ce sens, le rapprochement des centres des milieux naturels n'est pas souhaitable et peut être même contre-indiqué. La distance aide à la prise de conscience qu'il y a un changement à faire. En somme, s'il fallait aller au bout du monde pour sauver leur fils, ce ne serait pas trop loin pour les parents (les parents venaient de Dorval, Laval, Ville St-Laurent).

- En référence avec le Centre Cartier que des parents connaissent, l'aménagement du site et la philosophie d'intervention orientés davantage sur la contention conviendraient moins à la responsabilisation du jeune. Les parents conviennent que des séjours ponctuels plus ou moins longs s'avèrent nécessaires sans doute, surtout dans la phase où le jeune réagit et résiste à faire une démarche. Ils sont d'avis que de faire face davantage à la liberté (avoir des possibilités de choisir), c'est se responsabiliser. Plus le régime est carcéral (police) moins ça aide à développer une relation. À Boscoville, la porte est toujours ouverte pour une fugue. Ce *set-up* force à réfléchir, à prendre des décisions; il construit une confiance: «On me fait confiance».

  Si Boscoville a amorcé cette façon d'envisager la réadaptation, il perpétue encore cette tradition, ça se perçoit dès qu'on arrive. Comme ça se sent que Cartier ou Cité affirment la nécessité de la contention à certains moments donnés ou pour certains jeunes. Le message envoyé au jeune est qu'il a encore une chance de se prendre en main avant de passer à Cartier ou à Cité. Quel centre affirmera ce message si on ferme Boscoville?

- Les parents réalisent que leur fils a vécu une phase «faire son temps» reliée à l'ordonnance émise par le juge. Dans cette période, quand leur fils a fugué du milieu et que les parents, supportés par les éducateurs, ont refusé de le recevoir à la maison, ce fut un événement déterminant dans la démarche pour l'ado et les parents.

Les parents expriment clairement que les rencontres entre parents sont un outil inestimable pour leur démarche affective. Ceux qui les ont vécues témoignent de cet apport et celle qui n'a pas connu ces rencontres témoigne d'une lacune ressentie.

- L'accompagnement des parents au chapitre de la culpabilité, l'échec et la honte, le support ferme à réaliser une coupure et à défaire le scénario est primordial dans la démarche. L'accompagnement des parents dans les différentes phases est important et bien sûr fortement souhaité: non seulement lors de crises, mais dans l'accueil lors du placement comme après la réinsertion du jeune à la maison.

  La présente rencontre est encore un prétexte pour réaliser encore plus loin des synthèses qui sont à faire régulièrement.

10

L'internat et la recherche évaluative

Vingt-cinq ans d'échanges au Québec: des effets pervers à la perversion des résultats de la recherche évaluative

MARC LE BLANC, PH.D.[110]

Les gestionnaires du réseau des internats québécois se sont préoccupés de l'évaluation des résultats obtenus avec cette mesure. Entre autres, ils ont mis sur pied un certain nombre de commissions d'enquêtes ou groupes de travail qui se sont intéressés, principalement ou en partie, à cette mesure. Pensons d'abord au rapport Batshaw (1975), puis aux rapports Charbonneau (1982), Harvey (1988, 1991), Rochon (1987) et Jasmin (1992, 1995), soit un rapport à tous les trois ans qui suggère des recommandations sur les internats sans compter la récente politique de la santé et du bien-être (ministère de la Santé et des Services sociaux, 1992). De plus, il ne faut pas oublier les nombreux rapports ministériels et les divers énoncés de politiques. Il serait inutile de les énumérer tous, mais pensons à quelques thèmes qui reviennent régulière-

---

110. Professeur titulaire, École de psychoéducation, Groupe de recherche sur les adolescents en difficulté, Université de Montréal, CP 6128 Succ. Centre ville, Montréal, Québec, Canada, H3C 3J7, tél: (514) 343-6111 #2512, c.é.: leblancm@ere.umontreal.ca

ment, les coûts, les durées de séjour, la clientèle et, en particulier, pensons à certains qui traitent spécifiquement des alternatives au placement en internat, les foyers de groupe (1973), les ressources alternatives au placement (1980) et les solutions de rechange en matière de placement (1994). Quant aux politiques, pensons à la durée du placement, à l'autosuffisance régionale, au virage ambulatoire, etc. De plus, les gestionnaires ont encouragé, directement ou indirectement (à travers le Conseil québécois de la recherche sociale par exemple), des recherches scientifiques, peu nombreuses il va sans dire, pour évaluer l'efficacité de l'internat (voir les bilans de Le Blanc, 1985a, 1994).

Il n'est pas de notre intention de résumer et de commenter dans ce texte l'ensemble de ces travaux qui comprennent tous une certaine forme d'évaluation de la situation du système d'aide aux enfants et aux adolescents en difficulté. Plutôt, il s'agit, d'abord, de rappeler les principales étapes de notre expérience de vingt-cinq ans de pratique de la recherche évaluative. Ensuite, il convient de résumer les résultats les plus marquants de ces travaux, tout au moins ceux qui ont ou qui auraient dû influencer les politiques à l'égard du placement des enfants et des adolescents en difficulté. Nous enchaînerons, par la suite, avec des exemples des effets pervers des résultats de ces recherches ou des perversions, sinon de l'ignorance, de ces derniers par les gestionnaires.

Vingt-cinq ans de recherches évaluatives

Nous avons, dans le sillage de l'étude comparative d'internats de Cusson (1971), entrepris des travaux sur la façon dont les intervenants prenaient la décision de placer un adolescent en internat, en particulier l'identification des critères utilisés, ceci à la demande du Mont Saint-Antoine (Le Blanc et Brousseau, 1974).

Parallèlement, en 1972, lors d'une Commission parlementaire sous la présidence de Claude Castonguay, Boscoville vient rappeler qu'il a conçu un programme de rééducation innovateur et d'excellente qualité, programme dont le taux de récidive est particulièrement faible. À la suite d'un échange, le Ministre suggère, avec insistance, que Boscoville devrait réaliser une évaluation scientifique de son efficacité. Pour répondre à la suggestion du Ministre, la direction de Boscoville demande à un groupe de professeurs des départements de Criminologie et de Psychologie de préparer un projet d'évaluation de Boscoville. J'obtiens, en 1974 avec Maurice Cusson et Pierre A. Achille, des subventions de fondations et de ministères fédéraux et provinciaux pour réaliser une évaluation longitudinale de la qualité de la mise en œuvre du programme de Boscoville et des résultats obtenus en terme d'adaptation sociale ultérieure au séjour, mais également des changements au niveau de la personnalité des délinquants.

En 1974-1975, l'évaluation de Boscoville suit son cours. Par ailleurs, le Comité Batshaw commande un recensement de la clientèle de tous les internats du Québec (Le Blanc, 1975). Parallèlement, Boys' Farm, l'internat pour adolescents en difficulté anglophones, demande une évaluation similaire à celle conduite à Boscoville. Cette évaluation est entreprise avec le concours de ministères fédéraux et provinciaux et de la Fondation Boys' Farm. Elle est intéressante parce qu'elle permet de comparer le modèle psychoéducatif de rééducation avec le modèle différentiel californien tel qu'appliqué à Boys' Farm. Parallèlement, Reichertz (1978) faisait une comparaison de plusieurs internats anglophones.

Au cours des années qui ont suivi, de nombreuses publications sont issues de ces travaux. En particulier, la synthèse des travaux à Boscoville (Le Blanc, 1983a) et à Boys' Farm (Brill et Le Blanc, 1978), la comparaison de ces deux modèles (Le Blanc, 1983b) et la comparaison des résultats de la probation et de plusieurs internats, données qui provenaient de ces travaux mais également d'études longitudinales parallèles sur des adolescents judiciarisés et conventionnels (Le Blanc, 1985b, 1986).

Par contre, à partir du début des années 1980, nous nous sommes intéressés à l'évaluation du fonctionnement des tribunaux pour mineurs et, particulièrement, à la comparaison de l'impact de la déjudiciarisation et de la judiciarisation (Le Blanc et Beaumont,

1989). Après avoir participé à l'évaluation du centre d'accueil de l'avenir mis sur pied pour actualiser des recommandations du rapport Batshaw, Habitat-Soleil (Marineau et Le Blanc, 1979), c'est à la demande de ce centre d'accueil, puis de la Commission Rochon, que nous avons entrepris l'évaluation de l'instauration des mesures alternatives à l'internat au cours des années 1980 (Le Blanc et Beaumont, 1987). Ces activités ont été complétées par une évaluation de plusieurs ateliers de travail pour adolescents en difficulté à travers le Québec (Le Blanc et Trudeau-Le Blanc, 1988, 1989). À la même époque, Messier (1989) réalisait une étude sur le traitement des troubles de comportement des adolescents en centre d'accueil.

Finalement, à l'occasion d'une nouvelle recherche longitudinale sur les adolescents judiciarisés des Centres jeunesse de Montréal, nous sommes revenus sur la question de la place de l'internat, ceci à travers des travaux sur l'analyse de la clientèle protégée et contrevenante (Le Blanc et al. 1995), de la probation (Le Blanc et al. 1994) et des limites de la désinstitutionnalisation (1995, 1997).

Les interactions entre ces recherches et les gestionnaires et les éducateurs se sont réalisées de plusieurs manières. D'abord, elles se sont accomplies à travers le livre et de nombreux rapports de recherche et articles scientifiques. Ensuite, plusieurs conclusions ont été véhiculées par les médias, cela sans compter les conférences et les formations. Il ne faut pas oublier les rencontres impromptues avec des gestionnaires et des éducateurs et les conversations qui ont eu lieu après le «on m'a dit que tu avais dit que...» ou le «j'ai lu que ...» ou le «ce que tu dis n'a pas de bon sens». Toutefois, tous ces types d'interactions laissaient une large place à l'interprétation personnelle des résultats de recherche. Voilà la plus grande limite du transfert des connaissances. Comment faire autrement sinon en devenant soi-même un gestionnaire? Les interprétations peuvent donc dépasser la portée des résultats; elles peuvent même être de partiellement à totalement erronées selon les impératifs politiques et administratifs du moment. Avant de donner quelques exemples de ces interprétations, il convient de remettre la pendule à l'heure par un rappel des résultats de ces travaux, en particulier ceux qui sont les plus significatifs pour les politiques à l'égard de l'internat.

Résultats des recherches évaluatives, effets pervers et perversions

Cette section sur les effets pervers et les perversions des résultats de la recherche évaluative traite de certaines de ces conséquences dans trois domaines. Il s'agit d'abord du domaine de la décision du placement; comme nous le verrons, l'intention n'a pas toujours été suivie par l'action dans ce domaine. Il s'agit ensuite du domaine des mesures alternatives à l'internat où l'action s'est finalement transformée en contradiction. En ce qui concerne le domaine de l'efficacité de l'intervention, il faut noter que les déceptions occasionnées par des résultats paradoxaux n'ont pas été garantes de l'amélioration de la réadaptation. En dernier lieu, pour ce qui est de la réinsertion sociale à la suite d'un séjour en internat, il faut constater que l'absence de cette étape n'est pas sortie de l'oubli encore aujourd'hui.

La décision de placement, de l'intention à l'inaction

Nos travaux sur la décision de recommander un placement en internat ont montré que les décideurs, devant une même histoire de cas, arrivaient à une décision partagée entre l'internat et la probation (Le Blanc et Brosseau, 1974). Cette décision était envisagée avec le support d'une demi-douzaine de critères. Toutefois, le contenu et la séquence du choix des critères variaient énormément entre les décideurs et la décision n'était confirmée qu'après la consultation de la plupart des informations contenues dans l'histoire de cas. Un peu plus d'une dizaine d'années plus tard, nos travaux sur l'efficacité comparative de la déjudiciarisation et de la judiciarisation viennent confirmer le caractère erratique de la prise de décision. En effet, Le Blanc et Beaumont (1989) montrent que l'efficacité relativement équivalente de ces stratégies s'explique par le fait que les décideurs utilisent la déjudiciarisation à la fois pour des cas bénins et des cas graves, des adolescents plus jeunes et plus âgés, des récidivistes et des non-récidivistes. Plus récemment, nos travaux (Le Blanc, 1995) ont montré que le placement, qui est habituellement en cascade, lequel consiste à appliquer, à mesure que l'adolescent résiste aux interventions, une mesure de plus en plus restrictive de liberté, conduit à une bonne adéquation entre la gravité des difficultés des adolescents et le niveau d'encadrement que représente la mesure. Ainsi, la distribution des adolescents dans les divers internats n'apparaît donc pas, compte tenu de l'âge des adolescents, comme le résultat d'une décision appropriée au bon moment et le plus rapidement possible dans la vie de l'individu.

Voilà un exemple de travaux qui n'ont pas eu d'effets notables sur les pratiques. En effet, ils auraient pu suggérer aux gestionnaires de mettre en place des procédures de prise de décision et d'évaluation clinique des besoins des adolescents en difficulté qui soient plus systématiques et plus rigoureuses. Par contre, depuis vingt ans, tous les groupes de travail sur les enfants en difficulté, de Batshaw (1975) à Jasmin (1995), recommandent une amélioration de la prise de décision et de l'évaluation clinique. Il existe pourtant, et cela depuis plusieurs années, des grilles de décision pour les adolescents en difficulté (voir la recension de Le Blanc, 1997a) et des instruments construits selon des critères scientifiques rigoureux (par exemple le MASPAQ, Le Blanc, 1996). Pourquoi ce retard à les utiliser, sinon cette ignorance, quand tous, des groupes de travail aux gestionnaires et aux intervenants, reconnaissent qu'il faut accélérer la prise de décision et systématiser l'évaluation clinique pour régulariser le flux dans le système d'aide et pour mieux répondre aux besoins des adolescents.

Les alternatives à l'internat, de l'action à la contradiction

Il y a plus de vingt ans, nous concluions, dans le cadre d'une étude commandée par le Comité Batshaw, qu'environ 50 % des enfants et adolescents placés en internat ne manifestaient pas des difficultés suffisantes pour justifier un placement de cette nature, qu'il s'agisse de leurs comportements ou de leur situation familiale ou scolaire (Le Blanc, 1975). Une décennie plus tard, nous recensions plus d'une centaine de programmes d'intervention dans la communauté (Le Blanc et Beaumont, 1987). Ces programmes concernaient le développement de mesures nouvelles comme le foyer de groupe, la famille d'accueil spécialisée, le centre de jour, l'atelier de travail et l'assistance éducative dans la communauté. Au cours des années 1990, nous démontrions que les difficultés comportementales et psychologiques des adolescents protégés et contrevenants s'aggravaient et que leurs familles se détérioraient (Le Blanc et al. 1995). Par ailleurs, les analyses de Le Blanc (1994) ont montré que très peu d'adolescents en difficulté pouvaient être déplacés des internats vers des mesures dans la communauté, ceci parce que leur degré d'inadaptation était très significatif (par exemple: près de la moitié d'entre eux étaient des échecs des mesures antérieures, dont des placements). Toutefois, un bon nombre d'adolescents placés dans des mesures dans la communauté manifestaient déjà une inadaptation tellement sérieuse qu'ils auraient, tôt ou tard, besoin d'un placement en internat.

Plus récemment, nous estimions, selon que l'on adopte un calcul conservateur ou optimiste, qu'entre 1500 et 2000 enfants et adolescents sur plus de 6000 sous la responsabilité des Centres jeunesse de Montréal ne présentent pas des besoins suffisamment importants pour justifier une intervention professionnelle (Le Blanc, 1997b). Une intervention dans les écoles ou dans les familles, par les CLSC ou par les organismes communautaires, serait probablement suffisante. Les centres d'accueil, puis les centres jeunesse, ont ainsi voulu pallier l'absence des CLSC dans le domaine de la jeunesse, la faiblesse des services spécialisés dans les écoles, le sous-financement des organismes communautaires pour la prise en charge des enfants, des adolescents et des familles dans leur communauté et l'insouciance des villes face aux besoins en développement socioculturel des enfants et des adolescents. Les centres jeunesse peuvent-ils se permettre cette générosité? Les centres jeunesse devraient peut-être se concentrer sur les clients les plus démunis parce qu'ils requièrent les services les plus spécialisés.

Notre conclusion de 1975 sur l'utilisation abusive de l'internat justifiait donc la recherche de mesures alternatives. Compte tenu du discrédit dont souffrait l'internat, on pense ici aux travaux américains de l'époque qui concluaient que rien ne marche dans le domaine correctionnel (qui ont amplement été contredits depuis) et à l'expérience du Massachusetts qui fermait ses internats de plusieurs centaines d'adolescents pour les remplacer par de petits internats et des mesures alternatives (de manière erronée, des gestionnaires véhiculaient très souvent au Québec que tous les internats avaient été fermés et remplacés par d'autres mesures). L'effet attendu de notre conclusion initiale et de ce contexte a été la mise en place d'alternatives à l'internat par les centres d'accueil, très fortement encouragés en cela par le ministère de la Santé et des Services sociaux. Cette stratégie s'est avérée fructueuse parce qu'il y a eu une diminution substantielle du nombre d'adolescents placés en internat selon Le Blanc et Beaumont (1987).

L'effet pervers de cette évolution était que beaucoup plus d'adolescents étaient pris en charge par les centres d'accueil que dix ans auparavant, alors que la population générale des adolescents était en diminution. Le filet que représente le réseau des centres d'accueil s'était donc élargi. Cette évolution s'explique par le fait que les internats étaient devenus des centres de services qui offraient, toute ou une partie seulement, de la gamme des nouvelles mesures dans la communauté. Les gestionnaires ont alors inventé les catégories "admis" et "inscrits" pour distinguer ceux qui demeurent au centre d'accueil des autres et attribuer les budgets en conséquence.

La perversion des connaissances par les gestionnaires est venue dix ans plus tard. Elle a été préparée par le Rapport du Comité consultatif sur le développement de solutions de rechange en matière de placement d'enfants (1994). Celui-ci affirme que le placement «est une mesure surutilisée au Québec». Par contre, sa démonstration n'est pas convaincante. Le Comité signale que 55 % des enfants pris en charge sont placés (40 % en famille d'accueil et 15 % en centre de réadaptation). Cette dernière proportion n'apparaît pas excessive. Par contre, le Comité ne présente pas des données comparatives récentes, crédibles et touchant l'ensemble des clientèles que doivent desservir les centres jeunesse du Québec, ainsi que concernant la situation dans d'autres provinces ou d'autres pays. De telles données auraient permis de relativiser son jugement sur la situation québécoise. En ce qui concerne les contrevenants, les données de Statistique Canada contredisent le Comité consultatif du ministère de la Santé et des Services sociaux. En effet, Carrington et Moyer (1994) montrent que le Québec affiche le taux de mise sous garde des contrevenants le plus bas de toutes les provinces canadiennes, et cela de loin. Ce taux demeure parmi les plus faibles même si l'on tient constant le taux de demandes d'intenter des procédures de la part des policiers et le taux de comparution devant la Chambre de la jeunesse. Ce taux le plus bas de mise sous garde s'observe pour la garde fermée et il demeure parmi les plus faibles pour la garde ouverte. À la décharge du Comité consultatif, le recensement de la clientèle des centres d'accueil du Québec de Messier et al. (1992) montre que la région de Montréal admet en centre de réadaptation davantage d'adolescents que les autres régions du Québec, mais c'est également la région dont la proportion des inscrits à des services externes est la plus élevée. Par contre, il ne faut pas oublier le contexte particulier de la Communauté urbaine de Montréal: une métropole nord-américaine où les poches de pauvreté sont endémiques; dont l'échelle est sans commune mesure avec celle des autres villes du Québec; où l'immigration est très importante; qui est marquée par la détérioration de l'emploi; dont les taux de problèmes sociaux sont les plus élevés au Québec (criminalité, grossesses adolescentes, etc.), etc.

Cette doctrine de la désinstitutionnalisation a été encouragée par la politique de la santé et du bien-être (ministère de la Santé et des Services sociaux, 1992) et les compressions budgétaires actuelles. Elle s'est manifestée sous la forme de la politique du virage milieu adoptée par les Centres jeunesse de Montréal. Pour les adolescents, elle prend plusieurs formes, dont la fermeture de Boscoville et le déplacement de certaines unités de cet internat à la Cité-des-Prairies (milieu sécuritaire) et d'autres unités au Mont Saint-Antoine (milieu ouvert), la fermeture de certains foyers de groupe, entre autres pour les mères adolescentes, etc. Cette politique pourrait être présentée comme une étape nouvelle de la désinstitutionnalisation qui a été lancée par le rapport Batshaw il y a vingt ans. Par contre, nous avons soutenu (Le Blanc, 1997b) que cette stratégie est en totale contradiction avec une valeur fondamentale de l'intervention au Québec, qu'elle va à l'encontre des connaissances scientifiques et qu'elle ne repose pas sur une démarche de planification adéquate des services.

Pour ce qui est de l'intervention auprès des adolescents, le Québec a toujours soutenu qu'il vaut mieux traiter que punir et qu'il est préférable de le faire en milieu ouvert qu'en milieu fermé (voir une expression récente de cette valeur dans le rapport Jasmin, 1995). Boscoville a été fondé il y a une cinquantaine d'années pour sortir les adolescents des prisons et des pénitenciers et pour démontrer que les clôtures ne sont pas nécessaires pour la très grande majorité des adolescents en difficulté (Rumilly, 1978). Cette attitude fondamentale s'est encore manifestée, il y a quelques années. L'Assemblée nationale du Québec a voté unanimement une résolution pour demander au gouvernement fédéral de ne pas amender la Loi sur les jeunes contrevenants de manière à ce qu'elle devienne davantage punitive. Le transfert d'adolescents placés en milieu ouvert dans un environnement sécuritaire constitue donc une violation inacceptable de cette valeur. À notre connaissance, il n'y a aucune démonstration à l'effet que ces adolescents auront besoin de plus de sécurité physique après la fermeture de Boscoville qu'avant.

Si le virage milieu des Centres jeunesse de Montréal viole une valeur fondamentale de la réadaptation, il constitue également une stratégie organisationnelle contre-productive. En effet, les connaissances professionnelles (entre autres l'expérience du Massachusetts) et scientifiques montrent que les meilleurs résultats sont obtenus dans des internats de petite dimension, il s'y crée une communauté thérapeutique véritable (Stein, 1995). La stratégie organisationnelle de la direction des Centres jeunesse de Montréal est totalement en contradiction avec ces connaissances; elle agrandit un internat sécuritaire et un internat ouvert; elle rend donc plus difficile la mise en place d'un milieu thérapeutique. Sur le plan administratif et budgétaire, cette stratégie est probablement la solution la meilleure, mais l'organisation ne doit-elle pas être au service de la réadaptation dans le domaine de l'adolescence en difficulté comme c'était le cas avant.

Finalement, le virage milieu pourrait être justifiable s'il était démontré que les besoins des adolescents en difficulté s'atténuent, que les familles ou l'école peuvent adéquatement s'occuper de ces adolescents et qu'il y a un nombre significatif d'adolescents en difficulté qui sont placés en internat malgré des problèmes qui ne justifient pas ce type de mesure. En somme, si une analyse rigoureuse des besoins avait justifié le virage milieu, celui-ci deviendrait le résultat d'une planification rationnelle des services. Cette analyse des besoins n'existe pas à notre connaissance. Par ailleurs, les résultats de nos travaux (Le Blanc, 1995) montrent clairement que les besoins des adolescents en difficulté, tout au moins ceux judiciarisés au début des années 1990, s'aggravent, que les familles sont plus débordées, que l'école offre moins de services et qu'il y avait une correspondance adéquate entre les besoins de la clientèle et les services offerts en internats. En somme, l'analyse des besoins des adolescents judiciarisés à Montréal ne peut absolument pas justifier le virage milieu pour cette clientèle. La désinstitutionnalisation qui était si nécessaire antérieurement devient une stratégie en totale contradiction avec les connaissances et les besoins des adolescents en difficulté.

L'efficacité de l'internat, de la déception à la détérioration

Il ne convient pas de résumer l'ensemble des résultats des recherches évaluatives sur Boscoville (Le Blanc, 1983a) et Boy's Farm (Le Blanc, 1983b) parce que cela nécessiterait plus que l'espace alloué à ce chapitre (voir également Le Blanc, 1994, pour un résumé des recherches et des travaux d'étudiants). Nous avons retenu quatre thèmes qui demeurent particulièrement d'actualité, à savoir les intervenants, la durée du séjour en internat, l'efficacité de cette mesure et la réinsertion sociale.

Les éducateurs, de l'encadrement à la dissociation

L'évaluation de Boscoville a montré que l'internat psychoéducatif disposait d'un avantage certain sur les autres. Il alliait une conception théorique, un milieu physique, un programme, un système clinique et un personnel qui formaient un tout homogène. Il en résultait, selon les données comparatives analysées, une qualité de mise en œuvre de l'intervention qui dépassait largement ce qui se faisait ailleurs au Québec et dans d'autres pays. À l'analyse, particulièrement à partir de la comparaison avec Boys' Farm, il est apparu que ce qui faisait la différence, c'était la formation et l'encadrement du personnel. À Boscoville, il y avait des conditions favorables pour l'acquisition du savoir, la maîtrise du savoir-faire et le développement du savoir-être. L'éducateur était reconnu comme l'instrument principal de la rééducation des adolescents en difficulté.

Au niveau du savoir, les connaissances étaient acquises pendant que le futur psychoéducateur était stagiaire de façon intensive; elles étaient transmises, entre autres, par des personnes qui avaient été ou qui étaient encore des éducateurs ou des gestionnaires; et elles s'appliquaient de manière relativement immédiate à l'action éducative. Au niveau du savoir-faire, il y avait un processus d'apprentissage progressif des différentes tâches de l'éducateur, par exemple l'accompagnement dans le suivi d'un adolescent, et il y avait un esprit d'innovation en raison de la présence sur place d'une équipe de personnes dont la responsabilité était l'amélioration du programme. Au niveau du savoir-être, l'éducateur acquérait ce que Gendreau (1978) a appelé des schèmes relationnels, des façons d'être, cela à travers des supervisions et la participation à une activité thérapeutique obligatoire, de nature individuelle ou de groupe.

Aujourd'hui tous reconnaissent encore que l'éducateur est l'instrument principal de l'intervention. Par contre, le futur éducateur, comme l'ensemble du personnel éducatif, vit la dissociation. Le savoir est acquis à l'université et, il faut le reconnaître, il n'est pas toujours, ni de manière immédiate ou lointaine, pertinent à l'action éducative. Le savoir-faire est acquis lors de stages de plus en plus courts et tardifs au cours de la formation. Ces stages, en plus, ont lieu dans des milieux éloignés de l'université, pas seulement physiquement mais également intellectuellement, et les supervisions sont assumées la plupart du temps par d'autres praticiens que ceux du lieu même du stage, et portent souvent sur un savoir-faire qui est incomplet sinon dépassé. En plus, tous, enseignants et praticiens, s'attendent à ce que les futurs éducateurs accomplissent l'intégration du savoir et du savoir-faire qu'ils ont peut-être de la difficulté à réaliser eux-mêmes. La dissociation s'accentue encore par le fait que le savoir-être, qui constitue le souffle de l'éducateur comme instrument principal de l'intervention, n'est pas pris en charge, ni par l'université ni par le milieu de pratique. Il n'y a pas de sélection des futurs éducateurs sur les habiletés reliées au savoir-être, les schèmes relationnels par exemple; la sélection de la part des employeurs n'est pas plus systématisée dans ce domaine; les supervisions sur le savoir-être ne sont plus une pratique courante; le développement personnel des employés ne reçoit aucune attention, cela même s'ils reçoivent régulièrement de nouvelles formations; elles sont de fait des séances d'information plutôt qu'un entraînement systématique; etc.

En somme, les résultats de la recherche évaluative illustraient un modèle pertinent pour la formation des éducateurs, et même des autres intervenants du domaine de l'inadaptation des jeunes, et maintenant les éducateurs, futurs comme nouveaux et anciens, sont littéralement laissés à eux-mêmes. Il n'y a pas de mécanisme d'apprentissage supervisé de la tâche et de ses subtilités et il n'y a pas non plus de structure de compensation pour la lourdeur que représente le travail auprès des adolescents en difficulté.

La durée du séjour, du raisonnable à l'excessif

Au moment où a débuté l'évaluation de Boscoville, les mauvaises langues disaient que les bons résultats obtenus par cet internat s'expliquaient par la sélection. Boscoville n'accueillait que les meilleurs cas, c'est-à-dire les plus intelligents et les moins inadaptés. Par contre, nos résultats ont montré, malgré un nombre significatif d'adolescents refusés ou qui quittaient volontairement Boscoville, que cette accusation ne pouvait être confirmée empiriquement. La sélection n'était pas une explication significative des résultats obtenus. De plus, deux résultats importants ont été mis au jour. Premièrement, les adolescents qui séjournaient à Boscoville plus de deux années ne faisaient plus de gains à partir de ce moment-là en terme de développement psychologique. Deuxièmement, les gains étaient obtenus après un séjour d'une durée de séjour de douze à quinze mois selon les individus.

Ces résultats supportaient une autre façon de faire progresser la politique de la désinstitutionnalisation énoncée par le rapport Batshaw. La longueur excessive des séjours en internat a été confirmée par une étude sur l'ensemble des centres d'accueil du Québec (Ménard, 1981) et, en conséquence, une politique est venue bannir les séjours de plus de deux ans. Cette politique était donc raisonnable. Elle permettait quand même d'ajuster la durée du séjour aux besoins des adolescents parce qu'elle donnait une marge de manœuvre suffisante aux éducateurs, la période de douze à quinze mois selon les résultats de l'évaluation de Boscoville. De plus, elle était intéressante parce qu'elle permettait une période pour la consolidation des acquis, une période de six à douze mois selon les besoins spécifiques des adolescents. Par contre, les psychoéducateurs étaient déçus des résultats de recherche et de la politique parce qu'ils poursuivaient l'objectif de la rééducation totale et qu'ils soutenaient que la période des gains est suivie par une période de consolidation des acquis qui peut être plus longue.

Au début des années 1980, les impératifs cliniques et organisationnels étaient donc rencontrés. Les résultats de la recherche avaient donné lieu à une politique raisonnable. Par contre, tous les gestionnaires et praticiens qui œuvrent aujourd'hui dans les mesures résidentielles reconnaissent qu'un séjour de plus d'une année est maintenant rare. Les seules séries statistiques disponibles concernent les jeunes contrevenants du Québec (Jasmin, 1995). En 1984-1985, les placements sous garde en milieu fermé de six mois et moins représentaient 55 % des cas et en 1993-1994 ils comptaient pour 80 % des cas. Il en va de même pour les placements sous garde en milieu ouvert, puisqu'en 1984-1985 ils représentaient 36 % des décisions en comparaison de 82 % des décisions en 1993-1994. Le réseau d'aide aux adolescents en difficulté a donc continué à favoriser une diminution de la durée du séjour en internat.

Cette diminution des durées de séjour rend donc impossible la réadaptation des adolescents en difficulté puisque nos travaux montrent que l'on ne peut pas espérer des changements significatifs avant une année. Il s'agit donc d'une perversion grave d'une politique raisonnable compte tenu du niveau d'inadaptation sociale et personnelle des adolescents judiciarisés que nous avons décrits (Le Blanc et al. 1995). Par exemple, 63 % des adolescents protégés par le tribunal avaient déjà fait l'objet de mesures, alors que 40 % des jeunes contrevenants étaient dans la même situation.

L'efficacité de l'internat, de l'idéal à la réalité

Boscoville proposait un traitement bien conçu et appliqué par un personnel compétent; le milieu de vie était sain et le programme mis en œuvre avait un très haut niveau de qualité. Les résultats attendus étaient en proportion et Boscoville soutenait qu'ils étaient excellents et que le modèle psychoéducatif s'appliquait à tous les adolescents en difficulté.

Les résultats, à première vue, étaient excellents. Les adolescents en difficulté y faisaient des gains statistiquement significatifs pendant leur séjour, cela en termes d'adaptation sociale et psychologique. Ces acquis pouvaient être attribués au traitement parce qu'ils excédaient ceux des adolescents non traités ou ceux d'adolescents placés dans d'autres internats. Ils dépassaient donc ce qui pouvait provenir de la maturation naturelle au cours de l'adolescence. Par contre, les évaluations de Boscoville et de Boys' Farm démontraient que la personnalité des jeunes délinquants n'était pas transformée. Contrairement aux aspirations des éducateurs, même dans les internats qui réunissaient les meilleures conditions, la personnalité n'était qu'améliorée, son développement ne semblait qu'accéléré. Après le séjour à Boscoville, ces gains se manifestaient par un niveau de récidive plus faible (Le Blanc, 1986) et par une meilleure intégration sociale que dans d'autres internats (Le Blanc, 1983a). S'il y avait récidive, elle était plutôt rapide, moins de la moitié des anciens de Boscoville passaient à l'acte dans les deux années qui suivaient leur départ. Elle était parfois plus grave, c'est-à-dire caractérisée par les délits plus sérieux. Il y avait des différences importantes suivant que le traitement avait été complet ou non et ceci à l'avantage de ceux qui allaient jusqu'au bout. Finalement, et c'est sûrement un résultat important, la récidive ne dépendait pas du niveau d'amélioration du fonctionnement psychologique pendant le traitement, elle était beaucoup plus déterminée par les circonstances de la vie après le séjour en internat. Nos travaux montraient que le style de vie adopté, particulièrement s'il se caractérisait par l'inactivité, les amis délinquants, l'usage de drogue et/ou d'alcool, etc., déterminait la nature de l'adaptation sociale après le séjour à Boscoville. Il était également apparu à Boys' Farm qu'un processus d'insertion sociale qui impliquait un support réel de la part de l'internat, permettait de limiter la régression sur le plan du fonctionnement psychologique qui était fréquente après le séjour en internat.

Soulignons, en rétrospective, que les résultats obtenus apparaissent maintenant parmi les meilleurs. En effet, Boscoville réduisait la récidive de 18 %, ce qui est dans le champ des meilleurs traitements actuels qui affichent autour de 20 % de réduction de la récidive (Lipsey, 1997). Il faut également indiquer que le Boscoville classique pourrait être caractérisé comme appartenant à la famille des interventions cognitives-comportementales par l'organisation du milieu basée sur un système de responsabilité, par le contenu des activités qui renforçaient les habiletés sociales et par la fixation d'objectifs de comportement dont l'atteinte était évaluée régulièrement. C'est justement cette famille d'intervention qui obtient actuellement les meilleurs résultats.

Par contre, quelques résultats ont été très décevants pour les psychoéducateurs. D'abord, la théorie des étapes de Jeannine Guindon (1970) s'est avérée valide uniquement dans le domaine des activités et elle n'a pas été confirmée dans le domaine relationnel. En plus, les adolescents ne traversaient pas les quatre étapes, ils arrivaient à un stade, pas nécessairement le premier, et ils ne gagnaient par la suite que le stade adjacent. Ensuite, les changements obtenus indiquaient une amélioration significative du fonctionnement social et psychologique des adolescents, mais pas une transformation, une rééducation, comme attendue.

Le résultat le plus décevant a certainement été ce que nous avons nommé l'effet différentiel. Boscoville affirmait que le modèle psychoéducatif s'appliquait à l'ensemble des adolescents en difficulté; par contre, nos résultats montraient que l'intervention avait définitivement davantage de succès avec les adolescents qui affichaient des caractéristiques névrotiques qu'avec ceux qui étaient les plus égocentriques. Ces derniers résultats étaient confirmés par nos travaux à Boys' Farm (Le Blanc, 1983b). Depuis, il est mieux connu que l'application d'une méthode bien conçue et bien maîtrisée par un personnel compétent ne donne pas des résultats uniformes avec tous les adolescents (Le Blanc, 1990). Certains types d'adolescents en difficulté répondent bien à une méthode comme le Boscoville classique, tandis que d'autres ne répondent pas à ce type d'intervention.

Ces conclusions ont été bien accueillies par les détracteurs de Boscoville, et surtout de l'internat en général, et elles ont contribué à créer un nouveau mythe, "la psychoéducation, ce n'est pas aussi bon que cela", pour remplacer l'ancien, "Boscoville n'accueille que les meilleurs cas et c'est pour cela qu'il a de bons résultats". La perversion des résultats de la recherche évaluative a été de discréditer le modèle psychoéducatif, cela chez les gestionnaires et parmi l'ensemble des éducateurs. Ce discrédit a été renforcé par d'autres facteurs; pensons au changement radical d'orientation de l'École de psychoéducation au milieu des années 1980, aux conflits entre les internats, à l'accélération de la désinstitutionnalisation au début des années 1980 et à beaucoup d'autres.

L'effet pervers de ces résultats de la recherche évaluative a été principalement de déstabiliser Boscoville et de décourager les éducateurs. Ils ont perdu confiance en la théorie des étapes pour guider leur action; ils ont tenté d'introduire des modèles d'intervention totalement différents sans la conviction et le support adéquats; ils se sont lancés dans l'expérimentation de mesures alternatives à l'internat (psychoéducateur à l'école, bateaux, point de service au centre-ville, initiation au travail, etc.), cela sans compter toutes les errances de la direction.

Le résultat final de ce processus a été que le modèle psychoéducatif est devenu diffus, cela même à Boscoville. Des éléments du modèle sont conservés, d'autres sont oubliés. Ils ne forment plus un tout homogène pour plusieurs raisons, par exemple, même à Boscoville des éducateurs ont été engagés sans une formation en psychoéducation et ceux qui en ont une ne l'ont pas reçue dans le cadre du modèle décrit précédemment. Cette désintégration du modèle se manifeste par les données suivantes. L'analyse du climat d'équipe et du climat social dans les unités de plusieurs internats pour garçons en 1993, dont Boscoville, montrait que ces derniers obtenaient sensiblement les mêmes moyennes (autour de 6 sur 10), alors que Boscoville obtenait de meilleurs résultats à la fin des années 1970 (autour de 8 sur 10) (Le Blanc, inédit). L'envers de cette désintégration du modèle boscovillien, c'est que les internats les plus faibles au cours des années 1970 obtiennent de bien meilleurs résultats maintenant. Ainsi, la prise en charge en internat s'est améliorée tout en s'uniformisant. Voilà une autre perversion. Les résultats différentiels auraient dû amener les gestionnaires à reconnaître la nécessité d'une certaine spécialisation des services pour mieux desservir l'ensemble des adolescents en difficulté. C'est plutôt le réflexe bureaucratique de l'uniformisation qui a prévalu.

En somme, Boscoville poursuivait un idéal, la rééducation totale de tous les adolescents en difficulté, et la réalité était tout autre, une amélioration significative de certains adolescents en difficulté. Cet écart entre l'idéal et la réalité a constitué un choc néfaste. C'était l'effet pervers de la recherche évaluative. Par ailleurs, les autres internats ont progressé vers des services de meilleure qualité en incorporant des composantes du modèle psychoéducatif. Il en a résulté une uniformisation de l'intervention au détriment des besoins particuliers de certaines catégories d'adolescents en difficulté. C'était la perversion des résultats de la recherche évaluative.

La réinsertion sociale, de l'absence à l'oubli

À Boscoville, il n'y avait pas de suivi de réinsertion sociale organisé pendant une période donnée. Les éducateurs aidaient les adolescents à préparer leur départ sans plus (où habiter, travailler, étudier, etc.). L'étude du devenir de ces adolescents a montré deux choses. Premièrement, les résultats au terme d'une année après le séjour à Boscoville indiquaient qu'ils dépendaient davantage des conditions de vie pendant cette période que des acquis pendant le séjour. Ils résultaient davantage des relations avec les parents, du travail obtenu, des nouveaux amis, etc. que des habiletés développées durant le séjour. Deuxièmement, si chez certains adolescents il y avait un maintien de leurs acquis du séjour en internat, par contre chez d'autres ces acquis étaient en grande partie effacés. Par ailleurs, l'évaluation de Boys' Farm indiquait qu'un suivi individuel à la suite d'un séjour en internat facilitait la réinsertion sociale. Il faut noter que la réinsertion sociale, qui était absente ou partielle à la suite du séjour à Boscoville et dans les autres internats, est actuellement totalement tombée dans l'oubli. Elle ne constitue pas une préoccupation pour les gestionnaires et les éducateurs ne la pratiquent que de manière informelle. Par contre, elle est encore recommandée dans le rapport Jasmin (1995) qui suggère la mise en place de programmes expérimentaux de cette nature.

Le développement de l'intervention, Boscoville...

Dans ce chapitre, nous avons esquissé une analyse des rapports entre nos recherches évaluatives et les politiques à l'égard de l'internat et l'intervention elle-même au cours des vingt-cinq dernières années. Cette analyse n'est définitivement pas complète; toutefois, elle montre déjà certaines des difficultés du transfert des connaissances. Difficultés qui découlent de l'interprétation des résultats de la recherche évaluative à la lumière de la formation, de l'expérience et du rôle social de chacun, mais également des contraintes politiques et administratives du moment. Cette analyse identifie certains effets pervers et certaines perversions qui découlent d'un modèle de développement de l'intervention dans lequel la recherche et la pratique sont éloignées l'une de l'autre. Elles obéissent alors chacune aux exigences de leur milieu d'appartenance, qu'il s'agisse de la science, de la gestion ou de l'action éducative. Ces exigences les éloignent davantage qu'elles ne les rapprochent. Comment les réunir?

Le Boscoville des années 1960 et 1970 a définitivement fait l'intégration de la science et de l'action. En conséquence, il a été à la fine pointe de l'innovation technologique dans le domaine de la réadaptation au Québec et dans le monde occidental. Plusieurs conditions étaient réunies: un esprit, des leaders sur les plans intellectuel et humain, des éducateurs mieux formés, des ressources matérielles et humaines supplémentaires, des adolescents en difficulté, de l'autonomie face aux instances gouvernementales, etc. À mesure que ces conditions se sont estompées, la capacité d'innovation a diminué pour ensuite disparaître de Boscoville. Ce modèle de recherche et développement a fait ses preuves et il continue de le faire. Pensons à plusieurs grands noms de l'intervention d'hier, Makarenko, Aichorn, Redl et Bettelheim, et d'aujourd'hui, Patterson et Hawkins, qui ont su réunir des conditions semblables à celles qui se retrouvaient jadis à Boscoville. Ces conditions devraient donc guider le ministère de la Santé et des Services sociaux ainsi que ses établissements parce qu'il est bien connu que sans recherche et développement les organisations pourrissent.

Dans le domaine de l'intervention psychosociale, il faut donc totalement intégrer la recherche et le développement à un milieu d'intervention qui assume quotidiennement une clientèle; il faut donner à ce milieu un mandat précis à cet égard et des ressources supplémentaires; il faut constituer une équipe avec les cliniciens et les gestionnaires les mieux formés, les plus motivés et les plus créatifs; il faut les entourer des meilleures compétences professionnelles; il faut réunir les chercheurs les plus expérimentés; il faut donner à cet organisme le maximum d'autonomie administrative et clinique. Cette description, c'est justement celle d'un hôpital universitaire du domaine de la santé qui se distingue ainsi des autres hôpitaux.

Un institut de recherche est un pas en avant dans la bonne direction, mais il représente encore un net clivage entre la recherche et l'intervention. Ce clivage se manifeste, premièrement, par l'écart entre son mandat et les besoins diversifiés de la clientèle des centres jeunesse. Son mandat, la violence, est à la fois trop large, il s'agit d'un phénomène aux contours flous qui peut englober toutes sortes d'attitudes et de comportements marginaux, du racisme à l'homicide, et également trop spécifique, les comportements violents ne sont qu'une des multiples manifestations du syndrome de la conduite marginale. Son mandat équivaut donc à mettre sur pied un hôpital universitaire uniquement dédié aux maladies cardiaques. Ce n'est pas la situation actuelle dans le domaine de la santé. Le mandat d'un institut universitaire, comme celui des hôpitaux universitaires, devrait être celui de dispenser des services de pointe. Les centres jeunesse, comme les hôpitaux, devraient peut-être laisser à d'autres, CLSC, écoles, villes et groupes communautaires, les services de prévention et de première ligne.

Le clivage entre la recherche et la pratique est accentué, deuxièmement, par le fait que chercheurs et intervenants ne sont pas conjointement responsables d'une clientèle. Contrairement aux médecins, ils ne sont pas contraints de soigner et de développer l'intervention simultanément. Les chercheurs et les praticiens d'un institut universitaire peuvent alors se retrancher confortablement derrière les exigences de la pratique ou de la science et ne collaborer que superficiellement. La responsabilité conjointe d'une clientèle, comme l'expérience de Boscoville et d'autres expériences l'ont montré, favorise la responsabilisation et l'intégration des chercheurs, des gestionnaires et des intervenants.

Le clivage entre la recherche et la pratique n'est pas atténué par la création des instituts universitaires, troisièmement, parce que l'on a favorisé un modèle bureaucratique plutôt qu'un modèle de recherche et développement. Le modèle bureaucratique favorise une distribution des compétences à travers l'ensemble d'un établissement, ici les praticiens les plus compétents et les plus créatifs d'un centre jeunesse, et l'utilisation des expertises comme d'un appoint, ici les chercheurs qui sont appelés pour conseiller sur des activités propres à la recherche, revue de littérature et méthodes de recherche. Le modèle de la recherche et développement, pour sa part, implique la concentration des compétences pratiques, les intervenants les plus compétents, les plus motivés et les plus créatifs, et scientifiques, les chercheurs les plus compétents et les plus motivés. Ce n'est pas le cas dans le domaine de la réadaptation actuellement. Le Boscoville des années 1960 et 1970 a illustré les succès de ce modèle comme le font toujours les hôpitaux universitaires.

Si les avenues pour réduire le clivage entre la recherche et l'action sont connues, il ne manque que la volonté politique et administrative pour s'y engager. Il est donc possible de rassembler les leaders sur les plans intellectuel et humain qui sont disponibles, les éducateurs compétents, motivés et créatifs qui sont facilement identifiables, les ressources matérielles et humaines supplémentaires qui peuvent être réaffectées à un tel projet, les adolescents en difficulté qui ne manquent pas, des lieux physiques qui sont disponibles et il est possible de donner l'autonomie administrative suffisante à un tel projet. Certains diront que les fonds manquent en cette période de compressions budgétaires. La recherche et développement est peut-être l'un des meilleurs moyens de réduire les coûts. Par ailleurs, les fonds sont disponibles. Tout cela apparaît facilement réalisable dans le cadre du pourcentage de leur budget que les centres jeunesse doivent consacrer nécessairement à la formation. La recherche et développement est sûrement l'un des meilleurs mécanismes de formation parce que les innovations pourront être enseignées sur place ou les intervenants pourront être entraînés dans leur milieu de travail. Le transfert des connaissances sera peut-être plus efficace qu'actuellement. Les formations sont nombreuses mais peu implantées justement parce qu'il n'y a pas d'entraînement dans le cadre de contacts directs avec la clientèle. Ainsi, des budgets seront utilisés d'une manière encore plus profitable.

Références

Batshaw, M.G. (1975). *Rapport du comité d'étude sur la réadaptation des enfants et des adolescents placés en centre d'accueil.* Québec, Direction des communications, Ministère des Affaires sociales.

Brill, R., Le Blanc, M. (1978). *Clients change.* Rapport final, volume IV. Évaluation de Boys' Farm. Montréal, Groupe de recherche sur l'inadaptation juvénile, Université de Montréal.

Charbonneau, J.P. (1982). *Rapport de la commission parlementaire spéciale sur la protection de la jeunesse.* Québec, Éditeur officiel du Québec.

Cusson, M. (1971). *La vie sociale des jeunes délinquants en institution.* Montréal, École de criminologie, Université de Montréal.

Guindon, J. (1995). *Les étapes de la rééducation des jeunes délinquants et des autres ...* Montréal, Éditions Sciences et Culture Inc.

Harvey, J. (1988). *Rapport sur l'analyse des activités de réception et de traitement des signalements, d'évaluation et d'orientation en protection de la jeunesse.* Québec, Ministère de la Santé et des Services sociaux.

Harvey, J. (1991). *La protection sur mesure, un projet collectif.* Québec, Ministère de la Santé et des Services sociaux.

Jasmin, M. (1992). *La protection de la jeunesse, plus qu'une loi.* Québec, Ministère de la Santé et des Services sociaux et Ministère de la Justice.

Jasmin, M. (1995). *Les jeunes contrevenants, au nom ... et au-delà de la loi.* Québec, Ministère de la Santé et des Services sociaux et Ministère de la Justice.

Le Blanc, M. (1975). La clientèle des centres d'accueil, de transition et de réadaptation du Québec, annexe 6. In *Rapport du comité d'étude sur la réadaptation des enfants et adolescents placés en centre d'accueil.* Gouvernement du Québec, Ministère des Affaires sociales.

Le Blanc, M. (1983a). *Boscoville: la rééducation évaluée.* Montréal: H.M.H.

Le Blanc, M. (1983b). *L'efficacité de l'internat pour la rééducation des jeunes délinquants: modèle homogène, Boscoville; modèle hétérogène, Boys' Farm.* Ottawa, Solliciteur général.

Le Blanc, M. (1985a). Les mesures pour jeune délinquant. In D. Szabo & M. Le Blanc (Eds.), *La criminologie empirique au Québec.* Montréal: Presses de l'Université de Montréal.

Le Blanc, M. (1985b). De l'efficacité d'internats québécois. *Revue Canadienne de Psycho-éducation, 14*(2), 113-120.

Le Blanc, M. (1986). Réussite sociale et inadaptation: épidémiologie prospective. *Revue Canadienne de Criminologie, 28*(4), 363-377.

Le Blanc, M. (1990). L'intervenant auprès des jeunes délinquants, omnipraticien ou spécialiste. *Revue Canadienne de Psycho-éducation, 19*(2), 85-100.

Le Blanc, M. (1994). Les mesures pour jeune délinquant. In D. Szabo & M. Le Blanc (Eds.), *Traité de criminologie empirique.* (2e édition). Montréal: Presses de l'Université de Montréal.

Le Blanc, M. (1995). Y a-t-il trop d'adolescents placés en internat aux Centres jeunesse de Montréal? *Revue Canadienne de Psycho-éducation,* 24, 2: 93-120.

Le Blanc, M. (1997a). Screening serious and violent juvenile offenders: Identification, Classification, and Prediction. In R. Loeber and D.P. Farrington. *Serious and violent juvenile offenders: Risk factors and successful interventions.* Thousands Oaks, Sage.

Le Blanc, M. (1997b). Face aux compressions budgétaires, laquelle des stratégies choisir? Les besoins impératifs de certains enfants et adolescents ou le virage milieu pour le plus grand nombre possible? Quelle stratégie améliorera davantage la qualité des services? Audiences publiques du Conseil d'administration des Centres jeunesse de Montréal, Montréal, 14 mai 1997.

Le Blanc, M. (inédit). Données sur les centres de réadaptation de la région de Montréal et 1993. Montréal, Groupe de recherche sur les adolescents en difficulté, Université de Montréal.

Le Blanc, M., Beaumont, H. (1987). *La réadaptation dans la communauté au Québec: inventaire des programmes.* Rapport soumis à la Commission d'enquête sur les services de santé et les services sociaux. Québec.

Le Blanc, M., Beaumont, H. (1989). *L'efficacité des mesures pour jeunes délinquants adoptées à Montréal en 1981, une étude longitudinale.* Montréal, Groupe de recherche sur l'inadaptation psychosociale à l'enfance, Université de Montréal.

Le Blanc, M., Brousseau, G. (1974). La prise de décision des agents de probation pour mineurs. *Revue Canadienne de Criminologie, 16*(4), 373-392.

Le Blanc, M., Girard, S., Lanctôt, N., Ouimet, M., Langelier, S. (1994). *Les adolescents en difficulté des années 1990.* Rapport no. 2: La clientèle du Service de probation des Centres jeunesse de Montréal. Montréal, École de psycho-éducation, Groupe de recherche sur les adolescents en difficulté, Université de Montréal.

Le Blanc, M., Girard, S., Kaspy, N., Lanctôt, N., Langelier, S. (1995) . *Adolescents protégés et jeunes contrevenants sous ordonnance de la Chambre de la jeunesse de Montréal en 1992-1993.* Rapport no. 3: les adolescents en difficulté des années 1990. Montréal, École de psycho-éducation, Groupe de recherche sur les adolescents en difficulté, Université de Montréal.

Le Blanc, M., Trudeau-Le Blanc, P. (1988). Le travail, une alternative à la scolarisation pour jeunes mésadaptés socio-affectifs I: les formules d'atelier et leurs mises en oeuvre. *Revue Canadienne de Psycho-éducation, 17*(2), 105-119.

Le Blanc, M., Trudeau-Le Blanc, P. (1989). Le travail, une alternative à la scolarisation pour jeunes mésadaptés socio-affectifs II: les impacts et une politique d'action. *Revue Canadienne de Psycho-éducation, 18*(1), 1-20.

Lipsey, M. (1997). Effective intervention of serious juvenile offenders: A synthesis of research. In R. Loeber and D. Farrington (eds). *Serious / violent / chronic offenders.* Washington, Office of Juvenile Justice and Delinquency Prevention Study Group on Serious / Violent / Chronic Offenders.

Marineau, D., Le Blanc, M. (1979). *Habitat-Soleil, c'est quoi? Son passé, son présent, son avenir.* Montréal, B.I.C.C.

Ménard, R. (1981). *La durée de séjour des bénéficiaires en centre d'accueil.* Québec, Ministère des Affaires sociales.

Messier, C. (1989). *Les troubles de comportement à l'adolescence et leur traitement en centre d'accueil de réadaptation à la suite d'une ordonnance de protection.* Montréal, Commission de protection des droits de la jeunesse.

Ministère de la Santé et des Services sociaux (1992). *La politique de la santé et du bien-être*. Québec, Ministère de la Santé et des Services sociaux.

Rapport du Comité consultatif sur le développement de solutions de rechange en matière de placement d'enfants (1994). *Vers un continuum de services intégrés à la jeunesse, les solutions de rechange au placement des jeunes.* Gouvernement du Québec, Ministère de la Santé et des Services sociaux.

Reikertz, D. (1978). *Les soins en milieu résidentiel: l'impact de la politique et des personnels des institutions sur les enfants en résidence*. Montréal, Université McGill, École de service social.

Rochon, R. (1997). Commission d'enquête sur les services de santé et les services sociaux. Québec, Les publications du Québec.

Rumilly, R. (1978). *Boscoville*. Montréal, Fides.

Stein, J.A. (1995). *Residential treatment of adolescents and children: Issues, principles and technics*. Chicago, Nelson-Hall.

• 11 •

Réactions immédiates aux audiences des Centres jeunesse de Montréal

Neuvième événement: Les audiences des Centres jeunesse de Montréal suscitent des effets immédiats à la fois stimulants et décevants.

GILLES GENDREAU

Des cadres réagissent à l'intervention de Gilles Gendreau

Après avoir épuisé le temps qu'on m'avait alloué, j'avais le sentiment d'avoir fait tout mon possible pour apporter mon humble contribution à ces audiences publiques. Je croyais avoir livré l'essentiel de mon message aux "décideurs". À ceux qui avaient finalement accepté de recevoir les doléances de près de quatre-vingts intervenants s'exprimant soit en leur propre nom, soit en celui de divers groupes ou organismes; aux autres aussi qui semblaient être là uniquement pour la forme ou pour défendre, sans en avoir l'air, les décisions de la direction présentées sous le chapeau trompeur d'*hypothèses à bonifier. À bonifier*, oui! mais *hypothèses*? Il ne faudrait pas jouer sur les mots, je le répète.

J'avais été direct dans mes réponses aux questions des membres du conseil d'administration et clair dans mon message, qui disait en substance:

> «Il a fallu croire à Boscoville pour que cette institution joue le rôle historique qu'elle a joué et que la direction reconnaît. Et il faudrait y croire encore pour faire face aux problématiques de l'an 2000. Hélas! la direction ne voit plus en Boscoville qu'un monument historique dont la société québécoise n'aurait plus besoin pour ses jeunes en difficulté. Je trouve cette attitude déplorable parce qu'elle s'arrête aux vulnérabilités de Boscoville au lieu de mettre en valeur ses acquis et son efficience. Si la direction des Centres jeunesse de Montréal est incapable de mettre au service de son "approche milieu" les richesses d'une de ses constituantes, comment aura-t-elle la crédibilité nécessaire pour créer une synergie entre différents organismes (maisons de jeunes, centres de loisirs, écoles, organismes communautaires, paroisses, centres de bénévolat, etc.) avec qui elle n'a aucun lien structurel? Synergie pourtant indispensable à l'efficience de l'orientation qualifiée d'*approche milieu*?»

J'étais conscient cependant que je n'avais pas très bien répondu à la question piège sur «mon attachement à de la brique et à un lieu physique, alors que l'esprit de Boscoville se continuerait dans les autres institutions où le personnel serait affecté...» La présence d'esprit, dont j'avais souvent fait preuve en ces occasions, m'avait soudainement quitté. Le vieil éducateur était momentanément "vidé". On n'a pas idée de l'énergie qu'il faut pour réussir seulement à intéresser un groupe de personnes qui, depuis des heures et des heures, s'obligent à écouter avis par-dessus avis sur un même thème! J'étais cependant convaincu d'avoir capté l'attention de la majorité: mon expérience de professeur et de conférencier me permettait de le déceler. Je pouvais aussi faire référence au rôle "d'allumeur de feux de paille" (même pas de réverbères, comme dans le Petit Prince de Saint-Exupéry...) que j'avais l'impression de jouer quand, il y a de cela bien des lunes, je donnais des conférences sur Boscoville pendant des dîners d'hommes d'affaires réunis sous la bannière de différents clubs sociaux: Richelieu, Kiwanis, etc. «Oui, disaient-ils souvent avec enthousiasme, on va aider les jeunes qui sortent de Boscoville à se trouver un emploi.» Hélas! les préjugés reprenaient le dessus quelques jours à peine après ces pointes d'enthousiasme. Allumeur de feux de paille? Oui! en ce qui concerne la recherche d'emplois dans le concret. Non! dans l'image qu'ils s'étaient faite de Boscoville: j'en eus plusieurs fois la preuve. Mais la plupart de ces hommes d'affaires n'osaient pas prendre de risque... «Ça ne cadrait pas dans leur entreprise.» Pour les uns, c'était vrai. Quant aux autres, leur enthousiasme n'avait été qu'un feu de paille bien vite éteint.

Au moment de la pause, deux de mes anciens étudiants de l'Université vinrent me trouver. Les deux sont psychoéducateurs aux Centres jeunesse de Montréal: le premier est cadre intermédiaire[111], le second cadre supérieur. «Toujours égal à toi-même», me dit le premier en me serrant la main. «Décidément, tu ne changes pas», ajoute le second en me donnant la main à son tour. De telles formules m'embarrassent toujours. J'ai l'impression qu'on me livre un double message: «Tu es fidèle à toi-même, à tes idées de base.» Oui, mais en même temps, «tu n'évolues pas, tu répètes toujours les mêmes rengaines.» Ont-ils perçu mon embarras, je ne saurais le dire, mais ils ajoutèrent aussitôt, pleins d'empathie: «Cela nous fait toujours réfléchir et c'est bon d'entendre parler de cette façon: on ne peut pas rester indifférents.» Et le cadre supérieur d'ajouter: «Je ne suis pas d'accord avec ta prise de position même si je la respecte.»

Nous nous sommes retirés quelque peu, car nous bloquions la sortie de la salle. C'est d'ailleurs le vieil éducateur qui le fit remarquer... comme par hasard. Puis le directeur et moi avons échangé pendant quelques minutes, tout juste le temps de préciser nos positions respectives et de nous promettre de nous rencontrer de nouveau dans un autre contexte pour poursuivre cet échange franc qui nous stimulait tous les deux. La réunion allait recommencer, il fallut nous séparer.

---

111. Et qui plus est, mon neveu, ce qui n'était sans doute pas toujours facile à porter dans les circonstances, car j'étais perçu par la direction comme un "opposant" puisque je défendais Boscoville.

De jeunes éducateurs se disent réconfortés

Je ne me sentais plus la force d'assister aux autres communications. Je ne pouvais m'empêcher de penser, surtout après ma conversation avec un directeur des Centres jeunesse de Montréal, à ce que j'aurais dû ajouter, à la façon dont j'aurais dû m'exprimer pour mieux faire comprendre mon point de vue, pour faire entendre à la direction que je comprenais son dilemme sans accepter pour autant l'ensemble de ses positions à propos de Boscoville. Avais-je été assez clair? Assez logique et rationnel dans mon fougueux exposé?

J'en étais à me poser ces questions, en descendant l'escalier donnant sur le trottoir avec mon épouse et un ami qui avait fait une présentation rigoureuse juste avant moi, quand nous apercevons une jeune éducatrice et un éducateur qui semblaient réfléchir à ce qui venait de se passer au cours de cette première partie des interventions. En nous voyant, ils s'arrêtent et, timidement mais en toute simplicité, ils nous disent: «Vous ne savez pas comment vos propos nous ont fait du bien! Nous avions l'impression d'être les seuls à croire encore à ce que nous faisons avec les jeunes. Vos propos nous ont fait un bien énorme, et ils nous stimulent. Merci beaucoup!»

Ces professionnels de la base qui partagent un vécu éducatif avec des jeunes en difficulté — pour combien de temps encore? — prenaient conscience qu'au-delà des générations nous nous rejoignions sur l'essentiel. Ce n'était pas la première fois, au cours des dernières années, que je pouvais constater ce phénomène. En plein cœur d'un combat pour la continuation d'expériences encore valables, combat que des "décideurs" et d'autres avec eux avaient tendance à prendre pour une résistance au changement, des commentaires aussi spontanés et sincères relativisaient certaines questions formelles et techniques que quelques membres du conseil d'administration m'avaient posées lors de ma communication. Malgré leur bonne volonté, ils ne pouvaient avoir qu'une vision structurelle de la réadaptation. Pour mieux comprendre le travail des éducateurs, il aurait fallu qu'ils les observent fréquemment dans leur quotidienneté.

Déjà, je me sentais moins fatigué... J'avais l'impression que, si mes propos avaient pu stimuler deux jeunes professionnels à continuer leur action et à se sentir moins isolés, je n'avais pas perdu mon temps, quelle que soit leur influence sur les décisions qui seraient prises.

Quelques jours après ma présentation aux audiences publiques des Centres jeunesse de Montréal, je me permis d'adresser la lettre suivante au collègue psychoéducateur avec qui j'avais échangé immédiatement après mon intervention.

Gilles Gendreau relance André Brunelle, un cadre supérieur des Centres jeunesse de Montréal qui vient d'être nommé directeur général des Centres jeunesse de la Montérégie

Le 16 mai 1997

Mon cher André,

J'ai bien apprécié que tu sois venu me voir après la présentation de ma brève synthèse du mercredi 14 mai. À chacune de mes présences, j'ai senti que je faisais naître une certaine gêne, pour ne pas dire une gêne certaine, chez quelques cadres des Centres jeunesse de Montréal que je connais davantage et que j'apprécie beaucoup, gêne causée sans doute par mes prises de position sur votre "virage milieu". J'ai quand même apprécié les discrètes salutations et remarques que quelques-uns m'ont adressées. Je me serais attendu à plus d'échanges mais je comprends que, si les opinions unissent, elles divisent aussi. C'est pour cela que notre conversation, même très courte, m'aura permis — et je souhaite qu'elle te l'ait permis à toi aussi — de percevoir qu'il y avait encore des sentiers de dialogues entre nous deux.

Finalités et moyens

Je crois qu'il est toujours difficile de distinguer "finalités" et "moyens pour y parvenir". Les gestionnaires, les intervenants en général et les éducateurs en particulier sont des gens concrets qui sont tentés de passer rapidement aux moyens sans trop s'arrêter aux objectifs. Il arrive même que l'on traite des seconds comme s'ils étaient les premiers. Dans l'énoncé de votre approche milieu, il me semble y avoir cette sorte de confusion. Le milieu naturel, comme le milieu spécialisé, est de l'ordre des moyens dans la problématique des jeunes en difficulté, comme la normalisation et la spécialisation d'ailleurs. En faire des objectifs, c'est en quelque sorte réduire l'être humain à son environnement social ou éducatif. Quelle que soit l'importance de cet environnement, on ne devrait jamais tomber dans ce réductionnisme. C'est une prise de position que m'inspire mon modèle humaniste. Un modèle auquel je réfère encore et dont j'aurais voulu être un témoin de qualité. Un des cadres des Centres jeunesse de Montréal qui est intervenu aux audiences publiques de lundi a semblé balayer d'un revers de main une réalisation humaniste: «Boscoville, c'est un symbole... et on n'a plus besoin de symbole. Sa fermeture éventuelle suscite une réaction émotive qu'il faut comprendre mais dont on ne doit pas tenir compte.» (C'est du moins le sens que j'ai retenu.) Enfin, nous pourrions longuement échanger sur ce point.

Centration sur les 72 jeunes et oubli de la liste d'attente

(Une de tes observations lors de notre échange)

Que les éducateurs de Boscoville se soient surtout intéressés aux jeunes dont ils avaient la responsabilité m'apparaît naturel. Le contraire serait inacceptable. Quand une direction a la confiance des gens de la base parce qu'elle est proche d'eux et des jeunes et qu'elle connaît la vie du milieu, elle peut travailler avec ses professionnels à trouver sinon des solutions idéales, du moins des façons d'améliorer l'approche. On sait d'une part les pressions qui s'exercent sur les coordonnateurs responsables des internats pour répondre aux cas urgents et éviter que les listes d'attente ne s'allongent. On peut aussi imaginer ce que ces urgences, ces arrivées et départs "en catastrophe" font vivre à chacun des jeunes, à leurs parents, aux pairs du groupe ainsi qu'à l'équipe des éducateurs.

Dans un centre où je fais encore de la recherche-action, devant la pression des urgences, le groupe des participants à la recherche a proposé une procédure d'accueil et de départ à la fois pour aider à tenter de régler le problème des urgences (la liste d'attente) et pour en amoindrir les effets chez les individus, les parents et le groupe. Bien sûr, les éducateurs ont pensé d'abord à ceux dont ils avaient déjà la responsabilité et c'est heureux, mais ils n'ont pas oublié pour autant ceux qui étaient sur la liste d'attente (laquelle habituellement préoccupe surtout la direction). De son côté, la direction a cherché une solution au problème des arrivées et départs en catastrophe dans les groupes (lesquels habituellement préoccupent surtout les éducateurs).

Tous ont compris que les départs et arrivées en catastrophe pouvaient faire allonger les listes d'attente: faire partir et arriver des jeunes dans de mauvaises conditions, n'est-ce pas une autre façon d'allonger d'autres listes d'attente un peu plus tard?

Une direction proche, compétente et attentive

L'exemple précédent n'est qu'un des nombreux faits que je pourrais citer pour illustrer qu'une institution n'évolue que si sa direction immédiate fait corps avec elle. À Boscoville, il n'y a plus de mentors ni de direction spécifique; on fonctionne sur les réserves des acquis. Je me souviens de mes petites coccinelles (voitures allemandes); elles n'avaient pas de jauge pour l'essence, mais étaient munies d'un réservoir d'urgence qui contenait suffisamment de carburant pour que je puisse faire un certain nombre de milles (on calculait en milles dans ce temps-là). Une fois la réserve épuisée, si j'avais voulu conduire ma coccinelle au dépotoir, je n'aurais pas rempli le réservoir. Or, à Boscoville, il n'y a plus personne qui puisse remplir les réservoirs des équipes et des individus, personne non plus pour remplir les pompes de l'institution... sauf peut-être le syndicat professionnel.

Tu sais, j'ai toujours fait mon possible comme directeur, à Boscoville et dans d'autres structures, mais je ne croyais pas alors en l'importance du petit pouvoir que j'avais. Quand je suis retourné à Boscoville pour y faire de la recherche-action, il y a de cela quelques années déjà, les projets que ces recherches engendraient étaient aussi valables que ceux que j'avais aidé à concrétiser comme directeur. Or, une bonne partie de ce que nous aurions pu réaliser a tourné à rien: la direction était occupée à voguer sur les mers...! J'ai alors compris l'importance que j'avais eue en assumant l'essentiel de mon rôle. Je ne m'en suis aucunement enflé la tête mais, malgré mes vulnérabilités que je savais évidentes, j'avais compris que rien de ce qui se vit dans une institution n'est "insignifiant"... Et c'est de cette façon que j'ai pu, malgré tout, jouer un rôle de "mentor". Je n'aurais jamais pu exercer ce rôle, ni celui que j'ai exercé dans la formation et l'évolution du réseau d'alors sans mon enracinement dans mon milieu de base. Qui est enraciné, comme directeur, à Boscoville, à Cité-des-Prairies, au Mont Saint-Antoine, à Rose-Virginie-Pelletier? J'ai l'impression que tous les cadres sont partout à la fois à courir après leur souffle (ou leur *paget*, ou leur cellulaire...) sans être vraiment là où se passe l'action de réadaptation. Faire autrement, dit-on? Peut-être, mais hélas! dans le vide du virtuel ou des ondes téléphoniques.

Je ne voudrais pas être dans votre peau de gestionnaires. Puis-je te conseiller de lire le livre de Patricia Pitcher, *Artistes, artisans et technocrates* (Québec/Amérique)? Vous réagissez avec raison quand les gens traitent certains cadres des Centres jeunesse de "technocrates". Je voudrais éviter de crier des noms comme certains l'ont fait lors de leur présentation aux audiences publiques («rétrogrades et arrière-garde», disaient-ils en parlant de nos opinions), car c'est trop facile et peu utile. Mais dans les conditions qui sont les vôtres actuellement, je ne sais pas si je pourrais résister avec succès aux démons de la technocratie si valorisée et si valorisante aux yeux des hauts fonctionnaires. C'est sans doute parce que je suis surtout un artisan, et quelquefois un artiste, que je fais réagir certains décideurs. Ils mettent cela sur le dos de mon âge et de mes émotions... et c'est dommage. Mais ça prend un certain courage aujourd'hui pour accepter d'être un artisan. N'est-ce pas le propre d'un éducateur que d'avoir ce courage? Quelles que soient les fonctions que j'ai occupées, j'ai toujours cherché à être un éducateur. Certains ont qualifié cette attitude de "paternalisme", je respecte leur vision, mais je crains qu'ils n'aient rien compris de ce qu'est un éducateur.

J'ai toujours pensé que, derrière le cadre et le directeur que tu es devenu, demeurait cette petite flamme qui, il y a quelques années de cela, à l'Université, nous a permis de nous découvrir des atomes crochus.

Encore une fois, merci de ton effort (courage?) pour venir me parler. Excuse cette lettre quelque peu "brouillon", mais je voulais te redire ainsi mon amitié et mon empathie.

Toujours au service des jeunes et de celles et de ceux qui sont à leur service.

Un vieil éducateur à la retraite mais qui a horreur du retrait...

Gilles Gendreau

Plusieurs semaines plus tard, alors que j'étais sur le point de croire que j'avais encore une fois posé un geste qui resterait sans écho apparent, je reçus une magnifique lettre (voir plus loin: Le cadre supérieur précise sa pensée). Elle est une preuve que le dialogue sincère entre gens qui se respectent est toujours la meilleure solution. Je me suis alors demandé si les textes des chapitres précédents, que ce cadre supérieur n'avait pas lus, ouvraient aussi au dialogue. J'aurais aimé les lui faire lire pour vérifier mon hypothèse. Hélas! l'édition aussi a ses urgences!

Cette lettre démontre aussi, comme s'il en était encore besoin, que la recherche de solutions à une problématique sociale généralisée est impossible sans concertation de tous les organismes, à tous les niveaux d'intervention, et sans ouverture aux besoins des uns et des autres. En théorie, c'est la logique même. Hélas! dans le quotidien c'est beaucoup plus difficile à vivre. Que de confiance, de disponibilité, d'empathie et de cohésion ce quotidien structurel demande aux animateurs des grandes et petites structures! Les grandes ont tendance à réduire le pouvoir des plus petites qui osent faire preuve de non-conformisme; les petites à penser qu'elles sont les seules à avoir des solutions qui collent à la réalité. Et pourtant, ne sont-elles pas complémentaires? Bien sûr, mais la complémentarité est une autre réalité difficile à vivre! Même sur le plan des idées!

Avant de présenter un point de vue complémentaire du mien, je me permets de citer un texte d'Edgar Morin. Le lecteur n'a qu'à remplacer *les intellectuels* par *les professionnels des sciences humaines* pour mieux en comprendre la pertinence.

Morin écrit qu'il a essayé le plus souvent possible

> «de résister à la tendance qui transforme l'affrontement des idées en combats où l'on ne veut (ne peut) percevoir les idées adverses sinon en les défigurant. Il est rare que les intellectuels pratiquent ce qu'aurait dû normalement développer leur culture: l'attention au discours d'autrui, la capacité d'entendre un argument sans le déformer. Il y a au contraire avilissement en basses intentions, "mauvaise foi", "malhonnêteté" des propos et entreprises d'autrui.»[112]

Le cadre supérieur précise sa pensée

Le 21 juillet 1997

Mon cher Gilles,

J'ai été très touché par ta lettre du 16 mai dernier, et ce n'est qu'en invoquant ma volonté d'y répondre à tête reposée que je peux te demander d'excuser le délai que j'ai mis à y donner suite. Les derniers mois, tu t'en doutes, ont été trépidants.

Touché d'abord parce que tu as toujours été pour moi comme pour bien d'autres un phare qui a su, toutes ces années, éclairer une démarche constamment en émergence. Touché aussi parce

112. Morin, E.(1994). *Mes démons.* Stock, p. 271.

qu'au cours des derniers événements tu as défendu tes convictions par la vigueur de ton propos, la profondeur de ta réflexion, et avec l'émotion juste au service de valeurs bien campées. Et ce faisant tu suscitais chez moi la réflexion et le doute, dont nous avons besoin plus que jamais, alors que s'élaborent à toute vitesse les structures de services aux jeunes des vingt prochaines années, et que nous devons faire des choix que nous souhaitons porteurs de succès.

Le défi des artisans... ou des technocrates?

J'avais lu Patricia Pitcher; comme tout le monde, j'ai été inspiré par son analyse. Par ailleurs tu devineras que tous ses lecteurs se classent eux-mêmes toujours parmi les artisans... ou les artistes. Il est bien difficile, à chaud, d'avoir suffisamment de recul pour apprécier son apport et son style propre. Mais bien modestement, à toi je peux dire que, malgré mes 20 ans de gestion, je me considère toujours d'abord comme au service des jeunes, dans un rôle nécessaire. Et je crois qu'aux Centres jeunesse, nous sommes plusieurs à tenter de tenir la barre en nous orientant d'abord sur leurs besoins. L'avenir nous rassurera là-dessus, ou bien nous fera perdre nos illusions, je suppose. On verra bien.

Tu ne voudrais pas être dans notre peau de gestionnaires... Je te dirai que je me considère privilégié d'assumer, à ce moment de notre histoire collective, les responsabilités qu'on m'a confiées. On nous demande de guider le réseau de services à travers la pire des tempêtes, qui ébranle les fondements mêmes de tout ce qui s'est bâti au cours des cinquante dernières années. Nous cherchons à protéger les acquis dans ce qu'ils ont d'essentiel et, parce que la tempête nous en offre aussi l'opportunité, à corriger les défauts, les dérives inévitables; nous visons enfin, présomptueux que nous sommes, à rendre plus adaptés à la réalité du présent et donc meilleurs, les services aux jeunes. Le risque est énorme, le défi est emballant. Je sais qu'en d'autre temps tu aurais foncé avec nous, parce que tu as toujours été d'abord un bâtisseur, et que tu as su transformer le monde qui t'entourait dans le sens d'une vision originale et pertinente.

Des effets imprévus de la cohérence des milieux

Tu me donnes l'occasion de réfléchir et de mettre des mots sur le sens de notre démarche. Ce qui se passe à Boscoville, dans les autres centres de réadaptation, au CPEJ[113] ou dans les autres organismes qui aident les jeunes en difficulté n'est certainement pas d'abord le résultat des compressions budgétaires. Yvon Guérard a raison d'affirmer que ce n'est qu'un accélérateur, qui force à nommer les choses et à bouger, parce que nous sommes aujourd'hui confrontés à des faits... qui sont connus depuis longtemps. Nous avons tergiversé; les organisations humaines, tout comme les personnes, ne changent pas sans douleur, et ne le font que lorsqu'elles n'ont plus le choix.

Je ne te parlerai pas de Boscoville comme tel, parce que je ne connais pas suffisamment son évolution. Je te parlerai plutôt de ce que j'ai vécu et observé au cours des dix dernières années, et des conclusions que j'en ai tirées, qui me guident aujourd'hui.

J'ai été nommé directeur général de la Clairière en 1988, prenant la relève d'un autre bâtisseur. J'y ai trouvé un milieu à la fois fascinant et paradoxal. Ce qui frappait le plus l'observateur externe que j'étais alors, c'était d'abord bien sûr la profonde cohésion de ce milieu, l'engagement fondamental de tous au service des enfants, les valeurs partagées par tous. D'autre part, d'autres observations me troublaient: par exemple, de constater que j'y trouvais des personnes qui semblaient trouver leur sécurité dans un bain de certitudes collectives. Un milieu fort par sa cohérence, ses connaissances et ses compétences, mais où cette force me semblait d'abord reposer sur la dynamique collective plutôt que sur l'autonomie des personnes. Et ça, c'est inquiétant lorsque la stabilité du milieu est remise en question et que les structures d'encadrement sont bousculées.

Autre chose aussi: je trouvais fascinant de me rendre compte que les trésors de *caring* que les éducateurs déployaient ne pouvaient exister que pour les enfants réels qui leur étaient confiés, et

113. Centre de protection de l'enfance et de la jeunesse.

que la réalité de l'enfant en difficulté ailleurs, dans le HLM voisin ou en attente de service chez lui, ne constituait qu'une froide abstraction administrative. Tu me dis trouver cela naturel, et je comprends la signification que tu y donnes. Il s'agissait pour moi, cependant, de quelque chose de difficilement admissible, sans doute parce que de façon bien subjective ces deux enfants me sont tous deux à la fois personnellement inconnus et tout autant en besoin d'aide.

Je fais les liens avec ces souvenirs parce qu'ils contiennent les éléments qui, à un autre niveau, ont enclenché le vaste exercice de reconfiguration d'aujourd'hui. J'ai eu l'occasion de me rendre compte que de la même façon, ce que nous appelions le Réseau était composé de centres plus ou moins bien organisés, possesseurs de compétences réelles, mais surtout d'abord à la recherche constante de leur équilibre interne, de leur cohérence interne; d'abord centrés sur le développement de leur réalité organisationnelle, au-delà du discours correct du service aux jeunes. En parfaite bonne foi, d'ailleurs. Tu es parmi ceux qui nous ont fait comprendre la nécessité de la cohérence globale du milieu de réadaptation. Nous étions responsables de ce milieu de vie des jeunes et des adultes, nous voulions en faire des lieux équilibrés, capables de répondre à l'ensemble des besoins des jeunes comme des adultes. Nous en avons trop souvent fait alors des endroits clos, trop axés sur eux-mêmes, oubliant que nous n'étions que des moyens que se donnait la communauté pour répondre à ses besoins.

Dans sa dynamique, ce réseau s'avérait... navrant. Ces nombreux centres de qualité ne fonctionnaient ensemble que par bonne ou mauvaise volonté, selon des règles lourdes et complexes qui devaient toujours respecter l'immuable autonomie de chacun. Les plus habiles en tiraient bénéfices, les autres se retrouvaient avec le regard condescendant des premiers. S'il y a une certitude, c'est que ce réseau de services n'était plus au service de ses clients d'abord, si on adopte le regard du jeune ou de ses parents.

Parce que le jeune, malgré la perception que semblaient partager certains intervenants, ne sortait pas du néant pour entrer à la

Clairière ou ailleurs. Cet enfant avait d'abord été dépisté à l'école, où on avait remarqué les violences subies ou les troubles du comportement; il avait été vu par une infirmière, un travailleur social du CLSC, qui avait signalé la chose à la DPJ[114], dont le praticien était apparu d'autorité dans la famille pour apprécier les difficultés. Un autre travailleur social est encore apparu, à qui il faudra raconter les détails de son intimité, ses difficultés, ses failles et ses échecs, et qui nous convaincra de la pertinence de confier notre enfant au centre de réadaptation... des éducateurs à qui il faut encore déballer nos secrets, et qui vont s'occuper d'élever et de *guérir* ce fils, nous les parents disqualifiés. Mais ce fils a onze ans, et déjà on nous dit qu'il faudra le déplacer ailleurs, dans un autre centre auprès d'autres éducateurs...

Cette petite vignette n'est pas exagérée, et elle ne prend pas en compte les placements provisoires en familles d'accueil, les déplacements administratifs faute de place disponible, les délais et les attentes de toutes sortes, les débordements... Je crois honnêtement que, malgré l'investissement et les compétences des intervenants, malgré la qualité indéniable des programmes des différents centres, malgré surtout la bonne foi de tous, malgré enfin les investissements financiers consentis, je crois que la performance de notre réseau de services était déplorable. Beaucoup de temps passé à évaluer, à répondre aux exigences clinico-administratives de chacun, à attendre que la place ou le programme soit accessible, en un mot à *ajuster le besoin du jeune à l'offre de services existants*. Et à quel prix?

Par ailleurs, au-delà de cette lecture phénoménologique, des réflexions critiques fondamentales ont graduellement pris corps dans notre environnement au cours des années 80.

La place de l'éducateur dans le milieu du jeune

La première est interne aux milieux d'intervention, et tu la connais bien: c'est la réappropriation par les parents de leur place

114. Direction de la protection de la jeunesse.

comme premiers responsables de leur enfant et de son développement. Les éducateurs, et d'abord celles et ceux qui travaillaient auprès des plus jeunes, ont perdu leurs illusions de toute-puissance, et ont compris que ces parents seraient les figures de permanence dans la vie de ces enfants. Dès lors, leur rôle se transforme: susciter bien sûr un espoir de vie et le développement des forces chez l'enfant, mais aussi apprendre à ces parents à devenir plus responsables, plus compétents.

Cette première prise de conscience, alimentée par le constat que leurs compétences d'intervenants accompagnant des jeunes dans le quotidien pouvaient se généraliser au travail avec les parents, s'est poursuivie: bientôt on s'est rendu compte qu'on pouvait aussi agir sur les conditions d'organisation du milieu de vie: la famille, mais aussi le milieu immédiat du jeune, son école, son quartier. Vous nous aviez appris à accompagner le jeune à travers son cheminement en modulant notre appui selon ses forces et sa capacité à se prendre en charge; c'est le modèle qui se résume à *laisser faire* ce qu'il est en mesure d'assumer, à *faire avec* lorsque notre présence est requise, et enfin à *faire à la place*, de façon temporaire et palliative, lorsque le jeune ne peut assumer ses responsabilités. Ce modèle, nous nous sommes rendu compte qu'il s'applique auprès d'une famille; plus encore, il s'applique aussi auprès d'un milieu. À titre d'intervenant spécialisé, nous pouvons aider une école à assumer des enfants en difficulté en nous plaçant ainsi en soutien. Car, et c'est là une des conséquences de cette réflexion, nous constatons qu'il n'est ni requis ni idéal que les autres s'éloignent lorsque nous prenons en charge; au modèle organisationnel basé sur la prise en charge globale (et donc sur l'autosuffisance des institutions) se substitue un modèle basé sur la complémentarité des interventions (et donc sur l'interdépendance). Ce sont là les bases de l'approche milieu.

Les éducateurs des internats ont donc graduellement investi le champ du milieu. Ils ont profité, pour ce faire, du fait que leurs partenaires, les praticiens sociaux, porteurs spécifiques des mandats de la Loi de la protection de la jeunesse, ont investi le champ de la protection de la sécurité des jeunes et ont plus ou moins délaissé, dans les faits, l'intervention clinique axée sur la modification des dynamiques adaptatives des familles. Nous y reviendrons peut-être.

Des mouvements des plaques tectoniques

La deuxième réflexion tire ses origines d'un jeu de forces qui nous dépasse largement: c'est l'impact des forces et mouvances économiques dans lesquelles nos institutions politiques et économiques évoluent. Pendant les trente années qui ont suivi la guerre, nous avons vécu une période d'euphorie et de toute-puissance économique qui s'est avérée, par la suite, non pas un état permanent du monde mais bien une parenthèse de prospérité. Pendant cette période, comme société, nous nous sommes donné des outils pour attaquer les problèmes du monde à différents niveaux, et nous avons bâti les institutions (au sens large du terme) que nous connaissons. Sans s'étendre là-dessus, qu'il suffise de rappeler qu'en matière de services nous visions le meilleur, et que les budgets devaient suivre: on ne négociait pas la santé des gens, leurs droits à des services de qualité. On visait à être parmi les meilleurs, et on regardait la facture par la suite. Il suffisait qu'une problématique soit suffisamment documentée, que des pistes d'action pour s'y attaquer soient tracées pour que les budgets de l'État suivent: on a vu ainsi des pans entiers de notre réseau se mettre sur pied. Il y a eu des réalisations admirables, il y a eu des dérapages.

Il a fallu beaucoup de temps pour se rendre compte qu'on ne pourrait pas constamment donner suite, de cette façon, à l'identification des problèmes. Par-delà les institutions s'était développée une technocratie de *promoteurs du réseau*, habiles à identifier les besoins émergeants, à quérir les budgets pour y voir et surtout à accroître leur influence; c'est ainsi que s'est graduellement mise en place cette dynamique que j'évoquais plus haut, à savoir un modèle prioritairement axé sur le *développement d'institutions* avant d'être un *réseau de services à la population.* Ce réseau d'établissements, qui tous développaient leur spécificité sans que personne ne se soucie vraiment de la cohésion et de l'efficacité du tout, en est venu à coûter de plus en plus cher.

À compter du début des années 80 s'est manifestée la fin de la période artificielle de richesse, et donc aussi les limites de l'État à investir dans le développement. L'État, c'est nous tous, bien sûr, c'est le vecteur que nous nous sommes donné comme communauté. Graduellement, nous sommes passés d'une dynamique d'allocation universelle (le *bar open*) à une dynamique de choix par priorités, d'investissement en fonction des résultats attendus. Les promoteurs se sont vus très lentement, mais très sûrement mis en compétition: l'État ne pouvait plus tout assumer, devait faire des choix. Des choix de plus en plus difficiles, qui comportent des dimensions sociales, économiques, morales et éthiques; mais des choix incontournables.

Cette transformation du cadre d'allocation des moyens que nous nous étions donnés comme société pour faire face à nos problèmes sociaux a donc commencé lentement, mais a déboulé rapidement ces dernières années. Nos dirigeants nous demandent des comptes, constatent que malgré les investissements consentis les problèmes demeurent, s'accroissent. Nous leur disons que nous avons une obligation de moyens, et que nous ne pouvons promettre d'éradiquer la délinquance comme d'autres la rougeole; ils nous répondent que placés devant des besoins en compétition ils doivent investir les ressources rares là où les résultats se démontrent.

Aujourd'hui, il faut le dire, notre secteur est en compétition, dans cette lutte pour les moyens, avec les autres priorités sociales existantes: la santé, les soins aux personnes âgées, l'insertion des immigrants, la formation professionnelle. Pour conserver nos moyens il faut démontrer notre pertinence, notre *rentabilité sociale*: il faut assurer à la communauté un retour sur son investissement. Il faut enfin tirer le maximum des ressources qu'on nous confie.

Tout cela peut sembler loin de nos préoccupations; c'est pourtant au cœur des enjeux de la crise que nous avons vécue ce printemps. La décision fondamentale, qui date de 1991, fut la création des Centres jeunesse. Comme d'autres, j'ai alors combattu cette décision; aujourd'hui, avec le recul, je crois que c'était là une décision courageuse et opportune. D'abord parce qu'elle obligeait les établissements et leurs dirigeants à appliquer ce qu'ils disaient, à savoir de placer avant toutes choses l'intérêt des jeunes. C'est-à-dire avant la pérennité des structures, l'intérêt des acteurs en place. Cette décision nous obligeait aussi à envisager le réseau des services comme un tout intégré et continu. Soudainement, il devient possible de visualiser dans sa perspective d'ensemble, dans une continuité *telle que vécue par le jeune et sa famille*, le parcours du jeune. À première vue, le portrait n'est guère flatteur pour les prestataires de services: l'analyse de Jean Bédard (Bédard, J., Turcotte, P., 1995) parle d'elle-même.

Les défis de l'an 2000

À Montréal aujourd'hui, près de 10 000 jeunes francophones de 0 à 18 ans présentent des difficultés d'adaptation; plus de 6 000 d'entre eux reçoivent des services des Centres jeunesse. Chacun d'entre eux a droit à l'aide qui peut lui être apportée. Politiquement (au sens noble du terme) et éthiquement, les orientations prônées par Tremblay, qui semble préconiser le sacrifice des plus atteints pour se concentrer sur la prévention, ou encore de Le Blanc qui prônerait l'inverse, peuvent être renvoyées dos à dos: chacun de ces jeunes a droit à l'assistance de la société par le biais des structures qu'elle s'est données pour ce faire. D'ailleurs, sur quelle base pourrions-nous faire ces choix ?

De façon fondamentale, la question qui nous confronte est la suivante: comment, dans un contexte où nous ne pouvons plus compter sur des ressources additionnelles, et même qui s'amenuisent, pouvons-nous faire en sorte que ces jeunes soient reçus, entendus et aidés de manière efficace ?

Dans ma réflexion, et que je partage avec mes collègues, nous en sommes rendus à penser que, par-delà les lectures corporatistes des différentes professions en présence, notre mission se définit autour de trois axes, que je nomme ainsi:

D'abord, *protéger les jeunes*; les protéger d'un environnement malsain ou dangereux, condition essentielle à toute démarche clinique que de leur garantir des conditions de vie acceptables, et une perspective d'espoir. Les protéger aussi d'eux-mêmes, de leur monde pulsionnel mal endigué, de leurs fantasmes de mort, du plaisir à tout prix. Savoir le faire tout en reconnaissant que cette protection ne doit pas occulter le fait que nous devons être de passage, et donc qu'il nous faut aider le jeune et ses parents à assumer eux-mêmes cette protection.

Ensuite, au-delà de la stricte protection, *accroître les compétences des jeunes et des familles*, au sens le plus large du terme: compétences à vivre avec son passé et son présent, à vivre des relations fécondes, à s'insérer dans le monde, à se développer comme enfant, adolescent, adulte, parent... à se construire.

Enfin, parce que nos clients ont vécu des blessures profondes, il faut les aider à *réduire les séquelles de ces trauma*. À différents niveaux et selon différents moyens, favoriser autant que faire se peut l'endiguement des expériences douloureuses, et permettre que s'élabore un soi sain à partir des forces qui demeurent.

J'ajoute que cette mission, qui s'applique dans le cas-à-cas, peut aussi s'appliquer aux groupes et aux structures sociales en interaction: nous pouvons aider une famille selon cette grille pour qu'elle assume son rôle face aux enfants, nous pouvons même l'appliquer dans notre rapport à l'école en difficulté face à un jeune. Cette école peut avoir besoin qu'on la protège de l'action destructrice de ce jeune, pour lui permettre de jouer son rôle; nous pouvons l'aider à développer ses compétences face aux besoins de ce jeune, et nous pouvons enfin l'assister dans la métabolisation des événements traumatiques qu'elle aura vécus dans son rapport violent avec lui. Tout cela pour lui permettre de maintenir son action éducative.

Voilà les buts, qui transcendent les époques et la conjoncture. Comment faire cela? Nous faisons le pari que de faire ensemble nous enrichit. Nous mettrons ensemble nos moyens et nos expertises pour atteindre ces buts; plutôt que de maintenir des corridors parallèles, qui nous définissent dans notre spécificité mais nous isolent aussi, nous postulons que cette mise en commun de nos compétences d'éducateur, de travailleur social, d'animateur de quartier dans un même cadre organisationnel, mais sans pour autant nous fondre, que cela accroîtra notre puissance d'intervention. Nous croyons que de travailler en harmonie réelle avec nos partenaires du milieu nous rendra plus efficaces. Nous tentons enfin, lorsqu'il faut faire des choix, de laisser à d'autres les fonctions qui, dans l'atteinte de nos buts, peuvent avantageusement leur être confiées. Tout cela nous fait espérer que le défi peut être relevé. Peut-être.

Nous visons à limiter le plus possible l'exclusion des jeunes, leur déracinement. Je sais que certains milieux sont pathogènes, et il ne faut pas le nier; je crois aussi que dans beaucoup de cas la *transplantation temporaire* comporte sa part d'effets pervers, et que nous avons intérêt, à chaque fois que la sécurité de l'enfant n'est pas en jeu, à favoriser plutôt *d'engraisser la terre*, d'enrichir le milieu qui de toute façon sera le sien quand nous ne serons plus là.

Voilà les bases de nos orientations, de cette approche milieu que nous tentons d'implanter. Elles se traduiront par une plus grande présence dans le milieu, une intervention clinique systémique sur ce milieu, une action maillée avec les différents acteurs, un investissement auprès des plus jeunes enfants pour prévenir la détérioration sans pour autant négliger les adolescents. Nous voulons le faire en étant d'abord présents dans la communauté, discrets mais intensément actifs.

Pour une large part, cela reste à construire à partir de ce que nous sommes, à partir des acquis. Cela suppose une révision en profondeur de nos pratiques cliniques, une plus grande intégration de nos actions dans une pratique multidisciplinaire. Nous sommes très conscients des risques que nous prenons en rapprochant les expertises jusqu'ici isolées, mais nous croyons que cela peut résulter en un enrichissement mutuel.

Mais avant tout, cela nous oblige à créer des lieux, des cadres où s'élaboreront ces pratiques nouvelles, des structures contenantes à dimension humaine. Ce furent nos établissements; il nous faut aujourd'hui rebâtir de nouvelles identités sur lesquelles se construiront le sentiment d'appartenance, les solidarités d'équipe. C'est ce sur quoi nous travaillons ces mois-ci: nos sept territoires, avec leurs spécificités propres aux plans de la démographie, des problématiques dominantes et de la dynamique sociale seront ces structures contenantes. Elles ne seront pas identiques, elles auront leurs caractères propres. Elles développeront, au fil du temps, leurs personnalités à partir de leurs réalités, et surtout des personnes qui les animeront. De la même façon que vous l'avez fait dans le passé... Je rêve qu'actuellement nous concourrions à l'émergence de nouveaux Boscoville, où se définiront des projets cliniques mobilisants.

Nos campus institutionnels, dans cette vision, se voient définir des rôles différents. Ils délaissent, eux aussi, une orientation d'autosuffisance pour s'inscrire dans ce modèle d'interdépendance. Ils se centrent dorénavant sur des mandats d'appoint, de soutien: ils offrent les services requis aux jeunes dont les difficultés présentent une acuité telle qu'ils ne peuvent être maintenus dans leur milieu (famille, école, quartier) parce qu'ils n'y sont pas en sécurité ou parce qu'ils le mettent en danger, à court ou moyen terme. Les intervenants doivent y développer une expertise qui vise à permettre la réinsertion du jeune le plus rapidement possible, en se centrant sur les volets fonctionnels des difficultés vécues, pour que la poursuite du travail clinique se fasse avec le jeune et son entourage, de manière concomitante.

Je sais très bien à quel point notre chantier est ambitieux, peut-être utopique... Le vôtre ne l'était-il pas tout autant? Nous en sommes au début: l'élaboration des fondements cliniques et des modèles opérationnels reste à faire. Tout n'est pas à réécrire, au contraire; nous nous appuyons sur les connaissances et les expériences qui nous ont nourris, et qui demeurent pertinentes. Nous travaillons pour que cela se fasse dans un cadre conceptuel rigoureux et cohérent.

Il me reste une bonne douzaine d'années à travailler, et je suppose qu'à mon départ la vision qui nous anime aujourd'hui sera toujours en mouvance, chimère toujours visée mais jamais achevée.

J'espère, dans cette trop longue lettre, t'avoir fait comprendre que ce qui nous anime aujourd'hui est encore la même flamme, le même engagement pour des services aux jeunes. À chacun sa façon de concrétiser cet engagement: j'ai compris rapidement que mon apport, si je pouvais en avoir un, se situerait au niveau de l'organisation, l'animation et l'utilisation clinique des milieux, des organisations de service. Mon ambition à moi, tout au long de ces années et encore aujourd'hui, c'est de contribuer à réunir et aménager les conditions de la pratique et de permettre ainsi que les jeunes soient aidés par des intervenants nourris et mobilisés. De cette façon, à ma façon, je me considère toujours d'abord comme un éducateur au service des jeunes.

Je demeure en dette envers toi, parce que tu as été un maître pour moi. J'espère aujourd'hui ne pas décevoir mon professeur.

Au plaisir,

André Brunelle

P.S.: Les échanges épistolaires ont leurs qualités mais aussi leurs exigences. J'apprécierais, si tu le désires, poursuivre ces échanges de vive voix...
À la prochaine.

La direction des Centres jeunesse de Montréal donne officiellement sa perception de Boscoville[115]

Volet 1: Boscoville — rappel historique

De sa création en 1954, jusqu'en 1980, «c'était la belle époque de Boscoville, alors que s'y menait une expérience à la fois révolutionnaire et unique, qui tranchait radicalement dans le Québec d'alors. Les salles et les dortoirs de 100 ou 200 adolescents, caractéristiques des écoles de réforme, avaient été remplacés par des milieux de vie organisés en pavillons et en petites unités de 12 ou 15 jeunes. Les adolescents n'y étaient plus laissés à eux-mêmes en attendant de «faire leur temps», ils étaient encouragés à s'engager, par la vie de groupe, dans des expériences qui visaient à leur redonner la maîtrise de leur développement. Les adultes qui les accompagnaient n'étaient plus des préfets de discipline mais des éducateurs qui recevaient une solide formation professionnelle, qui croyaient à la relation d'aide et, surtout, aux jeunes. C'était essentiellement cela, Boscoville: une institution à échelle humaine, un laboratoire où l'on retrouvait une concentration unique de compétences et d'expertises sans aucun équivalent ailleurs au Québec, un mode de vie pour les jeunes et une véritable vocation pour les éducateurs.

«Ces quelques éléments, aujourd'hui banals tant ils ont fait école, étaient alors absolument révolutionnaires. C'est d'ailleurs à cette époque que Boscoville a acquis une solide réputation à l'échelle internationale, réputation dont l'institution jouit toujours même si, depuis 10 ou 15 ans, l'établissement lui-même, comme son environnement, ont sensiblement évolué! (...)

«Ce qui a fait la force de Boscoville, c'est qu'il a su apporter dans son temps une réponse novatrice et rigoureuse aux problèmes

115. Document envoyé au ministre de la Santé et des Services sociaux du Québec et à des membres de l'Assemblée nationale.

des jeunes de son temps.»[116] En est sortie aussi l'École de Psychoéducation qui, depuis 1969, a contribué à former des milliers d'intervenants qui œuvrent auprès des jeunes partout au Québec.

Mais, comme toute expérience, Boscoville était aussi un laboratoire qui a eu ses ratés et ses lacunes:

- Les parents et les familles étaient à toutes fins utiles exclus, laissés avec leurs problèmes pendant qu'on s'occupait de leur jeune.
- Tout en étant un lieu de vie bien réel, c'était en même temps un milieu artificiel où des jeunes étaient "transplantés" pendant 3 ou 4 ans et étaient peu préparés pour leur réinsertion sociale.
- Même en exerçant une sélection de la clientèle pour cibler les jeunes les plus aptes à profiter d'un traitement intensif de cette nature, le taux de réussite demeurait limité (référence: Boscoville: la rééducation évaluée, 1983, Marc Le Blanc).

Volet 2: Évolution dans le temps

Comme toute expérience humaine grandiose, Boscoville a fait des erreurs. Comme toute institution, il est arrivé des moments où il n'a pas su s'adapter ou prendre les virages qui s'imposaient.

Après le choc des résultats de l'évaluation (Boscoville: la rééducation évaluée, 1983), plusieurs expérimentations sont faites:

- l'expérience avec les H.L.M.[117]
- l'expérience des serres
- l'expérience de Cap Espoir.

Par ailleurs, tant Boscoville que la réadaptation ont évolué de sorte que **"Boscoville" n'est plus ce lieu unique et exceptionnel qu'il était dans les années 1950 et 1960**. Il existe depuis plusieurs années maintenant, à Montréal comme partout au Québec, "un nombre important de lieux de réadaptation qui fournissent des services qui rassemblent des compétences ou qui expérimentent des

116. Bilodeau, Claude. *La Presse*, 24 avril 1997.
117. Habitation à loyer modique.

approches dont la qualité, la rigueur et l'aspect novateur n'ont rien à envier à ce qui s'est fait ou se fait sur le site de Boscoville".

Volet 3: Maintenant, en 1997

La relocalisation des services du site Boscoville vers d'autres sites répond à une logique:

- La relocalisation de l'unité de garde ouverte ainsi que de l'unité pour adolescents ayant des problèmes psychiatriques sur le site Mont Saint-Antoine permet d'accroître l'accessibilité pour ces deux unités aux services existants dans la communauté. Le site du Mont Saint-Antoine est tout aussi "ouvert" que le site Boscoville, mais mieux situé géographiquement (proximité du métro, entre autres).
- La relocalisation des 4 unités d'encadrement intensif sur le site de Cité-des-Prairies répond aux caractéristiques de la clientèle de l'encadrement intensif.

Le conseil d'administration décide

GILLES GENDREAU

Je ne saurais dire si cette communication a été envoyée avant ou après la décision finale (?) des Centres jeunesse de Montréal. Quoi qu'il en soit, le conseil d'administration maintint sa décision de fermer Boscoville... mais en juin 1998 plutôt qu'en janvier comme il avait d'abord été prévu. Effectivement, on avait profité des audiences publiques pour bonifier d'autres décisions qui ressortaient de l'orientation anticipée pour le "virage milieu". Encore une fois, Boscoville avait été utile au réseau. Mais on décidait quand même de le fermer... et, malheureusement, on avait repris les arguments d'avant les audiences dans le document envoyé à des membres de l'Assemblée nationale, comme nous l'avons vu au point précédent. Bien plus, on citait les travaux d'un chercheur (Le Blanc, 1983) sans aucunement tenir compte de ses dernières perspectives quant au rôle important que Boscoville pouvait encore avoir dans le réseau, ce que son avis aux audiences avait pourtant fait valoir[118]. Et cette prise de position survenait en 1997, presque quinze ans après la publication de son excellente évaluation du travail fait à Boscoville. Où est l'erreur?

Gagner du temps

FRANCO NUOVO[119]

Doit-on comprendre qu'en reportant d'un mois le vote officialisant le réaménagement des Centres jeunesse et tout particulièrement la fermeture de Boscoville, le conseil d'administration nous prend un peu pour des imbéciles? Doit-on comprendre qu'il tient à gagner du temps, non pas pour changer d'avis, mais bien dans l'espoir de voir se calmer la contestation?

Faut pas se raconter des histoires, ce sursis d'un mois, c'est de la blague. Ce n'est que de la blague. Pas une seconde, on a remis en question les décisions et les principaux objectifs de ce *virage milieu*. C'est quoi ça, *le virage milieu*? Le *virage ambulatoire* dans le milieu social? Eh! oui, malheureusement c'est ça. Dans l'un, c'est le malade à la maison; dans l'autre, c'est le gamin dans la famille et l'intervenant qui cavale derrière. Et advienne que pourra tralalala!

On a beaucoup écrit sur Boscoville, sur l'histoire de l'institution; beaucoup parlé de la perte que représenterait sa disparition. Or, hier matin, à *CBF, bonjour,* interviewé par Jacques Bertrand et Marc Laurendeau, Raymond Jost, qui a passé 10 ans à la tête de Boscoville et 20 ans dans le réseau des affaires sociales, a, en quelques phrases, élargi le débat.

Nous avons au Québec une expertise qui permet d'innover, mais dans la mesure où le modèle administratif suit, a-t-il dit. *Le vrai problème, ce n'est ni l'engorgement ni le manque de place.*

118. Voir annexe 4 et chapitre 10.
119. *Le Journal de Montréal*, jeudi 24 avril 1997.

Ça, ça y était déjà il y a 30 ans. Il faut donc modifier la structure de gestion, c'est tout. Il faut créer un modèle qui résiste à la bureaucratie. Plus on éloigne le pouvoir de décision de la base, plus ça se complique.

C'est ça la réalité: il n'existe plus aucune relation entre le modèle administratif des fonctionnaires, qui, par unique souci de rentabilité, ferment des centres, et la gestion quotidienne des problèmes d'une jeunesse qui a besoin d'aide. En haut, on compte les sous; en bas, on patauge dans la merde. Les bureaucrates des Affaires sociales, tout comme ceux de la Santé, ont tout normalisé. Ils se foutent bien que Boscoville ait développé, au fil des ans, une intimité dans le vocabulaire, dans l'approche et dans les symboles pour venir en aide à une jeunesse en détresse. Ces gens-là gèrent une masse critique, c'est tout. Leur seul souci, c'est le bénéfice.

Or, il y a des effets pervers à cette gestion et à cette rentabilisation. Les jeunes et les intervenants chargés de leur venir en aide, privés d'un environnement favorable, sont ballottés. L'écart entre la gestion et les problèmes réels s'agrandit. Et dans toute cette opération d'un gouvernement chef d'assaut, en route vers le déficit zéro, Boscoville n'est que la pointe d'un iceberg en train de se désagréger. Au fond, il y a deux choix ...

Choix n° 1: le déficit prévaut. On continue allègrement à gérer et à se gargariser d'une structure administrative éloignée des vrais problèmes immédiats de la vraie vie des vrais jeunes.

Choix n° 2: les enfants qui ont besoin d'aide et de protection sont véritablement au premier rang des préoccupations de la société et de ses gouvernements. Et dans ce cas-là, comme le dit Jost, il faut revoir la structure administrative dans son ensemble.

Mais les bureaucrates et les technocrates n'ont aucunement envie de remettre en question leur bureaucratie. Ils n'ont pas envie que les pôles, celui de leur pouvoir et celui du terrain, se rapprochent.

Les bureaucrates et les technocrates préfèrent gérer et fermer Boscoville au nom de la rentabilité.

Les bureaucrates et les technocrates préfèrent nous prendre pour des imbéciles, accorder d'illusoires sursis et gagner du temps. Quelqu'un quelque part leur a dit que c'était de l'argent.

Boscoville: le mirage-milieu

AGNÈS GRUDA[120]

La direction des Centres jeunesse de Montréal, cette méga-structure qui veille sur le sort de quelque 6500 jeunes en difficulté, persiste et signe. Boscoville fermera ses portes dans un an, quelques mois plus tard que prévu. Quant au «virage-milieu», dont cette fermeture constitue la plus spectaculaire manifestation, il aura bel et bien lieu, mais son rythme sera ralenti. Les responsables ont bien tenté de justifier leur décision. Mais leurs explications, données dans l'infect charabia qui tient lieu de langage aux technocrates de la réadaptation, ne sont pas convaincantes. La mise à mort de Boscoville se défend mal. Quant à la capacité du fameux «milieu» à s'occuper adéquatement des enfants qui n'auront plus de place dans les institutions, elle demeure très incertaine.

Entendons-nous: Boscoville n'est pas un temple sacré. Ses succès passés ne lui donnent aucun droit de pérennité. Confrontés à la perspective de nouvelles compressions, les responsables n'avaient peut-être d'autre choix que de larguer ce bâtiment.

Le hic, c'est que, ce faisant, ils larguent aussi ses méthodes. Ce que l'on sacrifie, ce n'est pas seulement du béton et des briques. Mais un service unique, que la bureaucratie avait déjà entrepris de dépecer, ces dernières années, et qui ne sera repris par aucun autre maillon du réseau.

Qu'a-t-on prévu pour les 75 garçons qui devront quitter cette institution? Ce ne sont pas eux que l'on détournera chez papa-maman. Les deux tiers atterriront à Cité-des-Prairies, un centre

120. *La Presse*, 24 avril 1997.

quasi carcéral avec des portes qui se ferment à double tour au moindre accroc à la discipline. L'autre tiers ira au Mont Saint-Antoine, une institution plus ouverte que Boscoville, mais présentant un risque plus grand de rechute.

Sur l'échelle de la sévérité, Boscoville se situe à mi-chemin entre ces deux «survivants». Sa clientèle est trop lourde pour l'un, trop légère pour l'autre. Elle bénéficiait, à «Bosco», d'une pédagogie sur mesure, d'un filet tissé très serré sans devenir une camisole de force. Le tout à l'intérieur d'un centre de taille humaine, doté d'une identité très forte, où les jeunes pouvaient trouver ce qui leur manque cruellement: un sentiment d'appartenance.

Que Boscoville survive ou ferme ses portes, à la rigueur, ce n'est pas très important. Ce n'est pas le lieu physique qui compte, mais son esprit. Hélas! Personne ne s'est soucié de le reproduire sous un autre toit. Cela en dit long sur le niveau de préoccupation de ceux qui ont choisi de *tirer la plogue*...

La palette des services pour les jeunes aura une couleur en moins: celle d'un centre intermédiaire, où un écolier en crise pouvait espérer passer le week-end sans que toute l'artillerie de la protection de la jeunesse ne lui tombe dessus, par exemple. Cette absence pourrait s'avérer fatale pour plusieurs.

Mais la fermeture de Boscoville permettra, par ailleurs, d'économiser quelque 600 000 dollars par an, qui devraient être réinvestis en soutien aux familles. D'autres jeunes, aujourd'hui dépourvus, en bénéficieront peut-être en bout de piste.

C'est du moins ce que prétendent les responsables. Mais la démonstration est loin d'être faite. Et le virage-milieu tient encore davantage d'un mirage que d'une projection réaliste.

La direction avait eu l'intention de faire disparaître toutes les places d'hébergement pour mères en détresse. Finalement, on va en garder 34. Chez les ados, il restera 356 places en centres d'accueil, au lieu de 518. Et chez les moins de 12 ans, 111 sur 273. Cela «libérera» environ 90 éducateurs, qui s'ajouteront à la vingtaine qui travaillent actuellement auprès des familles.

Mais ces éducateurs à eux seuls ne suffiront pas à la tâche. Il faudra le soutien des CLSC, des écoles et d'autres «intervenants du milieu», comme on dit dans le jargon. Le problème, c'est que ce beau monde en a déjà plein les bras. Les écoles n'ont plus les moyens de payer leurs propres psychologues. Et les CLSC s'arrachent les cheveux avec le virage ambulatoire et la fermeture de lits en psychiatrie. Il y a des limites à ce que l'on peut attendre d'eux sans ressources supplémentaires.

Quand le réseau de la santé montréalais a amorcé son virage, il disposait d'un plan précis prévoyant la manière dont les ressources seraient réaffectées à mesure que le processus avançait. Cela n'a pas empêché les dérapages.

Ici, ce plan n'existe pas. Le virage s'amorce sans filet de sécurité… avec tous les dangers que l'on imagine. Dont celui de refouler des dizaines de jeunes vers un milieu trop dur pour eux. De créer des engorgements et des listes d'attente interminables. Quitte à ce que d'autres jeunes, un petit peu moins malmenés par la vie, se retrouvent laissés plus ou moins à l'abandon.

L'Assemblée nationale réagit

GILLES GENDREAU

La décision du conseil d'administration des Centres jeunesse de Montréal de fermer Boscoville donna lieu, quelques jours plus tard, à un débat à l'Assemblée nationale du Québec. Dans les trois quotidiens *Le Devoir*, *Le Journal de Montréal* et *La Presse*, on laissa entendre que la prise de position du gouvernement quant à la recherche d'une solution pour permettre à Boscoville de poursuivre ses activités était pour le moins ambiguë.

Les comptes rendus de ces journaux avaient respectivement pour titre: «Boscoville: Rochon réfléchit», avec comme sous-titre «Le Centre jeunesse pourrait devenir un "laboratoire" de recherche et développement» (*Le Devoir*); «Boscoville pourrait devenir un centre de recherche» (*Le Journal de Montréal*) et «La survie de Boscoville passe par une nouvelle vocation» (*La Presse*).

Dans son article, le journaliste Mario Cloutier du *Devoir* écrit:

> «Boscoville ne fermera pas mais sera transformé. Le ministre de la Santé et des Services sociaux, Jean Rochon, a expliqué hier en point de presse, après que le premier ministre l'eût révélé dans la période des questions, que ce centre jeunesse[121] pourrait devenir une sorte de laboratoire de recherche et de développement avec la collaboration éventuelle d'une institution universitaire». Et le ministre ajouta qu'il s'agissait «tout au plus d'une proposition sur la table et non pas d'un projet». (cf. p. 212)

Le même article fait mention d'une autre intervention, celle-là du premier ministre:

> «Le ministre va réfléchir avec son ministère et des consultations qui doivent se poursuivre pour faire en sorte, dans toute la mesure du possible, qu'une vocation puisse être maintenue à Boscoville dans le genre d'activités qui a été le sien jusqu'à maintenant, mais modifié.» (cf. p. 212)

Au *Journal de Montréal*, Normand Girard rapporte que le premier ministre est d'accord avec le chef de l'opposition officielle pour affirmer que «Boscoville est une grande institution dont le nom est devenu un symbole, et qui a rendu au Québec des services émérites dont il faut prendre conscience.» Après avoir fait mention de l'existence de méthodes plus centrées sur le milieu naturel pour venir en aide aux jeunes, monsieur Bouchard ajouta: «Ça ne veut pas dire que cela va faire fermer Boscoville. Ça veut dire qu'il faut réviser la façon de fonctionner et réfléchir sur la façon de maintenir une vocation à Boscoville.»

Gilles Normand, du bureau de *La Presse* à Québec, écrit dans le même sens. Lui, il a compris ceci: «On n'en sort pas, Boscoville fermera ses portes en 1998. Si ce centre doit être maintenu ouvert, ce ne sera pas pour l'hébergement des jeunes en difficulté, mais

---

121. Boscoville n'est pas un centre jeunesse mais un des centres de réadaptation qui a dû s'intégrer à d'autres pour constituer les Centres jeunesse de Montréal (CJM) (G. Gendreau).

parce qu'on aura assigné à la vénérable institution une vocation nouvelle.»

Ceux qui voyaient dans la fermeture de Boscoville une sorte d'étape (?) à franchir pour l'implantation du "virage milieu", ce qui n'a guère été mis en évidence dans le débat de société qui fait l'objet de ce livre, se réjouissent. Selon l'analyse qu'ils font de la situation, leur point de vue a été endossé par le gouvernement et le débat, à toutes fins utiles, est terminé.

Les amis de Boscoville, s'appuyant sur le fait que ce centre est non seulement un symbole mais qu'il a été une source de progrès indéniables pour les services aux jeunes en difficulté, sont persuadés qu'en s'inspirant de ses expériences dynamiques, il a encore un rôle à jouer pour la jeunesse des années 2000. Ils se livrent, eux aussi, à l'analyse des communiqués de presse. Ne parle-t-on pas d'un «centre de recherche et de développement», d'une vocation [qui] puisse être maintenue à Boscoville dans le genre d'activités qui était le sien jusqu'à maintenant, mais modifié. N'est-ce pas le sens des nombreuses interventions qui ont été faites lors des audiences publiques des Centres jeunesse de Montréal? Oui! à un centre de recherche et de développement. Non! à une coquille vide à la manière de ce que le gouvernement Harris de l'Ontario a fait avec l'hôpital francophone Montfort.

Or, pour être un centre de recherche et de développement, Boscoville doit bien travailler avec des jeunes et avec des parents, faire de la formation et de la recherche-action. Sinon, de quoi parle-t-on? La collaboration d'institutions universitaires est l'une des conditions dont font mention les propos à l'Assemblée nationale. N'avait-elle pas été souhaitée et offerte dans l'Avis du regroupement des unités de formation universitaire en psychoéducation (RUFUP)? Si le ministre parle d'une «proposition sur la table» et pas «encore de projet», serait-ce travailler inutilement que de préparer un projet? Formellement non! Mais la direction et le Conseil d'administration des Centres jeunesse de Montréal pourraient-ils enfin voir les avantages qu'ils auraient, pour leur rayonnement, à appuyer un projet fonctionnel de concert avec les amis de Boscoville? Et si le télégramme envoyé à la présidente de la CEQ par le ministre renforçait cette lueur d'espoir? D'ailleurs, Boscoville n'a-t-il pas été menacé de fermeture à plusieurs reprises au cours de son histoire? Et pour le meilleur, les décideurs ont toujours su éviter le chemin qui aurait conduit à un tel cul-de-sac.

Quand on choisit l'espérance pour les jeunes en difficulté et leurs parents, ne cherche-t-on pas constamment des solutions à ce qui semble inexorable? Une fois de plus, nous serions encore quelques-uns à accepter de prendre ce risque. Un risque sans illusions mais non sans convictions profondes.

Télégramme du ministre de la Santé et des Services sociaux à la présidente de la Centrale de l'enseignement du Québec

Québec, le 16 juillet 1997

Madame Lorraine Pagé, Présidente
Centrale de l'enseignement du Québec
9406, rue Sherbrooke Est, Montréal (Québec) H1L 6P3

Madame,

La présente fait suite à votre lettre du 2 juin dernier adressée à tous les députés de l'Assemblée nationale dans laquelle vous faites part de votre appui au virage milieu préconisé par les Centres jeunesse de Montréal et de vos inquiétudes quant aux limites de ce type d'approche et au manque de concertation pour l'actualiser. De plus, vous vous dites consternée de constater la décision prise de fermer Boscoville.

Je voudrais, en premier lieu, vous rassurer quant aux inquiétudes que vous avez exprimées. Suite à la période de consultation publique, le conseil d'administration des Centres jeunesse de Montréal a adopté, à sa réunion du 27 mai 1997, des mesures additionnelles liées à la mise en application de l'approche milieu. Ces mesures ont pour effet:

- de se donner un temps suffisant de préparation pour garantir la mise en place de tous les outils nécessaires au bon fonctionnement des services;
- d'assurer une transition harmonieuse pour la clientèle;
- d'intégrer à la planification un programme de formation du personnel, des mécanismes de concertation avec les partenaires et un mécanisme d'évaluation continue.

En second lieu, vous indiquez votre intention de continuer à travailler avec les groupes et les personnes impliqués à l'élaboration d'un projet plus complet concernant ce que pourrait être Boscoville comme centre suprarégional et lieu de recherche-action.

À cet égard, j'ai à maintes reprises répété les exigences d'un tel projet. Il est important pour les promoteurs de développer une programmation de recherche axée sur les besoins des jeunes en difficulté et de leur milieu, de conclure les ententes de partenariat essentielles à la bonne marche du projet et de rassembler le financement requis.

Un tel projet devra par la suite être étudié par les régies régionales concernées, les milieux d'enseignement et de recherche impliqués, pour s'assurer d'un fonctionnement intégré au réseau de service.

Veuillez agréer, Madame, l'expression de mes meilleurs sentiments.

Le Ministre,

Jean Rochon

• Conclusion •

Richesse pour la communauté, Boscoville lui appartient

GILLES GENDREAU

Cette conclusion ne peut être rien d'autre qu'une prise de parole ponctuelle. Je ne voudrais surtout pas qu'elle ait des allures de "point final", car le débat soulevé, entre autres par l'affaire Boscoville, est loin d'être terminé. Le débat de société que l'hypothèse du "virage milieu" et de la fermeture de Boscoville a mis à l'ordre du jour est toujours sous-jacent à toute nouvelle orientation de l'action sociopsychoéducative. Malheureusement, il a été à peine esquissé dans les pages qui précèdent. Au moment de terminer ce document-témoignage, je reviendrai sur certains des thèmes qui y ont été abordés, sur ceux qui m'interrogent davantage. Je le ferai évidemment encore selon ma vision d'éducateur et les points de vue auxquels elle me donne accès.

Continuité / changement

> «On ne cherche plus à expliquer l'émergence, les idées, les luttes, les débats qui ont eu lieu. On présente les choses comme si elles étaient connues depuis toujours ou tombées du ciel. Or, il y

a une forme d'autoritarisme là-dedans, une négation de ce que nos vérités actuelles sont incertaines et que si on veut découvrir des choses nouvelles, il faut en débattre, discuter. **Enseigner un sujet sans histoire, c'est le couper de ses racines, ça tue le mouvement et le processus de découverte**.»[122]

Ce premier thème pourrait être considéré comme la toile de fond de l'ensemble du débat. On peut le retrouver sous-jacent à un grand nombre de nos débats de société. De toute évidence, il a été largement présent dans celui qui a fait l'objet de ce livre. Le texte de Pierre A. Achille, au chapitre 4, l'exprime magnifiquement.

Dans un premier temps, certains promoteurs du "virage milieu" ont malheureusement succombé à ce que Duval appelle «**une forme d'autoritarisme**». Quand des décideurs affirment «qu'il existe maintenant des méthodes nouvelles, plus centrées du côté du milieu, de la famille, qu'en institution comme telle pour venir en aide aux jeunes»[123], ne font-ils pas la preuve qu'ils nient le fait que **nos vérités actuelles sont incertaines**? Et plus spécifiquement pour certains jeunes de 14-18 ans particulièrement difficiles? Ce débat a commencé par ce que j'ai nommé une "terrible simplification": il fallait détruire le passé pour construire l'avenir. Or, je considère, comme l'auteur cité, que **si on veut découvrir des choses nouvelles, il faut en débattre, discuter** et surtout ne pas **couper** la nouveauté **de ses racines**.

Dans un tel débat, il est généralement assez facile de prévoir quelles sont les personnes qui accepteront de tenir compte des racines et celles qui mettront davantage en valeur la nouveauté. Les participants identifiés à la "continuité" allaient être, quasi automatiquement, ceux qui prendraient la défense de Boscoville, et les promoteurs du "changement" les hérauts du virage milieu. Parmi ceux du premier groupe, il y aurait évidemment plusieurs têtes grises, ou à tout le moins grisonnantes: on y retrouverait des professionnels d'expérience ou quelques anciens de l'institution

---

122. André Duval, mathématicien à l'UQAM. Extrait d'une entrevue avec Normand Baillargeon, *Le Devoir*, 17 novembre 1997.
123. *Journal de Montréal*, 29 mai 1997.

frôlant ou dépassant légèrement la cinquantaine qui pourraient être classés facilement parmi les nostalgiques. Ils feraient appel à des concepts classiques d'une époque à laquelle ils s'accrocheraient mais qui n'accrochaient plus les hérauts du changement. Ceux-ci, identifiés aux inconditionnels du virage milieu, auraient des allures extérieures plus jeunes et sauraient manipuler avec aisance les concepts et le vocabulaire à la mode: ils ne s'embarrasseraient guère des racines, sinon pour affirmer qu'elles les empêchaient de tracer de nouveaux sillons. Apparemment, tout serait en place pour un choix facile entre la continuité, faussement assimilée à la "tradition figée", et le changement, synonyme de nouveauté et de dynamisme. La première devant inexorablement céder sa place au second pour une évolution de l'action psychosociale et éducative.

Au fait, dans ce premier thème du débat, **continuité OU changement**, Boscoville représentait l'inutile continuité. Et alors que l'on s'attendait à ce que le discours des plus vieux soit le seul à défendre la continuité — l'existence de Boscoville — des "jeunes anciens" (1980-1986) et des parents dont le jeune était passé par Boscoville ces dernières années se prononcèrent eux aussi, d'une façon à la fois sentie et rationnelle, en faveur d'une certaine continuité. Spontanément, ils rejoignaient les têtes grises.

Une analyse des interventions des anciens, parents ou professionnels, en faveur de Boscoville permet de constater qu'à la conjonction de disjonction «ou», ils ont préféré la conjonction de liaison «et», ce qui les a amenés à parler de **continuité ET changement**. Le changement s'inscrivait dès lors dans une évolution et non plus dans une révolution faisant fi des racines historiques et des traditions dynamiques. Le débat n'était pas clos mais orienté vers les acquis à développer, voire à transformer, mais en aucun cas à détruire. Ce n'est pas tant le changement qui était combattu que le rejet des aspects positifs et généralisables de la continuité.

Prévention / réadaptation

Ce thème me suggère d'abord une question: «Pour faire de la prévention une priorité, faut-il éliminer immédiatement les mesures de réadaptation de qualité?» Quelques personnes ont vu, dans la volonté de voir continuer Boscoville, un refus de "sacrifier" à la prévention des ressources financières importantes déjà attribuées à la réadaptation.

> «Les responsables des services aux jeunes et à leurs familles doivent choisir entre plus de services aux adolescents en difficulté ou plus de services aux petits enfants qui seront la prochaine génération d'adolescents et d'adultes en difficulté.»
>
> Tremblay, R., chapitre 4

Or, s'agit-il bien de choisir entre réadaptation et prévention? Ne s'agit-il pas plutôt d'insister sur un aspect qu'on risque d'oublier quand on parle de la prévention et de la réadaptation? Pensons à l'aide à apporter à de jeunes parents qui ont tous deux des difficultés d'adaptation personnelle et sociale. Dans une perspective de prévention, l'objectif général de l'intervention serait d'intervenir le plus tôt possible dans la vie de l'enfant. Comme, de façon générale, il n'y a pas d'intervenants plus proches de l'enfant que ses propres parents, un objectif intermédiaire pourrait être de les amener progressivement à s'occuper adéquatement de leur petit et à l'éduquer de façon appropriée; ce faisant, ils lui éviteront des problèmes pour plus tard. Le même raisonnement s'applique dans l'intervention auprès des parents. En d'autres termes, la réadaptation à l'adolescence des futurs parents est un moyen privilégié de prévenir des problèmes graves chez leur enfant. Et en scrutant attentivement l'anamnèse sociopsychoéducative de ces deux jeunes parents, on se rendrait sans doute compte qu'on aurait pu faire de la prévention en ayant recours à des mesures de réadaptation plus efficaces alors qu'ils étaient encore adolescents.

Comment donc pourrais-je porter atteinte au choix social de prioriser la prévention en faisant valoir l'importance d'améliorer l'efficacité des mesures de réadaptation des adolescentes et adolescents en difficultés graves? Tout ce que nous pouvons faire pour aider de futurs parents à "se construire" quand ils sont encore adolescents ne devient-il pas acte de prévention? Pourtant, j'ai souvent eu l'impression d'être montré du doigt parce que j'appartiens à une génération de professionnels en sociopsychoéducation qu'on accuse d'avoir négligé la prévention en se centrant trop exclusivement sur les interventions de réadaptation!

Boscoville «était un lieu d'où, par exemple, les parents et les familles étaient à toutes fins utiles exclus et laissés avec leurs problèmes pendant que l'on s'occupait de "leur jeune".» (Claude Bilodeau)

«Un des défauts que l'on peut reprocher à l'approche institutionnelle, à cette époque, était le suivant: autant on mettait d'effort à rejoindre le jeune, à le rééduquer, autant on laissait souvent dans l'ombre — l'expression est faible — les premiers responsables, soit les parents. Comme certains l'ont dit de cette époque, on sortait le jeune de son milieu pour le "rafistoler" et on le retournait après un certain temps dans son milieu naturel, chez ses parents.» (Laurier Boucher)

Oui! nous avons négligé la prévention à Boscoville, en n'accordant pas suffisamment d'attention à la collaboration avec les parents. J'accepte ce fait que je considère comme une erreur de jeunesse professionnelle, comme une vulnérabilité de pionnier, mais aussi comme un reflet de l'influence quelque peu dominante de ce paradigme de l'époque: «Les parents de ces adolescents sont trop endurcis pour que vous escomptiez faire quelque chose avec eux, vous avez assez de difficultés avec les jeunes, imaginez les parents.»[124]

124. Opinion émise par Gregory Zilborg, disciple immédiat de Sigmund Freud, lors d'une rencontre qui eut lieu vers 1958.

Cette remarque traduit bien la perception que l'on avait trop souvent des parents de jeunes dits "inadaptés", à savoir qu'ils étaient eux-mêmes inadaptés et qu'il était trop tard pour qu'on puisse espérer les changer... du moins dans la perspective psychanalytique. Certains professionnels en sont encore convaincus aujourd'hui, quel que soit le modèle duquel ils se réclament.

Rappelons également une autre réalité bien présente à l'époque des premiers balbutiements de la psychoéducation à Boscoville et que Zilborg avait eu l'occasion d'observer: les éducateurs en avaient plein les bras des défis quotidiens auxquels ils devaient faire face: un milieu de vie à inventer, des jeunes à découvrir, à comprendre et à aider, des moyens à trouver, à organiser et à animer et ce, 24 heures sur 24, sept jours par semaine; de plus, ils étaient très peu nombreux et avaient à se découvrir eux-mêmes comme personnes dans des réalités professionnelles toute nouvelles.

Non! nous n'avons pas négligé la prévention à Boscoville, car nous avons cherché à rejoindre le jeune dans la totalité de son être intérieur en lui faisant découvrir ses richesses et ses responsabilités d'*être humain*, ce qui est bien autre chose que de lui apprendre à porter un bracelet-surveillance pour contrôler sa récidive ou de le punir quand sa conduite a été non acceptable.

Il est facile de porter un jugement critique sur nos attitudes passées, à la lumière de concepts qui prennent des significations différentes et relatives selon le contexte dans lequel ils sont actuellement appliqués. De toute façon, le concept de "prévention" pouvait et peut encore servir de fondement à l'action psychoéducative qui consiste à rejoindre le jeune dans la totalité de son être.

Faut-il alors considérer comme le reflet d'un idéalisme incorrigible ce que j'écrivais déjà en 1963?

> «Une conception de la rééducation comme moyen de prévention est dispendieuse, elle demande beaucoup d'efforts mais elle est indispensable, et les pays qui commencent à la découvrir s'aperçoivent qu'à longue haleine elle sera infiniment moins coûteuse

tant sur le plan humain que sur le plan financier que ces pénitenciers que nos anciens d'institutions peuplent malheureusement d'une façon trop générale.»

Gendreau, G., 1963[125]

L'idéalisme, c'était d'anticiper l'atteinte de cet objectif pour la quasi totalité de la clientèle. Le texte suivant l'exprime très bien:

«Ni Boscoville, ni aucune autre forme d'intervention, n'offrent une panacée ni ne constituent le moyen idéal de traitement de toutes les difficultés et de tous les problèmes des jeunes.»

Achille, Pierre A. (chapitre 4)

Or, presque trente-cinq ans plus tard, comme un écho vivant à la prise de position de son ancien éducateur, un ex-citoyen de Boscoville disait publiquement à des décideurs, au nom de plusieurs autres et de son expérience de citoyen dans la cinquantaine:

«Je ne peux que vous souhaiter de faire vivre cette expérience unique qu'est le Boscoville que j'ai connu, au plus grand nombre possible de délinquants à la recherche de modèles. (...) Qui sait, ils deviendront peut-être, à leur tour, comme mon ami Réjean Vaudreuil[126], **des éducateurs, des pères de famille de qualité et des citoyens accomplis, en tout cas des gens fonctionnels et des humains responsables de leur bonheur en société.**»

Pealy, J. *Avis aux Audiences publiques des CJM*, mai 1997

Bien sûr, le débat portant sur l'efficacité de la réadaptation n'est pas terminé puisque les meilleures institutions connaissent encore un taux de récidive de plus de 30 %. Et puis, si Boscoville a atteint 65 % de non-récidive, a-t-il préparé autant de futurs pères à assumer leurs responsabilités parentales? Je ne saurais l'affirmer en m'appuyant sur des bases statistiques solides. Je sais cependant que ce n'est pas en le fermant, au nom de la priorité à la prévention

125. Rapport général présenté au Congrès de l'Union mondiale des Organismes de l'Enfance et de l'Adolescence (UMOSEA), Bruxelles, 1963.
126. Ancien des années 60 et ami du rédacteur de l'avis qui était à ses côtés aux audiences des CJM.

en milieu naturel, qu'on augmentera ce taux de succès[127]. Est-ce qu'on croit que les nouvelles méthodes de prévention auront dès le début un taux de succès qui dépassera les 65 ou 70 %? Pour croire à la prévention ne faut-il pas croire aussi à la réadaptation?

Certains chercheurs sont convaincus qu'il est impossible d'aider des jeunes de 12-18 ans car, à cet âge, leurs difficultés seraient irréversibles. Je dois bien admettre qu'il m'a souvent fallu me rendre à l'évidence: nos moyens n'étaient pas assez efficaces pour aider certains jeunes qui nous étaient confiés. Mais j'ai toujours prétendu que ce serait faire preuve d'une attitude antiscientifique que de considérer ces cas comme "irréversibles", même si, ici et maintenant, on pouvait être tenté de les évaluer comme tels. Il y a cinquante ans, les cardiaques de mon espèce étaient condamnés... et ils ne vivaient pas longtemps. Et pourtant, aujourd'hui...! Mais le monde médical n'a jamais cessé ses recherches et ses expérimentations: il a toujours continué d'intervenir pour "corriger", tout en faisant de gros efforts de prévention.

Sont-ils dans l'erreur ceux qui comprennent que la prévention, dans le domaine psychosocial et éducatif, implique parfois aussi des mesures de réadaptation (voir texte de Lemay, M., chapitre 4). Permettre à un milieu familial de mieux assumer ses responsabilités en retirant un adolescent gravement perturbateur, est-ce une attitude de réadaptation ou de prévention? Et si c'était à la fois l'une **et** l'autre, au lieu d'être l'une **ou** l'autre? Encore une fois, la tendance à faire usage de la conjonction disjonctive **ou** au lieu de la conjonction additive **et**! Est-on si certain que le «**ou**» soit plus économique que le «**et**»?

---

127. D'ailleurs prépare-t-on mieux les jeunes qui n'ont pas été identifiés spécifiquement comme ayant des difficultés comportementales à être des "parents efficaces"?

Approche sécuritaire

Un autre élément a semblé ressortir au cours du débat. En effet, si on a insisté sur les vertus du milieu naturel pour un plus grand nombre de jeunes en difficulté, certains décideurs ont tout de même laissé entendre que la clientèle s'alourdissait. On a même eu recours à cet argument pour faire valoir que l'organisation physique de Boscoville ne répondait plus aux besoins des jeunes et qu'il fallait penser à un milieu pouvant offrir une plus grande sécurité. J'ai mentionné au passage que j'avais déjà entendu et réfuté cet argument en 1954 quand nous avions mis sur pied le système de rééducation, et que Boscoville n'avait pas eu besoin de mesures de sécurité exceptionnelles pour travailler avec les jeunes qu'on lui avait confiés. Et, dans l'excellent texte que l'on retrouve au chapitre 10, après avoir rappelé pourquoi Boscoville a été fondé et fait état de l'opposition unanime de l'Assemblée nationale du Québec à ce que la Loi sur les jeunes contrevenants ne devienne davantage punitive, Le Blanc s'indigne:

> «Le transfert d'adolescents placés en milieu ouvert dans un environnement sécuritaire constitue donc une violation inacceptable de cette valeur. À notre connaissance, il n'y a aucune démonstration à l'effet que ces adolescents ont besoin davantage de sécurité physique après la fermeture de Boscoville qu'avant.»

Ce qui n'exclut pas que le réseau puisse compter sur une ressource plus sécuritaire comme Cité-des-Prairies.

Au cours du débat, il m'est arrivé d'être fort mal à l'aise quand des parents ou des journalistes, avec les meilleures intentions du monde, se disaient scandalisés du fait que l'on considère Cité-des-Prairies comme une mesure susceptible d'aider certains jeunes à se réadapter. Il est évident que le contexte architectural et spatial y est plus rébarbatif que dans d'autres centres, mais certains jeunes en ont besoin pour se reprendre en main. Et malgré cela, il est possible d'y créer une atmosphère conviviale et de faire en sorte que les relations éducateurs<--->jeunes<--->parents soient stimulantes pour chacun. Ce n'est pas évident à première vue. Rien là d'étonnant quand on sait que certains parents, et parfois même certains intervenants, réagissent négativement au placement d'un jeune dans un milieu spécialisé, fût-il aussi ouvert que Boscoville?

La France a payé bien cher l'absence de telles ressources pour certains de ses jeunes délinquants. Des juges ont été contraints de condamner de très nombreux jeunes délinquants à des séjours plus ou moins prolongés en prison. Même en essayant d'imaginer le pire, on serait peut-être encore loin de la réalité. On peut dire, sans grand risque d'erreur, que les prisons ont fourni aux jeunes l'occasion de s'ancrer dans une orientation criminelle.

Cela étant clarifié, il faut éviter de retenir la dimension punitive des Écoles de réforme de la première moitié du siècle comme une hypothèse valable pour la réadaptation, ce que pourraient cacher certaines politiques du placement à court terme ou encore ce que j'ai déjà qualifié de «réadaptation par l'horreur»[128]. En ce qui concerne le court terme, mon expérience professionnelle est confirmée par le témoignage des anciens de Boscoville: d'après leur expérience personnelle et collective de réadaptation, **il faut du temps** d'abord pour en venir à vouloir changer, et ensuite pour faire l'apprentissage du changement. Il faut éviter, d'une part, de monter en épingle les vertus de la discipline militaire ou des travaux forcés[129] pour les jeunes contrevenants de 14-18 ans (Boots Camps ontariens) et, d'autre part, de voir dans l'approche "milieu naturel" une panacée aux placements institutionnels ou d'envisager un placement en internat spécialisé seulement quand toutes les solutions en externe ont été expérimentées. Considérer cette mesure comme une sorte de "bout de ligne" quand toutes les autres ressources ont été épuisées, voilà une voie royale pour faire de l'internat le bout de ligne du désespoir.

128. Qui consiste à rendre le climat des internats tellement repoussant que l'on n'ait plus le goût d'y revenir.

129. Ce qu'il ne faut pas confondre avec l'esprit de travaux communautaires réparateurs.

Le défi, aisé à formuler mais beaucoup moins à opérationnaliser, c'est d'améliorer les moyens pour trouver la solution la plus appropriée, au moment le plus opportun, pour chaque jeune en particulier et pour chaque environnement familial et social. Pour relever ce défi, il faut faire

> «une analyse des besoins des enfants et des adolescents. Par analyse des besoins, il faut entendre une connaissance précise de la diversité des comportements marginaux des enfants et adolescents, des caractéristiques de leur vécu familial et de leur expérience scolaire, de l'état de leurs activités routinières et de leur fréquentation des pairs, ainsi que les caractéristiques de leur fonctionnement psychologique.»
>
> Le Blanc, M.,
> *Avis aux audiences publiques des CJM*, 1997[130].

Milieu naturel / milieu spécialisé

Bien sûr, certains spécialistes, et ce dans tous les pays, soutiennent qu'il ne devrait plus y avoir d'internats spécialisés, car on ne peut retirer les jeunes de leur milieu sans les stigmatiser. Pourtant, la plupart des anciens de Boscoville seraient plutôt portés à remercier "leur juge" de les y avoir envoyés. De plus, des parents et des anciens affirment, chacun de leur côté, qu'il leur fallait établir une certaine distance pour réussir à mieux se voir et s'apprécier dans leur rôle de parents et d'adolescents(es), même si l'expérience fut difficile à vivre. Des idéologues de l'intégration à tout prix discréditent ces solutions, même si elles sont exceptionnelles, et accusent les parents qui laissent à d'autres le soin d'éduquer leur jeune de manquer à leurs responsabilités, et les professionnels des internats spécialisés d'encourager une espèce de fuite en avant, de "déresponsabilisation" des parents.

Et quand, à partir de sa longue expérience auprès des enfants à risque, acquise à travers le monde entier, l'un des pionniers de la

130. Voir également Le Blanc, chapitre 10, p. 270.

psychoéducation écrit que «pour sauver l'intégration, il faut supprimer ce qui pervertit l'intégration [et qu'il] faut, au nom même de l'intégration, être prêt à refuser certaines intégrations»[131], il se trouve quelques idéologues pour y voir la preuve que la psychoéducation est déphasée. Ne s'agit-il pas, au contraire, d'une attitude s'appuyant sur le gros bon sens? Ce pauvre gros bon sens qu'ils ne respectent plus, aveuglés qu'ils sont parfois par leur idéologie abstraite de l'intégration "à tout prix". Et à quel prix! Refus d'une possibilité de réadaptation à celles et à ceux qu'on veut justement protéger du milieu spécialisé; démotivation des parents et des familles submergés par des difficultés en leur enlevant tout espoir d'augmenter, voire d'acquérir, certaines compétences; découragement des responsables et des intervenants des milieux scolaires et de l'environnement social dans leurs efforts pour intégrer les jeunes en difficulté qui le peuvent.

Les conditions à mettre en place dans le milieu naturel pour accompagner de façon appropriée un jeune de 14-18 ans dont les agirs sont incontrôlables et destructeurs sont parfois tellement nombreuses qu'on peut se demander si c'est faire preuve de réalisme et de responsabilité que d'envisager une telle mesure. Par exemple, on ne peut quand même pas transformer un milieu naturel en fonction d'un adolescent violent qui non seulement terrorise son milieu familial par ses comportements mais fait vivre à ses parents-éducateurs un sentiment d'impuissance paralysant. Son immersion dans un milieu spécialisé où tout devrait être conçu pour faciliter son "recadrage" ne sera pas non plus une sinécure pour ses éducateurs professionnels. Quand des anciens comparent à un "désert" leur vie désorganisée d'avant Boscoville et à une "oasis" leur séjour à l'institution, les idéologues de l'intégration à tout prix prennent-ils le temps d'analyser leur message à sa juste valeur? Et celui des parents sincères et responsables?

La direction des Centres jeunesse de Montréal croit encore à la nécessité des internats, même si elle ajoute qu'il y a trop d'adoles-

131. Paulhus, E. (1990), cité dans l'avis de l'Association des psychoéducateurs du Québec (APEQ).

cents en institution[132]. Il semble cependant qu'elle préconise surtout le recours aux internats à caractère plus sécuritaire pour un grand nombre de jeunes en difficulté de 14-18 ans (voir Le Blanc, chapitre 10). Qu'elle favorise les grandes institutions au détriment des petites, bien que ces dernières soient considérées plus performantes que les premières (*ibidem*). Qu'elle préconise une politique de court terme dans TOUS les cas. On est loin de la réalité qui a amené Le Blanc à cette constatation:

> «Les adolescents qui séjournaient plus de deux années ne faisaient plus de gains en terme de développement psychologique mais la période de deux ans laissait une marge de manœuvre suffisante pour permettre aux éducateurs d'accompagner pendant quelque temps la consolidation des acquis.»[133]

Il semble aussi que la direction des Centres jeunesse n'envisage aucunement l'hypothèse d'un centre pilote pour développer et améliorer les mesures de réadaptation puisqu'elle exclut les centres de réadaptation du développement de l'approche en milieu naturel pour les 12-18 ans[134]. N'est-ce pas le sens qu'il faut donner à la décision du conseil d'administration de fermer Boscoville? Car, à part une économie financière, et à court terme à mon avis, je n'y trouve pas d'autres motifs.

Savoir expérientiel / savoir professionnel

On a pu constater que des anciens de Boscoville et des parents se sont engagés très activement dans le débat, ce qui met en présence deux aspects du pouvoir: celui des usagers et celui des experts. Quand des anciens et des parents expriment les besoins du groupe auquel ils appartiennent, ne se heurtent-ils pas au pouvoir des experts qui eux "savent quels sont les vrais besoins" des jeunes

132. Ce qui n'est pas l'avis de tous les chercheurs (cf. Le Blanc, M., avis déjà cité).
133. Avis de Marc Le Blanc aux audiences publiques des CJM, mai 1997.
134. Voir à l'annexe 1, la proposition que je fais dans mon avis aux audiences publiques.

et des parents? S'ils décrivent l'atmosphère conviviale de Boscoville comme un déclencheur exceptionnel du processus de réadaptation, les experts rétorqueront qu'il en va désormais de même dans toutes les autres institutions, et ils ajouteront paradoxalement que, de toute façon, Boscoville est devenu trop petit. Quelque peu perplexes, anciens et parents ajouteront: «N'est-ce pas l'une des raisons pour laquelle c'est plus convivial?» Ce à quoi certains experts ne sauront que répondre. S'ils font valoir qu'il faut du temps pour changer les conduites, les mêmes experts monteront en épingle les conséquences néfastes des longs séjours en institution. Sans rien nier, anciens et parents relativiseront ces conséquences en insistant sur ce qu'ils en ont retiré. Et même si, en toute connaissance de cause et en pensant à la majorité des cas, un collaborateur très compétent peut écrire «Je ne pense pas qu'un séjour de deux ou trois ans en internat représente le moyen le plus efficace pour permettre à un jeune d'assumer ses responsabilités et de retrouver un fonctionnement normal dans son milieu» (Bilodeau, C., chapitre 4), ne faudrait-il pas approfondir ce que veulent signifier les anciens et les parents quand ils parlent du "temps nécessaire à leur réadaptation"? Peut-être faudrait-il mieux planifier et animer la transition entre l'internat et l'insertion sociale?

Mais les experts n'apprécient pas qu'on les contredise! Je le sais, car j'ai moi aussi la prétention de l'être, et ce n'est jamais facile d'admettre que les usagers ont bien souvent raison. Le fragile pouvoir que nous, les experts, avons réussi à nous construire à partir d'un savoir péniblement acquis, il ne nous vient pas spontanément à l'idée de le partager, surtout avec des gens qui, même s'ils ont réussi à surmonter leurs difficultés d'adaptation, n'ont aucun "savoir" officiellement reconnu. Cela m'apparaît encore plus évident au mitan d'une carrière professionnelle alors que l'on prend conscience des satisfactions qu'apporte le pouvoir. Croyez-en mon expérience de vieil éducateur, très à l'aise dans un contexte où je suis officiellement dépourvu de tout pouvoir. J'espère seulement avoir intériorisé les principes de base de l'*empowerment* et avoir réussi à les appliquer dans le partenariat entre éducateur, jeune en difficulté et parents. Mais que de dépouillement il m'a fallu pour ne pas négliger mon apport spécifique de professionnel: tenter d'éclairer le sentier de l'adaptation et y marcher moi-même du mieux que je pouvais en me refusant d'imaginer que j'étais le seul à avoir le pas et le rythme qu'il fallait.

Mégastructure / milieu de vie

Il est difficile, pour un professionnel de la base et pour les usagers, de discourir longuement des avantages de la mégastructure à laquelle l'organigramme les rattache. Il leur faut bien admettre que ces avantages doivent être nombreux puisque des administrateurs de toutes disciplines semblent y aspirer comme le plongeur en eaux profondes aspire à l'oxygène. Il est tout aussi difficile de réfuter l'analyse que fait André Brunelle des milieux de réadaptation d'avant la mise en place de la mégastructure des Centres jeunesse (chapitre 11) «Nous avons trop souvent fait alors de ces endroits des endroits clos, trop axés sur eux-mêmes, oubliant que nous n'étions qu'un moyen que se donnait la communauté pour répondre à ses besoins.»

Or, j'ai cru observer que la vapeur avait été complètement renversée en l'espace de quelques années. La mégastructure des Centres jeunesse de Montréal, trop axée sur le pouvoir qu'elle croit nécessaire à la coordination des réponses aux besoins de la communauté, a oublié certains besoins fondamentaux des milieux de vie institutionnels: une certaine autonomie pour inventer des moyens originaux d'aider les jeunes en difficulté et leurs parents; un sentiment d'appartenance des jeunes à l'institution où ils vivent; une présence attentive de la direction au vécu quotidien des éducateurs, et non seulement aux périodes de crises, et soucieuse du climat d'ensemble pour faire de l'institution un "milieu de vie" et non "un milieu de garde". C'était l'une des forces de Boscoville dans le passé, ce qui lui a permis d'accompagner des clientèles difficiles.[135]

135. J'ai peine à imaginer des anciens des Centres jeunesse de Montréal se porter à leur défense comme l'ont fait ceux de Boscoville.

Bien sûr, en créant la mégastructure, on a voulu éviter que les milieux de vie soient «d'abord à la recherche de leur équilibre interne, centrés sur le développement de leur réalité organisationnelle» (*ibidem*), négligeant à l'occasion de répondre aux besoins de l'ensemble du réseau (par exemple, en aidant à diminuer la liste des attentes de placement, en acceptant des cas plus difficiles). Par contre, dans la situation actuelle, la mégastructure laisse-t-elle suffisamment de latitude au milieu de vie pour qu'il atteigne la cohérence nécessaire à la poursuite de ses objectifs spécifiques? Les tensions que l'on peut observer dans d'autres secteurs entre les petites unités et les mégastuctures englobantes devraient aider à comprendre ce qui peut se passer entre les Centres jeunesse de Montréal et les milieux de vie. Je me permets de rappeler ici l'analyse d'un journaliste qui aborde le problème en termes plutôt crus mais porteurs de réflexions:

> «On continue allègrement à gérer et à se gargariser d'une structure administrative éloignée des vrais problèmes immédiats de la vraie vie des vrais jeunes [où] les enfants qui ont besoin d'aide et de protection sont véritablement au premier rang des préoccupations de la société et de ses gouvernants. Et dans ce cas-là, (...) il faut revoir la structure administrative dans son ensemble.»
>
> (Franco Nuovo, chapitre 11)

Ajoutons cependant que le défi est toujours là. Comment en arriver à coordonner les besoins d'aide et de protection bien réels sur l'ensemble du territoire des Centres jeunesse de Montréal avec les besoins immédiats "de la vraie vie des vrais jeunes" dans les unités de réadaptation et les milieux de vie institutionnels?

Décideurs / intervenants directs

Ce thème aurait pu être étudié plus en profondeur. Il semble en effet que, de par leurs fonctions, les décideurs et les responsables des grandes structures rencontrent de plus en plus d'obstacles, car ils sont de plus en plus loin des jeunes, des parents et des professionnels du contact direct. On a beau crier sur tous les toits que l'on veut se rapprocher de la clientèle, les usagers se sentent de plus en plus loin de ceux qui décident des interventions les concernant. Un administrateur du centre hospitalier d'une petite communauté rurale exprimait à sa façon cette réalité à l'émission *Le Point*:

> «Nous, le malade que nous ne pouvons pas soigner comme il le faudrait, nous savons que c'est peut-être notre voisin, notre boulanger ou notre boucher, ou encore l'un des leurs. Il n'y a rien d'anonyme dans les conséquences de nos décisions. Je ne suis pas un décideur au-dessus de la mêlée, je suis un membre de la communauté. Pour moi, c'est essentiel. Et ça éclaire mes décisions pratiques...»

Dans les grandes structures dépersonnalisées, les décideurs doivent se fier aux cadres qui les entourent et qui filtrent, à travers leurs propres perceptions, le discours des professionnels en contact direct avec les usagers. Quant aux cadres, ils ont l'impression d'être seulement des courroies de transmission entre la direction et les professionnels. Et dans certains cas, ils trouvent plus avantageux d'aller dans le sens du décideur que dans celui des professionnels de la base. L'histoire ne regorge-t-elle pas de tels comportements, à toutes les époques et dans divers contextes? Et comme les cadres intermédiaires, dans l'esprit des mégastructures, sont davantage des contrôleurs, des superviseurs (au sens américain de *supervisors*), ils n'ont souvent ni la connaissance de ce qui se passe dans le quotidien de la vraie vie, ni le temps de s'en occuper. Par exemple, un cadre fera réduire considérablement les dimensions d'une salle de réunion pouvant contenir l'ensemble des jeunes d'un centre pour obtenir un endroit où ranger les archives, parce qu'il n'a aucune idée des multiples usages que le milieu pouvait faire de cette salle. Un autre ne portera pas attention aux ras-le-bol circonstanciels des professionnels aux prises avec le quotidien parce que l'éloignement l'empêche de prendre le pouls de ce qui se passe. Et comme il ne les voit qu'une fois la semaine lors des réunions formelles et qu'il a peu ou pas d'occasions de les accompagner dans leur quotidien, il a beau faire tout son possible, la vie du milieu risque de lui échapper.[136]

Alors le professionnel se sent loin de ceux qui pourraient l'aider à trouver des solutions aux problèmes de tous les jours, à améliorer ses interventions. Il se sent loin des "décideurs". Imaginons les usagers! Les directions sont pour eux des abstractions, parfois même des fantômes sans visage... Et ce sont ces personnes qui vont décider du haut de leur pouvoir la fermeture de Boscoville.

Ce livre aura-t-il été un risque utile?

J'ai pris des risques dès mes premières expériences au camp d'été de Boscoville, en 1944. J'ai continué d'en prendre, à partir de 1954, en recrutant l'équipe des pionniers qui s'aventureraient dans un tout nouveau programme de rééducation et dans la création d'une nouvelle profession. Ce furent là des risques utiles.

J'ai pris un nouveau risque en m'engageant dans le débat actuel et en tentant de démontrer qu'il n'était pas nécessaire de détruire Boscoville pour asseoir les fondements de l'approche milieu. J'ai fait valoir, au contraire, qu'on pourrait profiter de cette magnifique expérience, de la réputation qu'elle s'est acquise dans l'ensemble de la population et de son expertise auprès des 14-18 ans pour s'attaquer à certains des défis soulevés par les jeunes en difficulté d'aujourd'hui et de demain. D'autres ont pris le même risque; leur contribution à ce livre l'a non seulement enrichi, mais elle était "indispensable". De ceux-là, certains ont voulu nuancer les prises de position de tenants d'un Boscoville des années 2000, d'autres s'y sont carrément opposés en optant pour la contrepartie. Tous l'ont fait dans le respect des autres. Il faut espérer que le débat aura fait progresser la recherche de solutions.

---

136. Voir annexe 4.

Le débat a fait voir Boscoville sous son vrai jour: «C'est un lieu extraordinaire de dévouement et d'innovation mais, comme toute expérience humaine en train de se faire, c'était aussi un laboratoire qui avait ses ratés et ses lacunes.»[137] Des lacunes qu'il serait inacceptable de mettre de l'avant pour justifier sa fermeture et pour susciter un malaise ou une réaction de défense chez les amis de Boscoville. Les pionniers n'ont pas à se culpabiliser de n'avoir pas réussi à relever tous les défis, et les tenants de l'approche milieu font preuve de naïveté s'ils s'imaginent qu'ils y arriveront. Ce serait manquer de respect envers l'histoire et le potentiel d'évolution de ce milieu de vie que d'opposer les forces virtuelles du "virage milieu" aux lacunes réelles d'une expérience qui a fait l'objet d'une évaluation systématique.

En ce qui me concerne, j'espère que mes prises de position n'auront pas démotivé les tenants de l'approche milieu. En aucune façon, je ne voudrais avoir donné l'impression de jeter la pierre aux intervenants qui idéalisent les vertus de cette approche, car il en faut de l'idéalisme pour se lancer dans une telle aventure... comme il en a fallu hier, comme il en faut aujourd'hui et comme il en faudra demain dans l'aventure de Boscoville!

De même, je m'en voudrais d'avoir contribué à dévaloriser le personnel des autres internats spécialisés dont on a fait mention à certains moments du débat en faisant, avec d'autres, la promotion de Boscoville. Tenter de démontrer que Boscoville a pu et pourrait encore avoir un rôle complémentaire, ce n'est aucunement diminuer l'apport des autres institutions pour jeunes. À l'intérieur d'un centre de réadaptation, chaque unité, chaque groupe ne doit-il pas présenter certaines caractéristiques quelque peu spécifiques? Cela n'enlève rien aux autres et ne peut que les stimuler à approfondir leurs propres particularités. Boscoville n'est pas le Mont Saint-Antoine, ni Cité-des-Prairies, ni Rose-Virginie-Pelletier, mais toutes ces institutions font partie des Centres jeunesse de Montréal. Chacune d'entre elles, avec son originalité et ses traditions, permet aux Centres jeunesse d'offrir une diversité d'approches. Et cette

---

137. Bilodeau, C., chapitre 4.

diversité n'est-elle pas une richesse éminemment souhaitable dans la recherche de l'individualisation indispensable aux tentatives de réadaptation des jeunes en même temps qu'un antidote à l'uniformité limitative? Que des anciens en aussi grand nombre soient fiers d'avoir vécu à Boscoville et le proclament haut et fort en pensant aux jeunes en difficulté de demain, ne devrait-il pas être stimulant pour tous, notamment pour les intervenants de l'éducation psychoéducative spécialisée? Valorisant pour la structure même des Centres jeunesse? Hélas! des dirigeants et des intervenants m'ont fait savoir que tous ces témoignages en faveur de Boscoville avaient plutôt eu l'effet d'une douche d'eau froide au Mont Saint-Antoine, à Cité-des-Prairies, et chez certains cadres ou intervenants aux audiences publiques.

Dans un documentaire sur le peintre Marc-Aurèle Fortin, celui-ci déplorait que les Québécois — il parlait des Canadiens-français —, à l'encontre des anglophones du Canada, ne savaient pas reconnaître le talent et l'originalité des leurs. «Ils sont trop jaloux», se plaisait-il à répéter alors que «les Anglais, eux, ils se supportent mutuellement, ils s'appuient...» Observerait-on un phénomène analogue aux Centres jeunesse de Montréal? Boscoville susciterait-il la jalousie des autres institutions? Ce qui expliquerait peut-être le sourire narquois de certains intervenants des autres institutions et de certains gestionnaires lorsque furent publiés les résultats de la recherche de Le Blanc (1983): «Boscoville n'avait pas d'aussi bons résultats que l'avaient espéré les éducateurs». Mais il faut trouver une autre explication aux distorsions infligées à ces mêmes résultats par des décideurs pour appuyer l'hypothèse-décision de la fermeture de Boscoville.

La direction des Centres jeunesse de Montréal, qui aspire à créer un sentiment d'appartenance à la structure rassembleuse, a dû prendre conscience du long chemin qu'il lui faudra parcourir pour y arriver. Dans ce contexte de la fermeture de Boscoville, les trois autres campus ne virent que leur intérêt immédiat: ils n'étaient pas touchés. C'est vrai, mais les Centres jeunesse de Montréal, eux, n'en sortaient-ils pas affaiblis? Ne perdaient-ils pas une constituante-sœur qui, pendant des années, avait été stimulante pour l'ensemble des centres de réadaptation et qui aurait pu continuer de l'être à quelques conditions près? Et la qualité du service aux jeunes de 14-18 ans ne s'affaiblissait-elle pas aussi avec la disparition d'une de ces unités les plus renommées? De plus, il n'y aurait plus qu'une seule alternative: Mont Saint-Antoine ou Cité-des-Prairies.

Une question sans réponse!

> «Aucun autre séjour durant mon existence ne m'aura été plus bénéfique que celui que j'ai eu la chance de passer à Boscoville. Je m'avance à dire que je ne serais sûrement pas ce que je suis aujourd'hui. J'ai appris à me connaître et **même à m'aimer**.»
>
> Yannick R. (ancien résident de Boscoville)

Depuis l'annonce de l'hypothèse de la fermeture de Boscoville, un nombre impressionnant d'anciens de tous âges ont accepté d'avouer publiquement leur passé pour affirmer d'une façon ou d'une autre leur conviction expérientielle que **«ce serait une erreur irréparable de fermer Boscoville»**. Depuis que j'ai été témoin de ces prises de position bien senties, une question me trotte dans la tête sans que je réussisse à y répondre de façon satisfaisante. «Pourquoi tous ces citoyens acceptent-ils de se compromettre sur le plan social pour défendre avec autant d'énergie LEUR centre de réadaptation?»

On a vu des citoyens défendre avec acharnement leur hôpital menacé de fermeture: ils avaient l'impression qu'ils perdraient un service essentiel. On en a vu d'autres se battre pour conserver l'école de leur quartier ou de leur village: ils se battaient pour l'avenir de leurs enfants et la qualité de leur vie communautaire. Mais que d'anciens jeunes en difficulté, en besoin de protection ou qualifiés de "délinquants", placés en institution par la cour, décident spontanément et de leur propre chef de se lancer dans le débat pour sauver Boscoville et fassent valoir qu'il sera encore utile dans les années 2000!... Voilà qui mérite au moins qu'on s'y arrête.

Quand certains de ces anciens posent eux-mêmes cette question aux décideurs: «Combien d'anciens des autres institutions avez-vous vu venir faire des représentations pour ou contre le virage milieu?», faut-il voir là un simple reflet de ce que certains intervenants auraient tendance à qualifier de "suffisance boscovillienne"? Leur attitude ne devrait-elle pas plutôt inciter à la réflexion?

Quand ces anciens "jeunes de Boscoville" affirment qu'ils prennent la parole en pensant aux jeunes en difficulté de demain, les croyons-nous ou si, en bons "professionnels de l'interprétation psychologique et sociologique" que nous sommes, nous cherchons plutôt dans leur passé ce qui pourrait les amener à se mettre ainsi sur la sellette?

Quand ils disent qu'ils veulent rendre à la société un peu de ce qu'ils en ont reçu, et surtout de ce qu'ils ont réussi à conquérir par l'intermédiaire de Boscoville, se peut-il que certains soient vraiment portés à croire que tous ces anciens ont été mobilisés par leurs anciens éducateurs? J'ai pourtant dit qu'au moment où je commençais à me demander si je devais ou non m'engager dans le débat, ce sont les anciens eux-mêmes qui ont secoué ma torpeur de professionnel à la retraite et qui m'ont fait comprendre que je devais moi aussi mettre l'épaule à la roue. Certains n'ont-ils vu là qu'une figure de style?

Les décideurs qui voient défiler devant eux ces citoyens aussi âgés ou même plus âgés qu'eux et qui les entendent défendre Boscoville avec autant d'ardeur ne voient plus, eux, l'ancien jeune en difficulté mais bien le citoyen responsable. Du moins, il y a lieu de l'espérer. Mais moi, le vieil éducateur, et les autres qui connaissons ces hommes depuis longtemps et qui les avons accompagnés tout au long de leur conquête d'une véritable identité, qui avons été témoins de leurs combats courageux, de leurs rechutes quelques fois, de leurs reprises aussi, nous savons ce que signifie pour eux leur engagement pour la continuité et l'amélioration de Boscoville. Ces citoyens, jeunes et moins jeunes, en réfèrent au passé pour affronter le futur. Ils rejoignent ainsi Fernand Dumont; ils sont devenus forts, car ils croient que leur mémoire a fondamentalement de l'avenir... et, dans leur mémoire, il y a Boscoville et ce qu'ils y ont construit. Et si leur engagement était vraiment un geste de générativité envers les générations futures?

Quand on réfléchit aux années d'enthousiasme, d'efforts, de persévérance et de concertation nécessaires pour parvenir à établir une institution qui ait une telle résonance dans la communauté, n'y aurait-il pas lieu de se poser des questions sur les conséquences de l'élimination d'une telle richesse collective dans la poursuite d'un objectif pourtant centré sur le virage milieu?

Et si Michel Forget avait raison d'affirmer, avec toute son émotion d'homme mûr, «**Boscoville... c'est la tendresse!**»? Nous tous, qui que nous soyons, décideurs ou professionnels, aurions-nous seulement pensé faire un lien entre TENDRESSE et INTERNAT SPÉCIALISÉ? Nos structures et nos modèles de référence nous tiennent un tout autre langage. Et nous ne savons pas être "très à l'aise" avec la tendresse dans nos interventions, nos mégasystèmes et nos problèmes d'économie d'échelle.

Par ton intervention à la conférence de presse, Michel, tu as permis au vieil éducateur que je suis devenu de prendre conscience de l'extraordinaire force de la tendresse. J'ai pris conscience en même temps qu'il est difficile, pour le professionnel de l'intervention psychosociale et éducative, de l'exercer à bon escient et, pour les jeunes en difficulté, de la recevoir.

Un célèbre et controversé psychiatre[138] a écrit, en 1950, ***L'amour ne suffit pas*** (*Love is not enough*). Il donnait ainsi une impulsion à la recherche de méthodes cliniques spécialisées pour les jeunes en difficulté. Plusieurs ont cru comprendre que l'amour n'était pas nécessaire: et ils se sont perdus à la recherche de LA technique, de LA méthode. Toi, Michel, tu nous rappelles, en 1997, que la tendresse est ce que tu as vécu de plus important à Boscoville. Ta phrase n'aura jamais le rayonnement qu'a eu le titre du psychiatre Bettelheim, et c'est dommage, mais tu as ramené à

---

138. Bruno Bettelheim.

L'ESSENTIEL tout le débat sur la fermeture de Boscoville. Des technocrates ont sans doute réagi par un simple haussement d'épaules... puis ils ont continué à parler leur langue de bois. Je sais cependant, de source sûre, que cette phrase, TA phrase, n'a pas laissé indifférents certains décideurs et certains professionnels sincères.

Et si tu avais raison? Boscoville pourrait continuer d'être un phare dans la recherche de compétences et de méthodes pour venir en aide aux jeunes en difficulté... mais dans LA TENDRESSE. C'est dans ce terreau que s'enfoncent ses racines. Tu nous en as fait prendre conscience: on ne pourra plus l'oublier.

Et si d'autres parvenaient aussi à le découvrir!

• Annexes •

◆ Annexe 1 ◆

Une proposition à étudier sans parti pris

GILLES GENDREAU[139]

Premier volet: Boscoville une ressource pour le milieu

ATTENDU que le document des Centres jeunesse de Montréal insiste sur la nécessité de l'accessibilité rapide aux services, et sur la nécessité de la proximité, de l'adaptabilité et de la diversité des services offerts à la clientèle,

il est proposé que Boscoville mette son expertise et ses ressources à la disposition des jeunes de 14-18 ans des agglomérations environnantes (Rivière-des-Prairies, Montréal-Nord, Pointe-aux-Trembles, Montréal-Est) en offrant à ces jeunes et à leurs parents un ensemble de services correspondant aux besoins identifiés.

139. Extrait de l'Avis présenté par Gilles Gendreau aux audiences des CJM, le 15 mai 1997.

Deuxième volet: encadrement intensif

ATTENDU que le document des Centres jeunesse de Montréal fait aussi état de la nécessité d'avoir des places de réadaptation en milieux spécialisés pour une catégorie importante de jeunes en difficulté, soit celle des 14-18 ans;

ATTENDU qu'il semble opportun d'*ajuster* les méthodes d'intervention aux besoins actuels de certains jeunes en respectant les acquis des pratiques antérieures, et d'*expérimenter* pour certains autres (à déterminer) de nouvelles méthodes, du type "intervention de courte durée" ou "action psychoéducative brève" (comme on dit thérapie brève),

> **il est proposé** que l'on conserve à Boscoville un certain nombre d'unités d'encadrement intensif ou spécialisé pour des jeunes de 14-18 ans et que l'on suive systématiquement le déroulement des expériences s'inspirant à la fois des traditions du milieu et de nouvelles approches susceptibles de compléter les premières.

Troisième volet: formation et perfectionnement

ATTENDU que les intervenants dont la pratique de "l'approche milieu" influence à tous les niveaux l'action sociopsychoéducative, autant à l'externe qu'à l'interne, ont un besoin indéniable de formation et de perfectionnement;

ATTENDU qu'il y a urgence de faire face à l'ensemble des problématiques de l'action sociopsychoéducative avec les jeunes dans divers contextes: famille, école, rue, communauté et milieux spécialisés;

ATTENDU qu'il y a urgence de répondre aux besoins en formation et en perfectionnement des intervenants de la province sur le plan de la pratique professionnelle;

ATTENDU qu'il est important de pouvoir compter sur un milieu qui a déjà une longue tradition de la formation et du perfectionnement des professionnels,

il est proposé que Boscoville établisse un partenariat avec les universités et les départements de psychoéducation, de service social, de criminologie, de psychologie et de psychiatrie qui le souhaitent et qu'il continue d'être un lieu de stage et d'approfondissement des pratiques professionnelles (volets 1 et 2), dans une perspective interdisciplinaire[140].

Quatrième volet: recherche

ATTENDU que Boscoville a donné lieu à de nombreux travaux de recherche-action, et donc à de nombreuses publications;

ATTENDU que les premières évaluations systématiques de l'intervention auprès des jeunes de 12-18 ans ont été réalisées à Boscoville à cause du niveau élevé de cohérence observable entre les théories et les pratiques;

ATTENDU que l'institution bénéficie depuis de nombreuses années d'une renommée nationale et internationale et qu'elle pourrait offrir à des chercheurs un cadre stimulant pour leurs travaux,

il est proposé que les Instituts de recherche de Montréal (Centres jeunesse de Montréal) et de Québec (Centres jeunesse de Québec) fassent de Boscoville un lieu de recherche-action et de recherche-évaluation de l'efficience et de l'efficacité des interventions dans l'un ou l'autre volet (1, 2 et 3) du projet.

140. Voir à ce sujet l'excellent avis présenté aux audiences publiques par Gilles Beaulieu, Jean Ducharme et Gilles Maillé, *Pour un centre de développement de l'intervention et du personnel clinique* (mai 1997). (Centre de documentation des Centres jeunesse de Montréal).

◆ Annexe 2 ◆

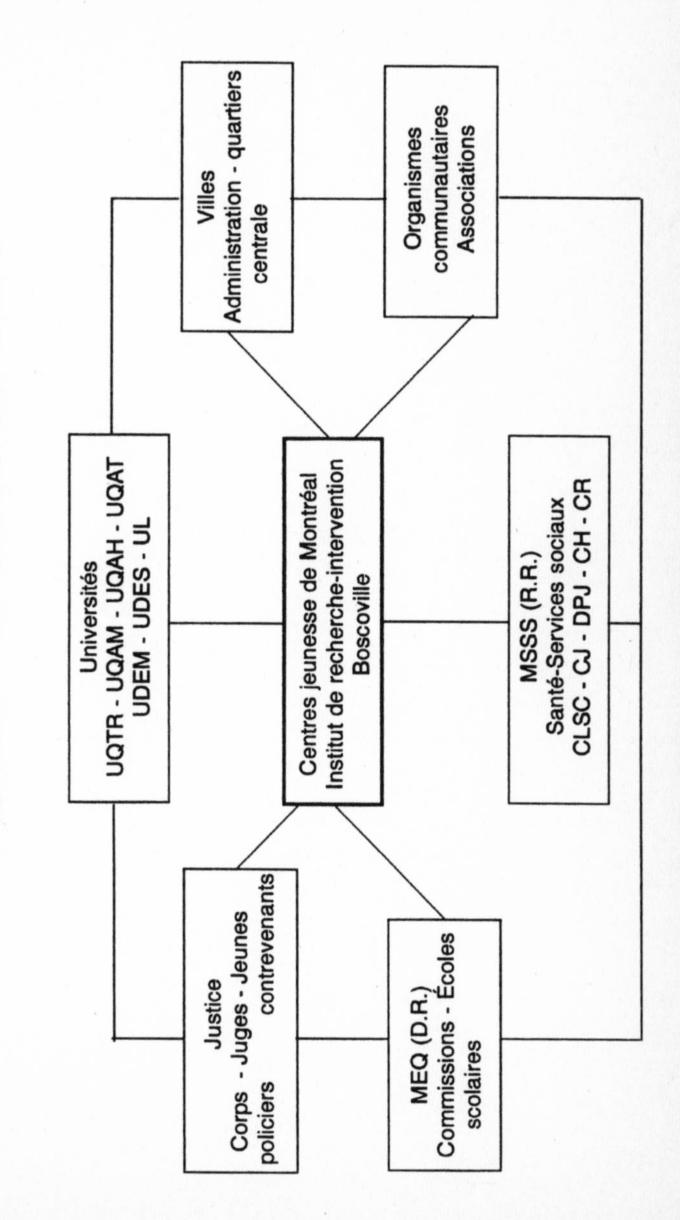
Virage réseau - Partenariat interactif (APEQ)
Universités
UQTR - UQAM - UQAH - UQAT
UDEM - UDES - UL
Villes
Administration - quartiers
centrale
Organismes
communautaires
Associations
Centres jeunesse de Montréal
Institut de recherche-intervention
Boscoville
MSSS (R.R.)
Santé-Services sociaux
CLSC - CJ - DPJ - CH - CR
Justice
Corps - Juges - Jeunes
policiers contrevenants
MEQ (D.R.)
Commissions - Écoles
scolaires
Approche systémique - coopérative - complémentaire

◆ Annexe 3 ◆

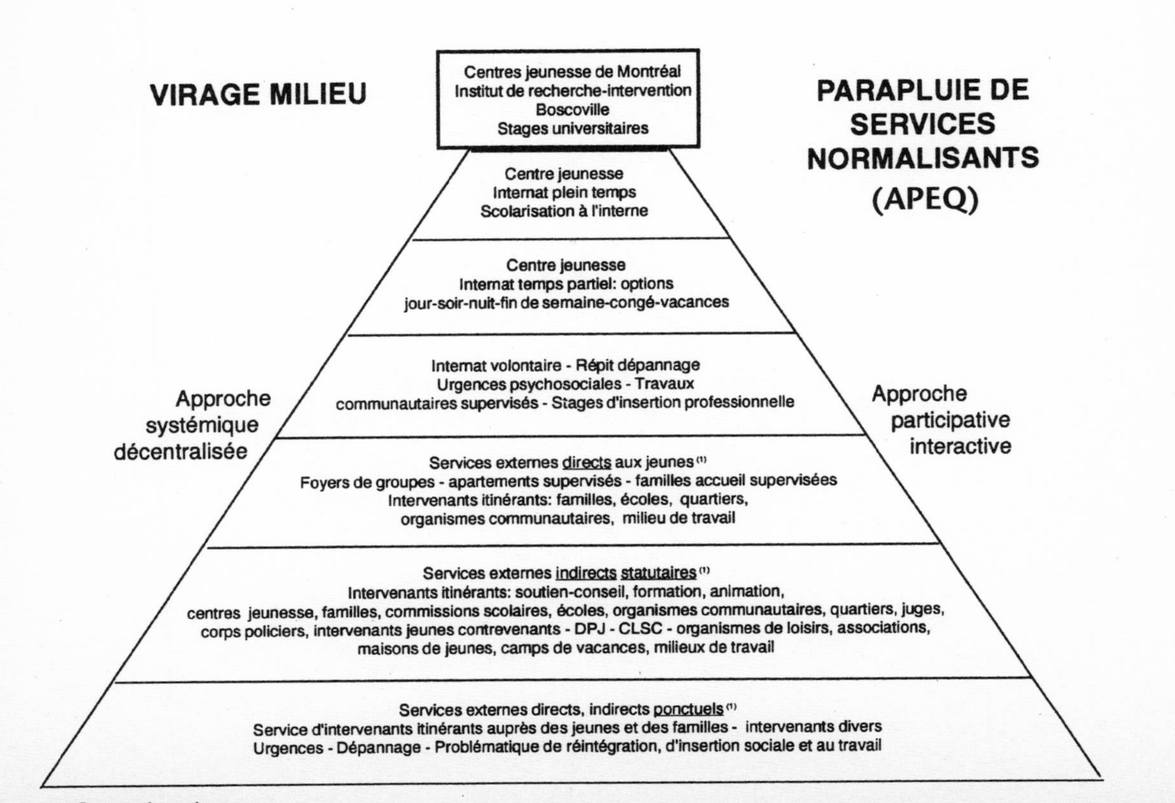
VIRAGE MILIEU
Centres jeunesse de Montréal
Institut de recherche-intervention
Boscoville
Stages universitaires
PARAPLUIE DE SERVICES NORMALISANTS (APEQ)
Centre jeunesse
Internat plein temps
Scolarisation à l'interne
Centre jeunesse
Internat temps partiel: options
jour-soir-nuit-fin de semaine-congé-vacances
Internat volontaire - Répit dépannage
Urgences psychosociales - Travaux
communautaires supervisés - Stages d'insertion professionnelle
Approche systémique décentralisée
Approche participative interactive
Services externes directs aux jeunes (1)
Foyers de groupes - apartements supervisés - familles accueil supervisées
Intervenants itinérants: familles, écoles, quartiers,
organismes communautaires, milieu de travail
Services externes indirects statutaires (1)
Intervenants itinérants: soutien-conseil, formation, animation,
centres jeunesse, familles, commissions scolaires, écoles, organismes communautaires, quartiers, juges,
corps policiers, intervenants jeunes contrevenants - DPJ - CLSC - organismes de loisirs, associations,
maisons de jeunes, camps de vacances, milieux de travail
Services externes directs, indirects ponctuels (1)
Service d'intervenants itinérants auprès des jeunes et des familles - intervenants divers
Urgences - Dépannage - Problématique de réintégration, d'insertion sociale et au travail
(1) Contrats de services

◆ Annexe 4 ◆

Extrait d'un avis présenté par Marc Le Blanc à la direction des CJM (14 mai 1997)

Un climat de travail qui se détériore

Je suis en contact régulièrement avec du personnel de tous les niveaux des Centres jeunesse de Montréal par mes activités diverses et par mes étudiants actuels et passés. Depuis la création de l'établissement, je vois **progresser un climat de travail différent** de celui que je connaissais dans la plupart des centres de réadaptation qui ont été fusionnés dans les Centres jeunesse de Montréal.

La **culture** de tous les milieux était ouverte et participative. Les cliniciens et les administrateurs discutaient directement des valeurs, des stratégies, des orientations comme le virage milieu. Lorsqu'un vent favorable soufflait, sans un consensus total il va sans dire, les choix étaient formalisés par les instances appropriées. Le ***virage milieu*** **ne s'est pas fait dans le cadre de cette culture qui m'apparaît un ingrédient essentiel de la réadaptation**. Les résultats de la consultation faite par le conseil multidisciplinaire ont été atténués par la direction des Centres jeunesse de Montréal. Plusieurs réunions ont été tenues pendant la contestation de la fermeture de Boscoville pour demander au personnel d'appuyer le virage milieu ou à tout le moins de ne pas le critiquer. Cette crise a concrétisé une attitude qui se développait, «Il faut lui dire ce qu'il veut entendre», de la part des éducateurs envers leur chef, des chefs envers leur coordonnateur et ainsi de suite. Le personnel véhicule de plus en plus **plusieurs attitudes** qui sont **caractéristiques des adolescents en difficulté**: la méfiance, l'aliénation, le refus de l'autorité, etc.; ce n'est sûrement pas une situation qui favorise la réadaptation.

Il me semble qu'il s'installe, aux Centres jeunesse de Montréal, une **cassure** de plus en plus profonde entre le personnel clinique et les gestionnaires et entre les différents niveaux de gestionnaires. Ce n'était pas le cas antérieurement, le directeur connaissait tous les membres de son personnel et la plupart des enfants et adolescents.

Est-ce que la direction des Centres jeunesse de Montréal fait tout en son pouvoir pour contrer cette **dépersonnalisation**?

Il ne faut pas oublier que **l'instrument principal de l'intervention** en sciences humaines, ce n'est pas la technologie sous toutes ses formes, **mais l'état psychologique du clinicien**. Il faut donc se rappeler l'affirmation de Gendreau il y a trente ans et faire disparaître le syndrome de l'école polyvalente qui s'installe insidieusement aux Centres jeunesse de Montréal.

"**La valeur d'une institution est directement proportionnelle à la valeur de son personnel en contact direct avec les jeunes.**" (Gendreau, 1966, p. 22).

Références

Ausloos, G. (1995). *La compétence des familles.* Érès.

Baillargeon, S. (1997). Le TNM a été un songe, *Le Devoir*, 19 avril 1997.

Beaulieu, G., Ducharme, J., Maillé, G. (1997). *Pour un centre de développement de l'intervention et du personnel clinique*. Avis présenté aux audiences publiques des CJM.

Bédard, J., Turcotte, P. (1995). *État des dossiers – usagers et description de parcours d'usagers dans le système de service.* (Document polycopié). Les Centres jeunesse du Bas-Saint-Laurent.

Bettelheim, B. (1950). *Love is not enough – The Treatment of Emotionnaly Disturbed Children.* The Free Press, Glencoe (Illinois).

Capul, M., Lemay, M. (1996). *De l'éducation spécialisée.* Érès.

Centres jeunesse de Montréal (avril 1997). *Proposition de transformations liées à l'approche «milieu ».* Document de consultation.

CJM de l'an 2000 (1997). *Hypothèses de travail présentées au conseil d'administration, le 25 mars 1997* (En comité plénier).

Coulombe, R., Boisvert, D., Parent, G. (1996). Les besoins de formation des éducateurs et des infirmières utilisant le plan de services individualisés. *Santé mentale au Québec*, XX1, 2, 181-199.

Dumont F. (1996). *L'avenir de la mémoire.* Nuit Blanche Éditeur/CEFAN.

Dumont, F. (1997). *Récit d'une émigration*. Boréal.

Équipe d'intervention de milieu Boscoville-CECM 1979-1995 (mai 1997). *L'école milieu de vie... avec, dans et pour le milieu*. Avis présenté aux audiences publiques des CJM.

Farcas, M., Vallée, C. (1996). De la réappropriation au pouvoir d'agir : la dimension discrète d'une réelle réadaptation, *Santé mentale au Québec*, XX1, 2, 21-31.

Gendreau, G. (1966). *Boscoville, une expérience en marche*. Conférence présentée au Centre de formation et de recherche de l'éducation surveillée de Vaucresson, et publiée sous les auspices du Conseil de l'Europe.

Gendreau, G. (1978 et 1984). *L'intervention psycho-éducative*. Paris: Fleurus.
Gendreau, G. et al. (1990). *L'action psychoéducative. Pour qui? Pour quoi?* Paris: Fleurus.
Gendreau, G. et collaborateurs (1993). *Briser l'isolement.*. Montréal: Éditions Sciences et Culture.
Gendreau, G. et collaborateurs (1995). *Partager ses compétences: un projet à découvrir* (tome 1).
Gendreau, G. et collaborateurs (1995). *Partager ses compétences: des pistes à explorer* (tome 2). Montréal: Éditions Sciences et Culture.
Goulet D. (19 mai 1997). *Synthèse des avis présentés au Conseil d'administration dans le cadre de la consultation publique sur la proposition de transformation liée à l'approche «milieu». CJM.*
Groupe de recherche pour les jeunes (sous la direction de Camil Bouchard) (1992). *Un Québec fou de ses enfants*. Gouvernement du Québec, Ministère de la Santé et des Services sociaux, Direction des Communications.
Lalande-Gendreau, C. (1981). *Les motivations des travailleurs sociaux dans les Centres de Services sociaux du Québec.* Mémoire présenté à la Faculté des Études supérieures en vue de l'obtention du grade de Maître ès Sciences (M.Sc.) Université de Montréal.
Landreville, P. (1967). Boscoville: Centre de rééducation, étude de follow-up. *Canadian Journal on Correction*, octobre 1967, pp. 337-365.
Lavoie, G. (1996.) Steve de Shazer et la thérapie brève orientée vers les solutions, *Revue Canadienne de Psycho-Éducation*, volume 25, numéro 2.
Le Blanc, M. (1983). *Boscoville: la rééducation évaluée*. Montréal: Hurtubise HMH.
Malouin, M.P. (sous la direction de) (1996). *L'univers des enfants en difficulté au Québec entre 1940 et 1960*. Bellarmin.
Meirieu, P. (1995). *La pédagogie entre le dire et le faire*. ESF Éditeur, Paris.
Morin, E.(1994). *Mes démons.* Stock.
Niza, Sérgio (1993) *Um modelo de formaçao cooperada*, Lisboa, Escola Moderna Portuguesa Joao de Deus, in Pédagogues contemporains, sous la direction de Jean Houssaye, Armand Colin.
O'Hanlon et Weiner-Davis (1989), cités par Gérard Lavoie (1997). *Revue canadienne de psycho-éducation*, vol. 25, no. 2, pp.121-140.
Pauchant, T. C. et collaborateurs (1996). *La Quête du sens.* Québec/Amérique.
Piaget, J. (1952). *La psychologie de l'intelligence***.** Paris: Librairie Armand-Collin.
Pitcher, P. (1994). *Artistes, artisans et technocrates dans nos organisations*. Québec/Amérique, Presses HEC.
Représentants du personnel de Boscoville (avril 1997). *Document Boscoville avant la fusion 1992 et après la fusion 1993-1997.* CEQ.
Rumilly, R. (1978). *Boscoville***,** Fides.
Seron, C., Wittezaele, J.-J. (1991). *Aide ou contrôle.* De Boeck, Université Bruxelles.
Syndicat du personnel clinique de Boscoville (juin 1997). *Notre bilan des audiences publiques concernant le virage milieu tel que proposé par les Centres jeunesse de Montréal.*

Table des matières